KB214610

"《닥터 지바고》를 책으로 읽은 사람은 지바고처럼 사랑할 수 있지만, 영화로만 본 사람은 눈 덮인 기차역밖에 생각나지 않는다."라는 말을 들은 적이 있다. 오늘날은 영화 한 편도 그 전체를 여유 있게 감상하지 않고 15분 요약판 짤영상(?)으로 보는 세대이기 때문에 눈 덮인 기차역도 생각나지 않을지 모른다. 《잃어버린 독서의 예술 되찾기》는 부제처럼 세상 안에 있는 하나님의 진, 선, 미를 발견하는 기쁨을 누리는 방법을 알려 준다. 읽기란 머무름이며, 음미하는 것이며, 누리는 것이다. 읽기가 영상으로 대체되는 순간, 우리는 일상의 의미를 잃어버리고 찰나의 감정만 남게 된다.

'기술'로 번역되기도 하지만, '예술'로도 번역되는 단어인 Art는 '독서 기술'과 '독서 예술'의 차이를 인식하게 해 준다. 기술은 책 읽는 방법을 알려 주어서 책의 내용을 지식적으로 파악하게 만들지만, 예술은 독서를 통해 하나님의 아름다움을 누리게 한다. 마치 나니아의 옷장을 여는 것처럼 독서를 통해 또 다른 세계와 나를 연결해 주는 것이다.

《벨직 신앙 고백》은 우주를 "우리 눈앞에 펼쳐진 대단히 아름다운 책"이라 소개하고, "하나님의 보이지 않는 속성, 곧 그분의 영원하신 능력과 신성을 또렷이 보도록 이끈다"라고 고백한다. 읽는다는 것은 하나님을 알아 간다는 것이며, 읽는다는 것은 하나님을 예배하는 것이다. 결국 독서는 우리를 하나님의 세계로 인도해 주는 나니아의 옷장이다. 이 책을 펼치는 것은 나니아 옷장의 문을 여는 것과 같다. 하나님의 세계로 초대하는 문이다. 그 문이 활짝 열렸다. 들어가라!

고상섭
그사랑교회 담임 목사, 《팀 켈러를 읽는 중입니다》의 공동 역자

바보같이 난 이따금 우리 개신교인들이 어리석다고 생각한다. 개신교인이 된다는 것은, 성경을 읽지 않고도 책을 읽지 않고도 신자가 되고 좋은 교인이 될 수 있던 무지몽매한 중세 가톨릭 신앙으로부터 '그 책의 사람들'이 되고자 한 일단의 무리에 속하는 일이다. 그런데도 읽지 않고 예배당 문턱만 넘어도 괜찮은 신자라고 착각하는 우리 시대는 중세 후기의 기독교를 닮았다.

다른 한편으로 오늘과 같은 영상 시대에 독서는 블루오션이다. 독서가가 리더가 되는 지름길이건만, 독서는커녕 성경 읽기도 소홀하다. 성경을 읽지 않으니 책도 안 읽고, 성경과 책 대신 시대의 풍조를 반영하는 매체에 흠뻑 젖어 산다. 읽은 대로 생각하고, 읽은 대로 살 터인데, 어쩌려는지…. 행여 독서하는 이들이 있어도 경건 서적에만 함몰되어 있다. 인문, 사회, 자연 과학 등 다방면의 책을 골고루 읽어야 우리의 지성도 균형 잡히고, 정신 건강을 지킬 수 있다. 세상과의 소통도 원활하다.

나는 이리 투덜거리고 근심만 잔뜩 늘어놓지만, 두 저자는 천천히, 찬찬히 독서의 맛과 멋의 세계로 인도한다. 저자의 안내를 따라 걸으면, 저자의 약속 그대로 잃어버린 독서의 예술을 회복함은 물론이거니와 독서의 재미와 독서의 영성도 함양할 수 있을 것이다.

김기현
로고스서원 대표, 로고스교회 목사, 《곤고한 날에는 생각하라》의 저자

지금을 문맹, 책맹, 묵상맹의 시대라고 진단한다면 지나치다 할 이 몇이나 될까. 사색思索하지 않고 검색檢索만 하다 사색死色이 되어 가고 있어서, 책의 종교요 계시의 종교인 기독교 신앙을 함양할 길을 찾기가 여간 어렵다. 그래서 신앙 형성의 단계들 가운데 독서력의 회복은 초반에 거쳐야 할 필수 단계다. 본서는 제대로 읽고 즐기며, 독서의 매력과 마력을 경험하는 읽기의 예술로 안내할 친절하면서도 유쾌한 책이다. 깊지만 어렵지 않고, 실용적이지만 실용서는 아니다. 풍요로운 독서의 세계로 초대하는 격려가 가득하지만, 독서의 예술을 잃어버린 삶과 세상이 맞이할 초췌한 현실에는 소스라치게 놀라게 될 것이다. 기술technique을 넘어 예술art로 안내하고, 유인誘引을 넘어 강력하게 견인牽引하는 책이다. 순순히 끌려가 보기를 권한다.

박대영
광주소명교회 담임 목사, 《부흥의 사도행전》의 저자

삶을 변화시키려면 내가 원하는 것이 무엇인지, 내가 부족한 점이 무엇인지 알아야 한다. 이 일을 독서가 도와주고 특히 문학 독서가 도와준다. 뭔가 변화를 꿈꾸지만 그걸 어떻게 시작해야 할지 몰라 고민한다면, 이 책을 꼭 읽어 보기 바란다. 시야가 달라질 것이다. 저자는 우리가 잃어버린 독서의 예술을 회복하도록 격려한다. 저자의 조언에 밑줄을 긋고, 메모하고, 실천해 보라. 독서가 주는 풍요로움과 상쾌함이 무엇인지를 단번에 느끼게 될 것이다. 이 책은 우리 모두에게 주는 하나님의 선물이다.

이정일
문학 연구 공간 '상상' 대표,
《문학은 어떻게 신앙을 더 깊게 만드는가》, 《나는 문학의 숲에서 하나님을 만난다》의 저자

한 번이라도 책 속에 빠져 본 경험이 있는 사람이라면, 정보의 바다 서핑만으로는 가 볼 수 없는 깊은 세계가 있고, 그 세계에서 나는 내가 몰랐던 나를 만나게 된다는 것을 안다. 독서란 단순히 정보를 얻어 내는 기술이 아니라 새로운 나를 빚어내는 예술이다. 하여, 독서, 특별히 문학 독서는 영성의 일이기도 하다. 《잃어버린 독서의 예술 되찾기》는 렉시오 디비나Lectio Divina만큼이나 우리 시대에 되찾아야 할 영성 훈련이다.

이종태
한남대 탈메이지 교육교양대학 교수, 《순전한 기독교》의 공동 역자

언제부터인가 요약된 짧은 기사와 영상이 우리가 접하는 지식의 주요한 기반이 되면서 충분히 사유할 수 있는 글이나 책을 보는 것이 점점 익숙하지 않게 되었다. 이 책은 다시 거슬러 올라가 되찾아야 할 독서의 가치를 강조한다. 특히 문학 작품을 왜 읽어야 하고, 어떻게 읽어야 하는지를 상세히 소개한다. 그동안 독서에 관한 책을 많이 읽었지만, 문학 작품을 어떻게 읽어야 하는지 자세히 소개해 주는 책을 만나는 일은 드물었다. 그래서 이 책을 만나고 반가웠다. 이 책은 일찍 만나면 일찍 만날수록 문학 작품에 더욱 마음을 담게 해 주는 책이다. 기쁘게 추천한다.

전광진
수지예본교회 담임 목사

그리스도인들만큼 진지하고 열성적인 독자도 드물 듯하다. 자주 읽고 깊이 읽고 곱씹어 읽으며 읽는 가운데 큰 변화를 경험하기도 했으니, 이들을 두고 책의 힘을 증명해 주는 산 증인이라 해도 틀리지 않을 것이다. 하지만 성경 이외의 책, 특히 문학 작품에 대해서는 놀랄 만큼 무지하고 무관심한 것이 그리스도인들이기도 하다. 《잃어버린 독서의 예술 되찾기》의 두 저자는 문학의 가치를 옹호하면서 다양한 장르와 유형의 작품을 즐길 수 있는 방법을 친절하게 알려 준다. 저자들이 특별히 그리스도인들을 향해 이런 이야기를 하는 이유는 참되고 바르고 아름다운 것을 추구하는 그리스도인이야말로 좋은 문학 작품 속에 담긴 보배를 가장 잘 알아봐 줄 독자라고 믿기 때문일 것이다. 이 책의 안내를 받으며 문학 속에 한번 흠뻑 빠져들어 보기를 바란다.

정영훈
문학평론가, 경상국립대 국어국문학과 교수, 《나니아 나라를 찾아서》의 공동 저자

그리스도인들은 잘 쓴 글을 읽는 일의 가치를 어느 누구보다 잘 알고, 그런 독서 능력을 개발해야 할 사람들이다. 하지만 너무나 많은 다른 것들이 우리의 관심을 끌고자 다투는 탓에, 오늘날 많은 사람들은 이천 년 동안 인류 역사를 형성해 온 글들을 주의해서 능숙하게 읽는 법을 잊어버렸다. 아니, 어쩌면 배운 적이 없는지도 모른다. 《잃어버린 독서의 예술 되찾기》는 독자가 학생이든 교사든, 부모든 목회자든, 언어와 문학이라는 하나님의 멋진 선물에 대한 가르침과 기쁨을 선사할 것이다.

케런 스왈로우 프라이어
남침례신학교 영어·기독교·문화 연구 교수, 《소설 읽는 신자에게 생기는 일》의 저자

교양과 가독성을 모두 갖춘 이 책에서 릴랜드 라이큰과 글렌다 페이 매티스는 지난 반세기 동안 문학을 가두었던 '텍스트'라는 쓰레기 더미에서 진정한 문학을 구해 내고, 독자가 과거와 현재의 상상력 넘치는 시와 산문의 진선미에 온전히 참여할 수 있도록 여러 도구를 제공한다.

루이스 마코스
휴스턴침례대학교 영문과 교수 겸 상주학자.
*From Achilles to Christ, Literature: A Student's Guide*의 저자

실용적이면서도 영감이 넘치는 책 《잃어버린 독서의 예술 되찾기》는 많은 독자를 만날 자격이 충분하다. 이 책이, '그 책의 사람들'인 우리 그리스도인들이 읽는 속도를 늦추고 문학의 풍성함과 독서라는 위대한 선물을 음미하도록 박차를 가해 주길 바란다.

재니 치니
<월드>지 선임 기자

사려 깊고 도전적이고 심지어 충격적이다. 《잃어버린 독서의 예술 되찾기》는 진지한 독서가 주는 평온, 기쁨, 경이감을 회복하고 되찾으라고 설득력 있게 독려한다. 이 책을 진지하게 읽어 나가는 이들은 복된 활력과 배움을 얻고, 선한 것과 참된 것과 아름다운 것을 추구할 의욕을 갖게 될 것이다.

데이빗 V. 어번
칼빈대학교 영문과 교수. *Milton and the Parables of Jesus*의 저자

Recovering
the Lost Art
of Reading

잃어버린 독서의 예술 되찾기

2022년 12월 10일 초판 1쇄 인쇄
2022년 12월 24일 초판 1쇄 발행

지은이 릴랜드 라이큰, 글렌다 페이 매티스
옮긴이 홍종락
기획 강동현, 강선, 윤철규
편집 문선형, 정유진
디자인 잔
제작 강동현
펴낸이 최태준
펴낸곳 무근검

주소 서울특별시 송파구 올림픽로 4길 17, A동 301호
홈페이지 www.facebook.com/lampbooks
이메일 book@lamp.or.kr   **전화** 02-420-3155
등록 2014. 2. 21. 제2014-000020호
ISBN 979-11-87506-90-4(03230)

Recovering the Lost Art of Reading

Recovering the Lost Art of Reading

잃어버린 독서의 예술 되찾기

A Quest for the True, the Good, and the Beautiful

진, 선, 미를 향한 탐구

Leland Ryken &
Glenda Faye Mathes

릴랜드 라이큰 & 글렌다 페이 매티스 지음 | 홍종락 옮김

우리 공저자들은
각자의 배우자 메리 라이큰과
데이비드 매티스에게 이 책을 바칩니다.

—

복음 안에서 그들과 동역하는 일은
지상의 순례에
활력을 더해 줍니다.

—

차례

대화의 자리에 온 것을
환영하며

독자는 이 책의 제목이 의아할 수도 있을 것 같다. 독서를 되찾을 필요가 있을까? 독서는 어떤 면에서 예술일까? 그리고 독서를 정말 잃어버렸을까? 어쨌든, 독자는 지금 책을 읽고 있지 않은가?

이상은 정당한 질문들이고, 이 책《잃어버린 독서의 예술 되찾기》는 바로 이 질문들에 답하려는 시도이다. 이 책은 총 3부로 이루어져 있다. 먼저, 잃어버린 예술로서의 독서 개념을 다루고, 그다음으로는 다양한 문학 양식들의 특징과 각 양식을 읽는 법을 다루며, 마지막으로 독서를 되찾을 방법에 대한 생각들을 살핀다.

이 책은 문학 이론의 여러 측면을 공유하지만 묵직한 학술서와는 거리가 멀다. 실제적 제안들이 가득하지만 성공적인 독서의 순차적 단계를 제시하는 실용서는 아니다. 이 책은 독서라는 여행을 거치며 많은 열정과 경험을 겸비하게 된 두 저자의 안내서다. 이들은 책을 거의 집어 들지 않는 사람부터 영문학 전공자들까지, 그리고 그 사이에 있는 모든 독자에게 독서라는 여행에서 더 큰 기쁨을 발견하는 법을 보여 준다.

어쩌면 우리는 주로 스마트폰을 활용해 페이스북, 트위터, 블로그나 웹 사이트에서 그 어느 때보다 많이 읽고 있을지도 모른다. 그러나 과다한 사이버 정보는 영혼에 진정한 기쁨을 안겨 주지 못한다. 새끼 고양이 영상이 귀여울지는 몰라도 지속적 감동을 주기는 어렵다.

변치 않는 가치를 형성하는 일에 사회는 별다른 도움을 주지 못한다. 양산되고 조작되는 뉴스 보도는 부정확한 내용을 전달한다. 정치가들과 유명인들은 부도덕을 조장한다. 황량한 건축과 저속한 이미지들이 우리를 에워싸고 있다.

기술이 주도하고 가치가 사라진 오늘날 문화에서 독서는 잃어버린 예술이 되었다. 그러나 독서는 개인의 교육 수준이나 문학적 경험과는 별개로 누구나 회복할 수 있고 누릴 수 있는 예술이다. 이 책의 여정에 함께한다면 참된 것, 선한 것, 아름다운 것으로 영혼에 기쁨을 주는 독서에 눈이 떠지고 마음이 열릴 것이다.

1
—

독서는
잃어버린
예술

—

Recovering
the Lost Art
of Reading

01

___

독서는
사라졌는가?

___

"요즘 어떤 좋은 책 읽으셨어요?"

이 질문은 한때 대화를 여는 흔한 장치였지만, 이제 우리는 대화를 시작할 때 다음과 같은 질문을 받게 될 가능성이 더 높다. "주말에 뭘 할 계획이세요?" "어젯밤 그 경기 보셨어요?" 주말에 가족이나 친구들과 함께 시간을 보내거나 좋아하는 스포츠 팀을 응원하는 일이 잘못됐다는 이야기는 아니다. 그러나 이런 질문들이 유행한다는 것은 이런 활동들에 밀려 독서에 관한 사려 깊은 대화들이 빛을 잃어 간다는 뜻이 아닐까?

독서에 관한 질문이 심드렁하거나 상투적인 것으로 보일

수 있다. 그러나 이 질문은 문학 토론을 시작하는 데 여전히 쓰이며, 이번 장의 주안점을 효과적으로 담아내고 있다.

이 질문이 부정적 느낌을 주는 이유는 이 질문의 역사에서 기인한 것일 수도 있다. 이 질문은 거의 한 세기 전인 '광란의 20년대'에 대화를 시작할 때 쓰였다. BBC 라디오에서 인기를 끌었던 리처드 머독은 1940년대에 이 질문을 유머러스하게 비틀어 대중화했다. 화제가 달갑지 않을 때 화제를 바꾸려는 희극적 시도로 활용했던 것이다. 이후 여러 해에 걸쳐 이 질문의 재미있는 변형들이 나타나면서 이 질문은 대화의 물꼬를 트는 진지한 도구로서의 유효성을 상실했다.[1] 하지만 이런 부정적인 인식에도 불구하고 이 질문은 여전히 어느 정도 인기를 누리고 있다. 가끔 블로그 이용자들이 책을 추천하는 글을 올릴 때 이 질문을 제목으로 쓴다. 유명한 그리스도인 스티븐 니콜스Stephen Nichols는 이 질문을 가지고 팟캐스트를 진행했고, 싱클레어 퍼거슨Sinclair Ferguson은 저서의 제목으로 삼았다.[2]

어쩌면 "요즘 어떤 좋은 책 읽으셨어요?"가 다시 본격적으로 유행하고 있는지도 모른다. 이 질문은 더욱 활발한 대화로 이끄는 적절한 수단이 될 수 있다. 우리가 이 질문을 다루는 이유가 있다. 이 질문은 이번 장이 다루는 내용을 상당 부분 망라하기 때문이다. 이 질문을 구성하는 각 단어는 다음과 같은 구체적인 내용을 효과적으로 전달한다.

요즘	이번 장은 최근 정보와 통계를 제시하여 현재의 상황을 다룬다.
어떤	책을 전혀 읽지 않고 저자의 이름을 단 한 명도 대지 못하는 사람이 많다는 조사 결과가 있다.
좋은	이번 장의 논의는 문학적 수준과 독서 능력 개념을 다룬다.
책	스크린으로 화면을 읽는 것과 종이책을 읽는 것은 다르다.
읽다	이번 장은 이 책이 독서에 초점을 맞춘다는 점을 반영한다.

이번 장의 주된 질문인 '독서는 사라졌는가?'를 탐구하는 과정에서 독자는 이런 내용들을 알아볼 수 있을 것이다.

독서의 현 상태

대부분의 성인은 끊임없이 쏟아지는 정보에 24시간 접근할 수 있다. 모닝커피를 홀짝이면서 종이 신문을 뒤적일 수도 있겠지만, 아마도 당신은 이메일에 답장을 쓰거나 페이스북 게시물을 스크롤하거나 휴대폰 상단의 뉴스를 대강 읽을 것이다. 화면으로 읽는 사람은 종이책을 읽는 사람보다 더 많은 글자를 훑어볼 수 있다. 오늘날에는 믿을 수 없을 만큼 많은 양의 정보에 쉽게 접근할 수 있으니, 사람들이 그 어느 때보다 많이 읽는다고 볼 수 있지 않을까?

그렇기도 하고 아니기도 하다. 많은 사람이 많은 양의 자료를 특히 온라인으로 읽고 있다. 그러나 그들이 반드시 양

잃어버린 독서의 예술 되찾기

질의 자료를 읽는다거나 잘 읽고 있다고 말할 수는 없다.

여러 조사의 한결같은 결과에 따르면, 대부분의 사람들은 독서가 가치 있는 시간 사용 방법이고 더 많이 읽어야 한다고 생각한다. 그러나 책을 전혀 읽지 않는 사람들이 있다. 진 에드워드 비스 2세Gene Edward Veith Jr.는 이렇게 썼다. "문맹의 문제가 점점 커지고 있다. 많은 사람들이 읽는 법을 모른다. 더 심각한 문제는 '책맹'이다. 엄청난 수의 사람들이 읽을 줄 알면서도 절대 읽지 않는다."[3] 우리 대부분은 더 많이, 더 잘 읽을 수 있(고 아마 그래야 할 것이)다.

해야 할 일을 안 하고 있다는 불안의 작은 뱀이 진화하여 죄책감의 거대한 용이 될 수 있다. 독서라는 의무를 소홀히 하고 있다고 느끼지만, 안 그래도 바쁜 삶에 한 가지 계획을 더 욱여넣는다는 생각은 엄청난 부담감으로 다가올 수 있다. 이 책에서 우리 저자들의 목표는 독서와 관련된 죄책감이나 불안을 덜어 주는 것이다. 우리는 독자가 많이 읽든 적게 읽든 독서에서 (그러므로 삶에서) 더 많은 기쁨을 경험하기를 원한다. 우리는 의무로서의 독서 개념을 몰아내고 즐거움으로서의 독서 개념을 제시하고 싶다.

지난 몇십 년간은 독서를 덜 했을지 몰라도, 지금은 좀 더 하고 있지 않을까? 국립예술기금National Endowment for the Arts의 2009년 보고서 《독서의 증가》는 (부제에 따르면) "미국인의 독서에 새로운 장"이 열린 것을 축하했다. 국립예술기금이 2004년에 낸 비관적 보고서 《위기의 독서》에 반영된 통계보다 조금이라도 수치가 늘어난 상황을 기뻐하는 것은 당연한 일이다. 2004년 보고서는 지난 수십 년간의 독서량 감소를 한탄하는 내용이었다.[4] 미국인들은 국립예술기금의 기쁨에 동참할 수도 있지만, 섣부른 자축에 앞서 잠시 멈춰 상황을 좀 더 깊이 따져 봐야 할 것이다.

2018년에 퓨 자선 재단Pew Charitable Foundation은 미국 성인의 4분의 1이 한 해 동안 어떤 형태의 책도 읽지 않았다고 발표했다.[5] 이 수치는 책을 전혀 안 읽는 사람이 27퍼센트에 달했던 2015년의 최고치보다는 상황이 다소 나아졌음을 보여 주었다. 하지만, 4분의 1이라는 수치는 정신이 번쩍 들게 하는 비율이다. 우리 도시에서 거리를 걷는 사람들을 생각해 보라. 성인 넷 중 한 명이 종이책을 펴지도, 전자책을 기기에 내려받지도, 오디오북을 듣지도 않았다.

영국의 한 연구는 현재의 독서 문화에 대한 우리의 이해를 넓혀 준다. 영국 왕립문학회Royal Society of Literature의 최근 통계 자료는 퓨 재단 보고서의 조사 결과와 비슷하다. 2017년 왕립문학회 보고서에 따르면, 영국인 다섯 명 중 한 명이 어떤 작가의 이름도 대지 못했다.

그렇다고 부정적 측면만 있는 것은 아니다. 긍정적 측면도 있는데, 이 보고서는 사람들이 더 많은 문학literature을 읽고 싶은 강한 욕구를 가지고 있다고 말한다. 거의 모든 응답자가 다들 문학을 읽어야 한다고 대답했고, 그들이 생각하는 문학은 고전 문학classics이나 학술 문헌academics에 제한되지 않았다. 이미 읽고 있는 사람들 중에서 앞으로 더 읽고 싶다는 비중이 3분의 1 이상이었고, 당장에 문학을 읽고 있지 않은 응답자 중 절반 이상이 앞으로는 읽고 싶다는 마음을 표명했다. 그러나 조사 대상 중 많은 이들이 문학─고전 문학이나 학술 문헌으로 보지 않는 글조차─이 읽기 어렵다고 대답했다.[6]

미국인들이 매일 독서에 쓰는 시간은 나이가 듦에 따라 늘어나, 은퇴자들이 가장 많이 읽는다. 그러나 75세 이상 연령대의 독서 시간도 매일 50분밖에 되지 않는다. 매일 1시간씩 독서하는 연령대는 없다.[7]

이것을 사람들이 디지털 매체에 쓰는 시간과 비교해 보라. 한 연구 결과에 따르면 사람들은 하루에 무려 5.9시간 동안 디지털 매체를 이용한다. 여기에 스마트폰, 컴퓨터, 게임기, 그리고 정보 스트리밍을 위한 기타 기기 사용 시간이 포함된다는 것을 고려하면 하루 6시간에 가까운 이 수치가 그리 놀랍지는 않을 것이다.[8] 퓨 리서치는 미국인의 4분의 3 정도가 매일 온라인에 접속한다는 것을 보여 준다. 미국 거주자의 4분의 1 이상이 "거의 계속" 온라인 상태에 있다고 시인한다.[9] 많은 이들이 사회의 급증하는 정보 기술과 최근의 독서 경향 사이에 있을 수 있는 관계에 우려를 표명하는 것도 당연하다.

《전쟁과 평화》라는 시금석

독서에 대한 연구는 레프 톨스토이Lev Nikolayevich Tolstoy의《전쟁과 평화War and Peace》가 사람들 사이에서 계속 오르내리는 매혹적인 현상을 보여 준다. 왜 그토록 많은 사람들이 출판된 지 150년도 넘은 러시아 소설에 대해 쓰고 있을까? 그것은 아마도 《전쟁과 평화》가 독서 능력과 끈기를 가늠하는 시금석으로 간주되기 때문일 것이다.

마거릿 앤 두디Margaret Anne Doody교수는 이렇게 설명한다. "《전쟁과 평화》는 너무나 자주 인내력 테스트나 통과의례의 대상이 되고, 결국 사람들이 중도에서 포기하거나 책꽂이에 트로피로 전시하여 손도 대지 않는 … 몇 안 되는 책 중 하나다. 내용이 정말 길지만, 주의해서 읽고 다시 읽으면 풍성한 보상을 안겨 주는 소설이다."[10]

주의 집중은 우리의 분주한 기술 과잉의 삶에서 사라져 가는 독서 기술인 것 같다. 니콜라스 카Nicholas Carr는 이런 질문을 한 것으로 유명하다. "구글이 우리를 멍청하게 만들고 있는가?" 카는 온라인 연구와 접근 가능한 정보의 혜택을 인정하면서도, 자신을 포함한 많은 이들이 이전처럼 책을 잘 읽지 못한다는 것을 발견했다. 그의 친구 중 한 명은 《전쟁과 평화》를 더 이상 읽지 못한다. 짧은 온라인 텍스트를 훑어보다가 '스타카토적' 사고의 특성을 갖게 되었기 때문이다.[11]

저자이자 강연자인 클레이 셔키Clay Shirky는 카의 기고문에 대한 반발로 문학 독서와 그 문화의 몰락을 축하했다. 그는 이렇게 썼다. "핵심은 이것이다. 카의 친구에게 문제가 있는 것이 아니고, 인터넷 때문에 문제가 생긴 것도 아니다. 어차피 누구도 《전쟁과 평화》를 읽지 않는다. 분량이 너무 길고, 내용이 그렇게 흥미롭지도 않다."[12] 정말 과감한 발언이

잃어버린 독서의 예술 되찾기

긴 한데, 과연 이 말이 타당할까?

앨런 제이콥스Alan Jacobs 교수는 셔키의 진술을 평가하면서 다음과 같이 비꼬는 내용으로 반박했다. "책 읽는 대중들은 톨스토이의 걸작에 대한 이런 괴멸적 평가를 천명하기 위해 지난 4년간 10만 부가 넘는《전쟁과 평화》를 구매했다. 이것을 두고 그는 "작품에 대한 경멸을 드러내는 참 이상한 방식"이라고 말했다.[13] 4년 동안 이 정도로 책이 팔리는 현대 작가라면 누구라도 토크 쇼에 불려 다니고 대형 출판사들의 여러 출간 제안으로 고민하게 될 것이다.

56만 단어 분량의《전쟁과 평화》가 두꺼운 책이라는 사실은 부인할 수 없다. 그러나 150만 단어에 이르는 프루스트Marcel Proust의《잃어버린 시간을 찾아서A la recherche du temps perdu》를 비롯한 훨씬 긴 다른 소설들도 있다.[14] 펭귄 출판사의 빈티지 클래식 시리즈의《전쟁과 평화》는 1296쪽 분량이고 아마존이 러시아 문학의 '넘버원 베스트셀러'라는 표시를 붙이기에 충분할 정도로 계속해서 잘 팔린다.

문학 평론가 제임스 우드James Wood는 톨스토이의 문체를 러시아어 원어만큼 정확하게 잘 반영했다며 펭귄 번역본을 추천한다. 우드는《전쟁과 평화》의 "밝은 흐름에 사로잡혀" "살아 있다는, 생생하게 살아 있다는"(톨스토이의 일기장에서 인용한 말) 느낌을 받는다고 말한다. "그 활력의 전염성에 굴복하게 된다. 톨스토이의 등장인물들은 존재의 뜨거움으로 서로에게 영향을 끼치고, 독자에게도 영향을 끼친다."[15] 우드의 이 말은 보는 이의 마음을 뒤흔들어 십만 명의 구매자 대열에 서고 싶게 만든다.

작가이자 평론가인 필립 헨셔Philip Hensher는《전쟁과 평화》를 "이제껏 나온 소설 중 최고의 작품"이라고 부른다. 하지만 그도 이 소설의 "도입 문장이 주요 소설 중에서 최악"이고 "마지막 문장은 그보다 더 심각"하다고 인정한다. 두 문장 사이에는 그가 이제껏 나온 것 중 가장 훌륭할 뿐만 아니라 "가장 따뜻하고, 가장 원숙하고, 가장 흥미로운 최고의 이야기이자" 소설이라고 평가하는 작품이 놓여 있다.[16]

이런 사실들은 서키의 주장을 지지하지 않는다. 많은 사람들이 여전히《전쟁과 평화》를 읽고 있고, 그중 일부는 이 소설이 너무 길다고도 재미없다고도 여기지 않는다. 물론 이 소설이 부담스러울 수는 있다. 특히 수많은 러시아 인명을 기억하는 것은 만만한 일이 아니다.

작가 마이클 해리스Michael Harris는 50쪽까지 읽다가 다섯 번이나 포기한 후, 끝까지 읽기로 다짐을 하고《전쟁과 평화》를 다시 집어 들었다. 외부의 영향력과 연결망의 인력에서 물러나자 그는 이야기에 집중할 수 있었다. 등장인물들과 그들의 삶에 푹 빠졌다. 그의 읽기는 나아졌고 마침내 소설을 다 읽었을 뿐 아니라 즐기기까지 했다.[17]

《전쟁과 평화》가 독서 능력의 공인된 척도처럼 보이기는 하지만, 우리는 특정한 소설을 표준으로 인정하지 않는다. 우리는 어떤 장르나 포맷으로든 모두가 문학 읽기의 즐거움을 발견하기를 원한다.

다른 포맷들을 고려한다면, 클라이브 톰슨Clive Thompson의

잃어버린 독서의 예술 되찾기

진귀한 위업을 인정해야 할 것이다. 그는 아이폰으로 《전쟁과 평화》를 읽었다. 톰슨은 "톨스토이의 전화번호부 분량의 대하소설"을 독서의 시금석으로 보는 사람이다. "끝까지 읽으라. 그러면 깊이 있는 문학적 집중력을 상으로 받게 된다! 당신은 이제 교양인이다!" 처음에는 핸드폰의 여러 기능에 정신이 팔려 핸드폰으로 하는 독서의 시도가 실패할 뻔했지만, 그는 소설에 매료되었다. "핸드폰이 가진 극도의 휴대성 덕분에 나는 톨스토이의 책을 내 생활에 끼워 넣을 수 있었고, 이야기 속으로 휘말려 들어갔다. 이야기에 푹 빠지니 오히려 집중을 방해하는 핸드폰의 요소들에 신경 쓰지 않게 되었다."[18]

톰슨은 전자 독서에 관해 긍정적인 발언을 하고 앨런 제이콥스는 킨들 덕분에 독서 습관을 되찾았다고 생각한다.[19] 그러나 전자 독서와 온라인 활동이 도움이 안 되는 정도를 넘어 해롭다고 보는 이들도 많다.

뇌의 변화

니콜라스 카는 《생각하지 않는 사람들 The Shallows: What the Internet Is Doing to Our Brains》에서 인터넷이 사람의 뇌 구조를 부정적 방식으로 심각하게 바꾸고 있다는 그의 믿음을 뒷받침하는 다양한 사례와 통계 수치를 제시한다. 그는 이렇게 적고 있다. "수십 명의 심리학자, 신경생물학자, 교육자, 웹 디자이너들이 같은 결론을 가리킨다. 온라인에 접속할 때, 대충 읽기, 성급하고 산만한 사고, 피상적 학습을 부추기는 환경에 노출된다는 것이다." 그는 인터넷 자체가 인간에게 해롭다고 본다.

> 한 가지는 아주 분명하다. 누군가 오늘날 우리가 뇌의 가소성°에 대해 갖고 있는 지식을 알아낸 뒤 우리의 정신 회로를 최대한 빠르고 철저하게 재구성할 매체를 만들고자 한다면, 그는 결국 인터넷과 상당히 유사해 보이고 비슷하게 작용하는 매체를 설계하게 될 것이다.[20]

특히 불안한 사실은 기술technology이, 가장 취약한 순간의 어린이들을 의도적으로 표적으로 삼는다는 것이다. 심리학자 리처드 프리드Richard Freed는 "기술 산업이 어린이를 상대로 벌이는 전쟁"을 경고한다.

> 디지털 매체를 활용하는 설득 기술이 어린이를 표적으로 삼는 것은 적절한 순간에 심리적으로 조종하는 무기를 쓰는 것인데, 이 방법은 매우 강력하다. 이런 설계 기법은 기술 기업들에게 아이들의 마음과 정신을 들여다볼 창을 제공하여 특히 취약한 부분들을 측정하게 해 주는데, 그런 취약점들은 소비자로서의 그들의 행동을 통제하는 일에 사용될 수 있다.[21]

○ 뇌의 신경망이 외부의 자극 등에 의해 구조적, 기능적으로 변화되고 재조직되는 현상—옮긴이

프리드의 기고문에는 걱정스러운 여러 사실과 우려를 자아내는 인용문들이 가득한데, 인용문 중 일부는 기술 전문가들의 말이다. 기술 산업 내의 몇몇 사람들도 기술이 어린이의 뇌를 해로운 방식으로 변화시킨다는 것을 깨닫기 시작하는 것 같다.

매리언 울프Maryanne Wolf는 《책 읽는 뇌Proust and the Squid: The Story and Science of the Reading Brain》에서 이렇게 질문한다. "독서하는 뇌가 연마한 기술들을, 스크린 앞에 앉아서 꼼짝 않고 읽는 신세대 '디지털 원주민'의 기술로 대체한다면, 우리는 무엇을 잃게 될까?" 그녀가 믿는 바에 따르면, 신세대들은 이렇다.

> 문맹은 아니지만, 진정 숙련된 독서가는 결코 되지 못할 것이다. 그들은 독서를 통해 비판적 기술을 배우고 빚고 훈련하고 연마하는 단계에서, 온전히 발달된 독서하는 뇌가 지닌 최고 능력을 활용하도록 도전 받지 못했을 것이다. 스스로 생각할 시간을 갖지 못했을 거라는 말이다.[22]

대부분의 온라인 읽기는 분석적으로 사고하는 시간을 허용하지 않는다. 하이퍼링크는 독자들을 다른 사이트로 유도하여 집중력을 더욱 깨뜨리도록 설계되었다. 작가 스벤 버커츠Sven Birkerts는 이 문제가 이중적 구조를 갖고 있다고 말한다. "우리는 주의 집중을 유지하기가 어렵다는 불평을 점점 더 많이 듣는다. 심지어 훈련된 독자들도 그런 말을 한다. 책들이 달라지지는 않았을 것이다. 달라진 것은 독서의 조건이거나 독자의 인지적 반사작용 안에서의 그 무엇이다. 아니면 둘 다이거나."[23]

예술적 독서의 죽음

이런 뇌의 변화는 대부분의 사람들이 인지하는 정도보다 더 중요할 수 있다. 책 읽기와 화면 읽기screen reading는 동일한 눈의 움직임과 기호 해독을 요구하지만, 사람들이 단어들을 처리하고 내재화하는 방식에는 큰 차이가 있다. 화면 읽기는 주로 머리를 식히는 용도로 만들어진 짧은 글을 훑어보는 일로 이루어진다. 반면에 책 읽기는 광범위한 활동 속에 푹 잠기는 것이다. 이 작업이 수용적이고 사색적으로 이루어지면 예술적 독서로 발전한다. 어떤 사람들은 이것을 '깊은 독서'라고 부르는데, 이것이 심각한 문제에 처했다고 믿는다.

작가 애니 머피 폴Annie Murphy Paul은 이런 독서가 "멸종 위기에 놓인 실천"이라고 보고 "역사적 건물이나 중요한 예술 작품을 보존할 때처럼 필요한 조치를 취"해야 한다고 주장한다. 그녀는 "그 능력이 사라지면 온라인 환경에서 성장하는 세대들의 지적, 정서적 발달이 위험에 처할 뿐 아니라 우리 문화에서 대단히 중요한 부분, 즉 문학을 이해하도록 훈련된 뇌를 가진 독자들만 감상할 수 있는 소설, 시 및 여러 문학의 보존도 위태로워질 것이다"[24]라고 경고했다.

니콜라스 카는 자신의 독서 능력이 감퇴한 것을 애석하

잃어버린 독서의 예술 되찾기

게 생각하며 이렇게 말했다. "한때 자연스럽게 이루어지던 깊은 독서가 힘겹게 애써야 얻을 수 있는 것이 되었다. 내 정신은 이제 인터넷이 정보를 분배하는 방식으로 정보를 받아들이려 한다. 빠르게 움직이는 입자들의 흐름으로 말이다. 한때 나는 글의 바닷속 스쿠버 다이버였는데, 이제는 제트 스키를 탄 사람처럼 수면 위를 빠르게 지나친다."[25]

작가 마이클 해리스는 한층 더 나아가 이렇게 고백한다. "나는 읽는 법을 잊어버렸다." 그는 많은 친구들이 자신과 같은 문제를 겪고 있음을 알게 되었다. "그렇다고 텍스트가 넘치는 이 사회에서 우리가 덜 읽고 있는 것은 아니다. 위태로운 것은 읽는 현상 자체가 아니라 '어떻게 읽느냐' 하는 것이다." 그는 다음과 같은 의미심장한 진술을 내놓는다. "옛 방식의 읽기를 잃어버리는 것은 아주 실질적인 방식으로 우리의 일부를 잃어버리는 것이다."[26]

우리가 잃어버린 것은 단순한 행동 그 이상이다. 버커츠는 깊이와 지혜의 상실을 본다. 그는 지혜가 "사실을 아는 것이 아니라 인간 본성과 삶의 과정에 관한 진실을 아는 것"이라고 말한다. 그리고 "우리는 더 이상 이런 식의 더 크고 부정확할 수밖에 없는 용어들을 써서 생각하지 않는다"고 여긴다. 왜냐하면 우리는 "데이터에 뒤덮여 있고 그것을 조종하는 기술에 사로잡혀" 있기 때문이다. 버커츠는 이렇게 덧붙인다. "정보의 관료 체제 하에서 살아가는 수평적 시대에 우리는 감히 그런 종류의 이해를 주장하지 않는다. 참으로, 우리는 **진리, 의미, 영혼, 운명** 같은, 한때 의미심장했던 용어들

앞에서 어찌할 바를 모른다."[27]

이런 개념들은 모든 사람에게 중요하지만, 그리스도인들에게는 특히 중요하다. 성경의 자녀들보다 영원한 진리를 읽는 일에 더 많은 관심을 가져야 할 사람이 있을까? 만약 우리가 마이클 해리스처럼 읽는 법을 잊어버린다면, 귀중한 문학 작품들에 대한 기쁨 이상의 것을 잃게 된다. 곧 성경을 집중해서 일관되게 읽는 능력이다. 그렇게 되면 하나님과 우리의 관계에 무슨 일이 벌어지겠는가? 참으로, 우리는 해리스가 상상하는 것보다 무한히 더 안 좋은 방식으로 우리 자신의 일부를 잃게 될 것이다.

작가 필립 얀시Philip Yancey는 〈독서의 죽음이 영혼을 위협하고 있다〉라는 제목의 신문 기고문에서 이 위험 범위가 어디까지 이르는지 전한다. 그는 독서를 하려는 의지가 "인터넷 포르노의 유혹"에 맞선 싸움과 비슷한 지속적 전투라는 결론을 내린다. 그가 추천하는 대응책은 무엇인가? "우리는 강력한 도파민 분출의 유혹에 맞설 만큼 튼튼한 성벽과 깊은 독서가 번창할 환경을 조성해 줄 피난처를 함께 갖춘 요새를 세워야 한다. 특히 그리스도인들에게 그런 공간이 필요하다. 조용한 묵상은 가장 중요한 영적 훈련 중 하나이기 때문이다."[28]

일부 그리스도인들은 묵상이라는 개념이 너무 신비적이라고 무시하지만, 하나님은 우리에게 명령하신다. '너희는 가만히 있어 내가 하나님 됨을 알지어다'(시 46:10). 엘리야는 하나님의 말씀을 바람이나 지진, 불 속에서 듣지 않았다. 그는 미세한 음성을 통해 하나님의 목소리를 들었다(왕상 19:12 참조). 우리는 영혼을 진정시켜 주는 펼쳐진 성경을 통해 하나님과 교제하도록 부름을 받았다. 디지털 매체가 우리의 집중력을 계속해서 흩트려 놓는다면, 하나님과 그분의 말씀을 수용적이고 사려 깊게 묵상할 수 있을까? 최고의 책과 그 밖의 좋은 책들을 예술적 방식으로 읽는 일은 우리가 결코 잃어버리면 안 되는 보물이다.

02

—

우리는 무엇을
잃어버렸는가?

—

한 유명 보험 회사가 입에 착 붙는 문구의 TV 광고 시리즈를 내보냈다. "본 게 있으니 우리가 좀 알죠." 반세기가 넘도록 대학에서 영문학 교수로 지낸 나(릴랜드)도 본 게 좀 있다.

이번 장의 질문과 직결된 대화가 기억에 남아 있다. 내 연구실을 찾은 한 학생이 직전 학기에 찰스 디킨스Charles Dickens의 《위대한 유산Great Expectations》을 읽는 과제를 받아들일 수가 없었다면서 그 시간을 친구들과 어울리며 보냈다고 말했다. 그 이후로 나는 그의 인생에 지대하게 긍정적인 영향을 미칠 수 있는 문학 작품 읽기를 거부함으로써 그가 잃어버린 것을 생각하며 탄식했다.

그 사건을 생각하면 두 유명 저자가 남긴 말이 떠오른다. 우리는 그들의 진술을 지침 삼아 독서의 결핍이 초래할 상실을 논해 보려 한다. C. S. 루이스c. s. Lewis는 《오독: 문학 비평의 실험An Experiment in Criticism》의 마지막 바로 전 단락에서 이렇게 적고 있다.

> 평생 충실하게 책을 읽어 온 우리는 작가들 덕분에 자신의 존재가 얼마나 확장되었는지 좀처럼 깨닫지 못합니다. 그러나 비문학적인unliterary 친구와 대화를 나눠 보면 그 사실을 분명히 깨달을 수 있습니다. 그 친구가 더없이 선량하고 분별력 있는 사람이라고 해도 그는 여전히 협소한 세계에 갇혀 삽니다.[1]

루이스는 우리가 독서를 하지 않으면 시야와 경험이 제한된다는 대담한 주장을 한다.

루이스보다 3세기 앞선 때에 프랜시스 베이컨Francis Bacon은 동일한 진실을 긍정적 방식으로 표현했다. 베이컨은 〈학문에 대하여〉라는 에세이에서 독서는 알찬 사람을 만들고, 토론(또는 대화)은 능숙한 사람을 만들며, 집필은 정확한 사람을 만든다고 했다.[2] 루이스와 베이컨은 우리가 책을 읽지 않거나 잘 읽지 않음으로써 놓치게 되는 풍성함을 감지하도록 도와준다.

의미 있는 여가를 잃어버림

독서는 본질상 여가 시간에 하는 활동이다. 독서가 강박으로 자리 잡아 독서 없이는 살 수 없다고 말하는 사람들도 있지만, 독서는 대부분 정례적으로 이루어지는 일상의 물리적, 사회적 요구를 감당한 후에 하는 일이다.

여가로 알려진 영역에 수 세기에 걸쳐 위엄을 부여한 단어들이 있다. 독서와 그에 병행하는 활동들이 쇠퇴하면서 한때 여가를 고상하게 만들었던 그 단어들이 품위를 잃었다. 예를 들어, **레크리에이션**recreation은 한때 '재창조re-creation' 즉 인간 정신의 소생을 의미했다. 이 고귀한 이상은 이제 '레크리에이션'이라는 단어가, 탁구대와 대형 TV가 있는 '오락실rec room', 모든 연령대의 아동에게 스포츠 프로그램을 제공하는 지역 레크리에이션 위원회, 집 안에 있는 것 같은 편안한 캠핑을 가능하게 하는 레저용 자동차Recreational Vehicle(RV)등에 쓰일 정도로 쪼그라들었다. 게임이나 스포츠나 여행 자체는 아무 문제가 없지만, 레크리에이션이라는 용어의 이런 새 용례들은 모두 '재창조re-creation'라는 이전의 이상에 미치지 못한다.

엔터테인먼트entertainment라는 용어도 비슷하게 쪼그라들었다. 한때 이 단어는 사람들이 자유 시간에 추구하는 즐거운 활동을 의미했다. '**붙든다**'라는 의미의 라틴어가 어원의 일부였으니 관련 활동이 사람의 관심을 사로잡는 힘을 갖고 있었음을 알 수 있다. 놀랍게도, 우리는 **어뮤즈먼트**amusement가 **엔터테인먼트**entertainment의 동의어였음을 발견했다. 1920년만

해도 T. S. 엘리엇T. S. Eliot이 문학 독서를 "우월한 어뮤즈먼트"라고 일컬으며 옹호했다.[3] 오늘날의 **엔터테인먼트**는 할리우드 유명 연예인들의 세계를 말하고, **어뮤즈먼트**는 코미디 쇼나 놀이공원을 떠올리게 한다.

여가는 그 위엄을 상실했다. 이 단어의 어원에는 좀 더 고상한 의미가 내포되어 있다. 단어 '**레저**leisure'의 어근은 필수적인 일에서 자유로운 시간을 뜻한다. 잠재력을 넓히고 정신을 풍부하게 한다는 의미이다. 한 그리스도인 여가 이론가가 이런 개념들을 적절하게 요약했다. "여가는 인간 정신이 성장할 시간이다. 여가는 배움과 자유, 성장과 표현, 휴식과 회복을 얻고 삶을 통째로 재발견할 기회를 제공한다."[4]

원래의 이런 고상한 기준과 반대로, 우리 문화는(기독교계를 포함하여) 여가를 단지 기분 전환과 머리 식힘을 위한 시간으로 축소하는 방향으로 흘러왔다. 물론 앉아서 하는 정신적 활동으로만 여가를 채울 수는 없다. 물리적이고 관계적인 활동들도 필요하다. 그러나 한때 영어권 세계에서 여가 활동의 주요소였던 사색적 독서를 내버리자, 개인과 문화를 풍성하게 성장시키던 측면이 쪼그라들었다.

오늘날 대부분의 여가 활동은 인간 정신을 성장시키지 못하며, 지성과 상상력(재창조의 요소)을 사로잡는 일에도 자주 실패한다. 스마트폰을 몇 시간씩 들여다보는 일은 의무로부터의 휴식이라는, 여가 활동의 최소 요구 조건마저 채우지 못한다. 한 기독교 출판사가 출간한 책《오락의 문화 안에서 여전히 지루한Still Bored in a Culture of Entertainment》은 신자들이 불신자들과 똑같이 지루함에 시달리고 있음을 보여 준다.[5] 폭넓은 양서들을 예술적으로 읽는 일은 지루함의 해독제이자 영적 성장을 촉진한다. 문학은 여타 많은 여가 활동보다 더 깊은 수준에서 생기를 되찾게 한다. 하나님은 우리가 각자의 일에서뿐만 아니라 여가에서도 최대한 온전해지기를 원하신다.

자기 초월을 잃어버림

독서 경험에 몰입할 때 우리는 자기중심적 관심사와 생각들을 잊는다. 우리 자신을 넘어서서 다른 사람들이나 큰 주제들, 심지어 하나님에게 집중한다. 이런 경험은 '자기 초월'이라 부르는 것이 가장 적합하다. 자기 초월이 가끔 심령술 용어로 쓰인다는 점만 유의하면 될 것이다.

자신을 넘어선다는 것은 '자기 망각'을 의미할 뿐 아니라 우리가 매일 하는 일인 염려, 노동, 관계, 무수한 통상적인 관심사까지 넘어섬을 뜻한다. 인간은 부담스러운 현실에서 가끔씩 떨어져 나올 필요가 있는 존재이다. 의무에 지속적으로 몰입하면 기쁨을 잃고 툭하면 짜증이 나고 압박감에 시달릴 수 있다.

성경의 지혜는 안식 개념을 옹호한다. 그리스도인들은 대체로 일을 하나님이 주신 소명으로 인식하지만 여가도 그렇다는 것은 모르는 경우가 많다. 하나님은 엿새 동안 창조하신 후 '모든 일에서 손을 떼고 쉬셨'(창 2:3, 새번역)고 '쉬면서 숨을 돌리셨was refreshed'(출 31:17, 새번역)다. 하나님의 형상을 지닌 자

잃어버린 독서의 예술 되찾기

로서 우리의 소명은 분명하다. 노동과 여가의 균형을 잡으신 하나님의 인도를 따르지 않는 한, 우리 삶은 불완전하다. 노동을 쉬라는 것은 십계명이 주는 직접적인 명령이다. "엿새 동안은 힘써 네 모든 일을 행할 것이나 일곱째 날은 네 하나님 여호와의 안식일인즉 … 아무 일도 하지 말라"(출 20:9-10). 하나님은 안식일을, 우리가 하나님 및 다른 이들과의 교제에 집중함으로써 자신을 넘어서는 기회로 정해 두셨다.

일상적 일에서 손을 떼고 쉬는 최고의 방법 중 하나가 독서다. 신체 운동은 우리를 평일의 노동 현장에서 일시적으로 벗어나게 해 주지만 '우리 자신으로부터' 벗어나게 하지는 못한다. TV 시청은 우리 마음을 일상의 의무에서 다른 곳으로 눈을 돌리게 하지만, TV를 보거나 기타 전자 기기를 사용하는 일에는 '자기 초월'이라는 고귀한 이상의 위엄을 부여할 수 없다. 이전에 사람들이 독서에 쓰던 시간 중 상당한 양은 이제 화면을 응시하는 데 쓰인다. 주로 어디서나 쓸 수 있는 스마트폰이 그 대상이 된다.

전자 기기를 가지고 노는 이런 일을 통해서 자기를 잊고 평범한 경험 너머의 어떤 것과 하나가 되는 유익한 행위를 하게 되는 경우는 극히 일부에 불과하다. 문학 연구자 헬렌 가드너Helen Gardner는 문학 읽기가 독특한 방식으로 "이기적인 자기 관심에서 눈을 돌리게 하고 우리를 우리 자신에게서 끌어내어 … 회복시킨다"[6]라고 말하며 찬사를 보낸다. 우리는 책을 읽지 않고, 또 잘 읽지 못하게 되면서 자신을 제한하는 사적 집착과 염려의 세계를 벗어날 본질적 방법을 빼앗겼다.

아름다움의 한 가지 원천은 자연이다. 또 다른 원천은 예술인데, 문학도 여기에 들어간다. 문학을 읽지 않으면 미적 감각을 북돋우는 주된 방식을 잃게 된다.

여가의 경우와 마찬가지로, 성경은 하나님이 우리가 아름다움을 누리며 살기 원하신다는 것을 분명하게 보여 준다. 하나님이 창조하신 세상은 유용할 뿐 아니라 아름답다. 하나님이 우리 첫 조상 아담을 위해 만드신 동산에는 '먹기에 좋'을 뿐 아니라 '보기에 아름답'(창 2:9)기도 한 열매를 맺는 온갖 나무가 있었다. 신약성경에서 예수님이 불안과 탐욕을 경계하신 말씀(마 6:25-34)에는 '들의 백합화를 보라'라는 명령이 들어 있다. 이것은 아름다움을 숙고하라는 명령이다. 전도서 저자는 자신이 문학적 분야에서 독자들에게 '기쁨을 주는 말을 찾으려고 힘썼'(전 12:10, 새번역)다고 말한다.

하나님은 인간의 삶이 풍요롭기를 원하시고, 그 풍요로움에는 하나님이 인간 안에 심으신 심미적 욕구를 채우는 일이 포함된다. 아브라함 카이퍼Abraham Kuyper는 "하나님의 형상을 지닌 자로서 인간은 아름다운 것을 창조하고 그것을 기뻐할 가능성을 모두 갖고 있다"[7]라고 썼다. 불행히도, 아름다움을 만들고 누릴 인간의 능력을 무시하고 그 능력을 못 쓰게 만드는 것이 오래된 문화적 추세이다. 교회음악의 단조롭고 산문적인 언어 속에서 그리고 일상어로 푸는 성경 번역에서 이런 추세를 볼 수 있다. 미에 대한 성경적 견해를 되찾을 한 가지 방법은 위대한 문학 작품을 읽고 시각 예술과 음악의 걸작들을 접하는 것이다.

인터넷과 현대 광고물이 저속한 싸구려 이미지들로 우리 마음과 상상력을 채우는 경우가 너무 많다. 문학과 예술은 위대하고 아름다운 이미지들로 우리 정신을 확장할 수 있다.

과거와의 접촉을 잃어버림

근현대에 이르러 위대한 문학 작품들이 배출되었지만, 대부분의 위대한 문학은 과거의 산물이다. 그리스도인들이 중요하게 고려할 사항은 그들의 거룩한 책과 구원의 구속적 행위가 과거에 뿌리를 두고 있다는 것이다. 그런데 이 주된 사항 외에도 고려할 것이 더 있다.

빅토리아 시대의 문화 옹호자 매슈 아널드Matthew Arnold는 온전한 삶을 살려면 "세상에 알려지고, 사람들이 숙고한 최고의 것"[8]을 숙지해야 한다는 놀라운 문구를 남겼다. 지금까지 예술 분야에서 사람들이 생각하고 말하고 만들어 낸 최고의 것들 중 다수는 과거에 뿌리를 두고 있다. 근현대 예술보다는 역사의 고전에서 참된 것, 선한 것, 아름다운 것을 발견할 가능성이 높다. 그렇다고 문학의 '과거성' 자체가 문학을 가치 있게 만드는 것은 아님을 여기서 분명히 해 두고 싶다. 문학을 가치 있게 만드는 요소는 문학 안에 존재하는 참된 것, 선한 것, 아름다운 것이다.

덧붙여, 과거를 아는 일은 우리를 현대의 속박에서 벗어나게 해 준다. C. S. 루이스는 특유의 분별력을 발휘하여 이 문제에 대해 쓴 바 있다. 그는 〈전시戰時의 학문〉이라는 에세이에서 "우리에게는 과거에 대한 상세한 지식이 필요하다"라고 주장한다. "과거에 무슨 마법의 힘이 깃들어 있어서가 아니라, … 현재와 비교할 대상이 필요하기 때문"이다. 이어서 그는 다음과 같은 비유를 제시한다. "여러 장소에서 살아 본 사람은 고향 마을에 내재해 있는 지역적 오류에 속을 가능성이 적습니다. 과거를 아는 사람은 사상적으로 여러 시대를 살아 본 사람이므로 당대의 언론과 확성기에서 억수같이 쏟아지는 허튼소리에 대항할 만한 면역성이 어느 정도 있습니다."[9]

다른 문학 연구자들도 같은 목소리를 냈다. 노스럽 프라이Northrop Frye는 과거의 문학을 읽을 때 "우리는 낯선 가정, 신념, 가치관을 지닌 다른 종류의 문화로 이끌려 들어가고" 이 낯선 세계와의 접촉이 "인간의 가능성에 대한 우리의 견해를 넓혀 준다"[10]라고 주장했다. 웬델 베리Wendell Berry는 과거는 우리가 "교감하고 대화를 나눌" 대상이고 "이러한 연속성을 제거하면 우리에게는 몰지각한 현재 시제만 남는다"라고 썼다.[11]

독서가 쇠퇴하면서 과거가 주는 안정적인 영향력과 풍성한 보물들의 상실이 뒤를 이었다. 그 보물들은 억압적 독재를 일삼는 세속적이고, '정치적 올바름'°에 경도된 현재에 외부의 목소리를 들려주었다.

° political correctness, 말의 표현이나 용어의 사용에서 인종, 민족, 언어, 종교, 성차별 등의 편견이 포함되지 않도록 하자는 주장을 나타낼 때 쓰는 말—편집자

이 책 내내 이어지는 주요 주제 중 하나는 문학이 인간의 경험을 증언한다는 것이다. 독서의 상실은 인간성의 성경적인 측면, 그리고 인간성의 기초적인 측면들과의 단절로 이어진다.

문학에서 인간 경험에 대한 묘사와 분석을 접할 때 얻게 되는 첫 번째 유익은 삶에 대한 이해가 높아진다는 점이다. 우리는 일상생활을 하다 보면, 인간 경험의 본질을 자동적으로 이해하게 될 거라는 잘못된 가정을 한다. 상황은 거의 정반대다. 우리는 생활의 요구에 너무 시달리느라 삶과 인간 본성에 있어 첫째 가는 원리를 온전히 이해하지 못한다. 문학이 인간의 경험을 보여 줄 때, 우리는 자신의 삶을 한층 선명하고 정확하게 보게 된다. 문학적 활동은 이런 식으로 우리를 형성하고 빚어낸다. 인간 경험과 그것이 존재하는 세계를 숙고하는 것이 바로 독서의 본질이다.

이런 독서에는 자기 이해와 자기 정체감正體感도 따라온다. 1924년 플랑드르의 화가 피터르 브뤼헐Pieter Brueghel을 기리는 기념식이 그의 무덤에서 열렸다. 그 자리에서 펠릭스 티머먼스Felix Timmermans는 회화뿐 아니라 문학에도 해당하는 사실을 언급했다. "당신의 작품에는 … 우리의 기쁨과 슬픔, 강함과 약함이 반영되어 있습니다. … 당신은 우리의 거울입니다. … 우리가 누구인지 알려면 당신의 작품이 실린 책을 펼쳐 보기만 하면 됩니다. 그러면 우리 자신을 알 수 있습니다."[12] 잘 살아가려면 우리가 누구인지 알 필요가 있다.

문학에서 발견하는 인간에게 있는 또 다른 측면은 표현 충동이다. 우리는 자신의 갈망과 두려움에 목소리가 주어지기를 원한다. 우리의 경험들이 표명되기를 바란다. 작가와 화가와 음악가들이 작품을 만들고 대중이 그들의 작품을 찾는 이유가 여기에 있다. 랄프 왈도 에머슨Ralph Waldo Emerson은 〈시인〉이라는 에세이에서 "모든 사람은 진실을 헤아리며 살고 표현의 욕구를 느낀다"[13]라고 말했다. 문제는 "적합한 표현이 드물다"는 것이다. 그런 면에서 문학가文學家들은 우리의 대표자가 된다. "표현이라는 목적을 위해 세상에 태어난" 그들은 우리의 가장 깊은 감정을 우리보다 더 잘 드러낸다.

문학은 인간 경험에 대한 묘사를 통해 교정의 기능도 감당한다. 과거와 현재를 아우르는 보편적이고 드넓은 문학은 독자들 안에 불후의 가치와 생활 규범에 대한 인식을 서서히 쌓아 올린다. 문학은 기본 원리로 돌아가라고 계속 우리를 부른다. 그 원리들은 문학 작품의 세부 내용 안에서 인식 가능하다. 윌리엄 포크너William Cuthbert Faulkner는 1950년 노벨 문학상 수락 연설에서 문학가의 과제는 "마음의 유구한 진실과 진리 … 사랑과 명예와 연민과 긍지와 긍휼과 희생"으로 돌아오라고 인류를 부르는 것이라고 말했다. 그 기초가 없으면 "어떤 이야기든 덧없고 망하기 마련"이다.[14] 존재의 영구적인 원리들과 이어지지 않으면 삶 자체가 덧없다.

문학은 그 안의 원형原型을 통해서도 독자를 교정한다. 원형은 문학에 계속 등장하는 주요 이미지와 모티프다. 원형이 문학적 상상력의 구성 요소라고 말하는 것은 과장이 아니다.

잃어버린 독서의 예술 되찾기

작가는 원형을 피하려고 해도 피할 수가 없다. 여러 원형이 문학의 모든 지점에 있는 이유는 그것이 삶의 모든 지점에 있기 때문이다. 현대의 원형 이해 정립에 기여한 심리학자 카를 융Carl Gustav Jung은 인류가 특정한 보편적 이미지들과 패턴들에 대해 공통적인 심리 반응을 보인다고 주장했다. 이런 이미지들은 "인간 심리의 기본을 이룬다. 이런 상징들과 조화를 이루어야만 가장 충만한 삶이 가능하다. 지혜는 이 이미지들로 돌아가는 것이다."[15] 문학 독서는 이 작업을 위한 주요 활동이다.

인간 경험에 대한 문학의 묘사에는 기념적 측면도 있다. 우리의 경험을 인식하면 개인의 정체성이 만들어진다. "나는 이런 사람이다"라고 느끼게 되는 것이다. 그 정체성이 모두 좋은 것은 아니지만 이것이야말로 우리의 진짜 모습이다. 그리스도인은 고백 행위에 친숙하다. 자신의 잘못을 고백하는 일에도, 믿음을 고백하는 일에도 익숙하다. 문학은 인류의 고백이고 우리와 긴밀한 관계가 있다.

문학의 세계로 들어가는 것은 "인류의 온전한 일원이 되라는 초대"를 수락하는 일이라고 할 수 있다. 여기에 필요한 것은 책이나 시를 읽는 일이 전부다. 이 초대를 거부하면 인간 경험에 대한 문학의 이해와 긍정에 온전히 참여하지 못한 채 쪼그라든 세상에서 살 수밖에 없다.

교화敎化를 잃어버림

우리 삶에는 교화edification의 원천이 여럿 있는데, 문학을 읽지 않으면 중요한 원천 하나를 잃게 된다. 그리스도인 독자들은 성경적 관점을 긍정하고 그리스도인의 경험을 묘사하는 문학에 자연스럽게 끌리겠지만, 그런 작품들이 독서 목록 전체를 차지해서는 안 된다. 반대로, 그리스도인들이 성경적 가치관을 공격하는 자료에 푹 빠진다면 뭔가 잘못된 것이다. 시온의 노래가 바벨론의 노래보다 낫다. 그리스도인 독자들이 성령의 권고를 따라 자신에게 독서가 어떤 의미가 있는지 점검한다면, 대부분은 독서가 영적 양식을 얻는 한 가지 주요 원천임을 인정할 것이다. 그리스도인 작가들은 신앙의 대변인이 되고, 독자들은 이들이 표현하는 진리를 기뻐한다. 무신론자였던 영국의 맬컴 머거리지Malcolm Muggeridge는 회심한 후에 이렇게 썼다. "《부활》과 《카라마조프가의 형제들》 같은 책들은 기독교적 인생관이 얼마나 특별하고 놀라운지 압도적으로 느끼게 하고, 나도 그 인생관을 공유하고 싶다는 열망을 갖게 만든다."[16]

기독교를 긍정하는 문학, 성경적 관점에 찬성하는 문학 말고도 **'공통 경험의 문학'**이라 부를 만한 더 많은 분량의 문학이 있다. 이 작품들은 기독교의 구체적인 인생관을 옹호하지는 않지만 기독교와 완전하게 조화를 이룬다. 사실, 이 작품들의 저자는 상당수가 그리스도인이다. 이 문학은 기독교만의 독특한 진리가 아니라 일반적 진리를 구현한다. 하나님이 모든 인류에게 부여하신 일반 은총으로 가능해진 인류 공동의 지혜다. '공통 경험의 문학'에 몰입하면 어떤 교화적인 효과가 있을까? 일반적 진리는 참된 진리이고, 그리스도인들은 어디서 발견하든 '진리와 함께 기뻐'한다(고전 13:6).

문학을 하나의 연속체로 본다면 기독교를 긍정하는 문학의 반대쪽 끝에는 '**불신의 문학**'이 놓여 있다. 기독교 신앙의 주장을 부정하는 문학이다. 그런 문학이 교화적이라고 말하지는 않겠지만, 그런 **문학과의 조우**는 교화적일 수 있다. 우리는 그런 문학이 권하는 것에 저항하면서 우리가 그리스도 안에서 누리는 것을 기뻐하게 된다. 절망의 현대 문학을 읽으면 주님 안에서 누리는 기쁨을 더욱 선명히 인식할 수 있다. 교화하는 방식은 여러 범주의 문학이 다르겠지만, 우리가 그리스도인이라는 자의식을 가지고 읽으면 대부분의 독서 경험이 교화적일 수 있다. 독서 없이는 교화의 이런 새로운 방식들로 우리 삶이 성장할 수 없다.

확장된 시각을 잃어버림

독서의 쇠퇴로 생겨난 상실의 목록에서 마지막 항목은 우리를 출발점으로 데려간다. 책을 읽지 않는 사람은 "협소한 세계에 갇혀 사는" 반면에 독서는 온전한 사람을 만들어 낸다는 생각 말이다.[17] C. S. 루이스는 널리 받아들여진 문학 이론을 옹호했다. 간단히 말해, 루이스는 다음과 같이 믿는다. "사람은 자신의 존재를 넓히려 합니다. 우리는 자신을 넘어선 존재가 되고 싶어 합니다. 우리는 우리 자신만의 눈, 상상력, 마음으로가 아니라 다른 눈으로도 보고, 다른 상상력으로도 상상하고, 다른 마음으로도 느끼고 싶어 합니다."[18]

독서가 우리 경험의 폭을 확장할 유일한 방법은 아니다. 여행이나 대화나 TV 시청도 그런 역할을 잘할 수 있다. 그러나 독서에는 몇 가지 내재적인 이점이 있다. 하나는 독서라는 방편을 통해 우리 자신 및 현대 세계와는 다른 경험, 다른 관점의 세계를 접할 수 있다는 것이다. 오로지 책만 펼치면 된다. 먼 옛날부터 문학이 대변해 온 방대한 관점과 경험들에 비하면, 우리 공동체와 현대의 책들은 아주 작은 부분에 불과하다.

우리는 문학을 통한 경험의 **양**뿐 아니라 **질**도 고려할 필요가 있다. 문학은 상상의 영역에 속한다. 무엇이든 가능하다. 상상은 우리를 현실 세계의 어떤 여행보다 더 멀리까지 즉시 데려간다. 상상은 시간과 공간의 제약에서 벗어나 광대한 세계로 들어가게 한다. 인생에서 문학에 비길 만한 아름다움과 격조를 선사하는 사건은 별로 없다. 대부분의 활동은 동네 커피숍 방문처럼 일상적이고 따분한 범위를 벗어나지 못한다. 인간 정신은 상상의 영역으로 들어가는 해방의 여행을 갈망하고, 유려한 언어의 장인들이 바로 상상의 영역을 빚어낸 창조자들이다.

고전 예술 이론이 주장하는 대로 문학은 우리 주위의 세상을 모방할 뿐 아니라 우리가 사는 세계에 많은 것을 추가

잃어버린 독서의 예술 되찾기

하기도 한다. 문학가들은 하나님 아래에 있는 하위 창조자들이다. 열렬한 독자들에게는 작가가 만든 세계 속에 있는 장소, 사건, 캐릭터의 상당수가 동네 식료품점이나 그 안의 사람들보다 더 현실적이고 더 많은 영감을 주며 더 흥미진진하게 다가온다. 실제의 것들만 아는 개인들은 협소한 세상에서 살아간다.

우리는 무엇을 잃어버렸는가?

독서의 쇠퇴로 우리 문화와 개인의 삶 모두가 빈곤해졌다. 우리는 정신의 예리함, 언어 기술, 생각하고 상상하는 능력을 잃어버렸다. 여가에는 별다른 의미가 없고, 우리는 자기 자신에게 사로잡혀 있다. 과거나 본질적인 인간 경험에서 우러나오는 아름다움도 가치도 인식하지 못한다. 교화의 부재와 협소한 시각으로 상황이 더 악화된다.

노 하나 없이 무동력 배를 타고 정처 없이 떠도는 이들이 너무나 많다. 장비가 완비된 유람선에 올라 맛있는 음식을 즐기고 매혹적인 기항지를 방문하고 백사장에서 느긋하게 일광욕을 하고 놀라운 수중 세계로 다이빙할 기회를 놓치고 있는 것이다. 슬프게도 그들은 자신들이 무엇을 놓치고 있는지 인식조차 못할 것이다.

왜 독서를
예술로 여기는가?

—

나(글렌다)는 펠라기독초등학교에 입학하기 한 해 전, 오빠
와 언니가 크고 노란 스쿨버스에 오르던 아침마다 울었다.
나는 어머니가 젖은 빨래를 세탁기 탈수기°에다 밀어 넣는
것을 지하실 계단에 앉아 지켜보았다. 탈수기에 눌린 청바지
에서 물이 쏟아질 때, 내 볼에는 눈물이 줄줄 흘러내렸다. 나
는 거듭 졸랐다. "난 언제 읽기를 배워요?" 엄마는 차분하게
대답하셨다. "학교에 들어가면."

　다음 해, 매일 아침 유치원 교실에 들어갈 때마다 나는 선

○　초기 세탁기는 상부와 하부로 구성되었는데, 하부는 오늘날의 통돌이 세탁기와 같고 상부는 두 개의 롤
　러 사이로 빨래를 넣으면 탈수가 되는 형태였다.—옮긴이

생님 책상 앞으로 가서 이렇게 물었다. "언제 읽기를 배우나요?" 밴더 위엘 선생님은 어김없이 이렇게 대답하셨다. "지금 하는 《생각하고 활동하기_Think and Do_》 책들이 끝나면 배울 거야."

우리는 결국 그 한심한 워크북들을 끝냈고 성탄절 휴가 기간에 집으로 가져갔다. 새해가 되어 학교로 돌아갔을 때 나는 잔뜩 흥분했다. **'오늘이야, 오늘. 난 드디어 읽는 법을 배울 거야!'**

나의 기대는 이루어졌다. 선생님에게 읽기 수업에 대해 물어볼 필요도 없었다. 선생님의 책상에 〈딕과 제인_Dick and Jane_〉 읽기 교재들이 쌓여 있었기 때문이다. 교실에서 평소 시작할 때 하는 의례적 절차를 마친 후, 선생님은 칠판으로 돌아서서 분필을 하나 집어 들었다. "여러분, 오늘 우리는 읽기를 배울 거예요." 나는 다른 여학생과 함께 쓰는 반달형 책상의 내 자리에서 초조하게 꼼지락거렸다.

밴더 위엘 선생님은 칠판에 흰 글자들을 쓰셨다. "오늘 우리는 '오'(Oh)와 '보다'(Look)를 읽는 법을 배울 거예요."

'오? 보다? 그게 다야?' 내 기분은 흰색과 검은색이 섞인 내 새들 슈즈 속으로 곤두박질쳤다. '둘 다 내가 읽을 줄 아는 단어잖아!'

나는 거실 가죽 의자의 팔걸이에 걸터앉아 어머니가 소리 내어 읽는 신앙 고백서 답변들이나 언니와 오빠가 연습하는 답변을 따라 하면서 나도 모르게 읽는 법을 배웠던 것이다.

그것을 깨닫고 나서부터 나는 시리얼 박스에서 신문 헤드라인까지 닥치는 대로 읽었다. 모르는 단어를 만나면 소리 내어 읽었다. 그러다 챕터북을 발견하면서 읽는 능력이 폭발적으로 늘었다. 2학년 때 학교에 가져갔던 밥시 트윈스 (Bobbsey Twins)에 관한 책도 챕터북이었다. 급우들이 돌아가면서 교과서를 고통스러울 만큼 느리게 한 단락씩 소리 내어 읽는 동안, 나는 책상 뚜껑을 살짝 들어서 밥시 트윈스 책을 꺼냈다. 그 책을 교과서 밑에 놓고 몰래 읽었다. 엘라 선생님이 내 이름을 불렀을 때, 나는 교과서의 어느 단락을 읽어야 하는지 전혀 몰랐다. 펠라의 교실에서 수업에 집중하는 대신, 레이크포트에 사는 밥시 가족의 동지애에 참여했던 것이다.

밥시 트윈스가 위대한 문학 예술 작품은 아니었을지 몰라도, 내 개인적인 사례는 도취와 참여의 힘을 보여 준다. 참여는 독서의 기술을 예술의 경지로 끌어올린다. 이번 장의 목표는 독서를 예술로 바라볼 것을 권장하고, 성경적 예술관을 소개하는 것이다.

기술인가, 예술인가?

우리는 다양한 방식으로 읽기를 배운다. 어린이들은 총체적 언어 학습법에서 '일견-見 단어'°들을 인식하는 방식이나 파닉스°°의 소리들을 익히는 방식 또는 둘의 조합을 통해 가장 잘 배울 수 있다. 금세 읽을 줄 알게 되는 학생들이 있는 반

° 잠깐만 봐도 읽을 수 있고 뜻도 알 수 있는 단어—옮긴이
°° 문자와 음성 언어 간의 일정한 규칙을 가르쳐 읽기를 깨치게 하는 언어 지도법—옮긴이

면, 읽기 때문에 몇 년씩 어려움을 겪는 학생들도 있다. 읽기를 배우는 일이 왜 그렇게 어려울 수 있을까?

작가 매리언 울프는 우리의 뇌가 읽기에 적합하게 구성되어 있지 않은 것이 그 이유라고 본다. 그러나 읽기에 적합하게 신경망 연결이 이루어지면서부터 우리 뇌는 기본적 독해 기능을 넘어 분석적 사고까지 아우르게 된다. "읽기를 막 시작해 독해의 수준에 있는 뇌와 완전히 자동적으로 이해하는 뇌의 회로 체계 발달상의 차이는 뇌의 양반구 전부분에 걸쳐 나타난다. 전문화와 자동화를 통해 능률적인 회로 체계가 된 뇌는 생각할 시간을 더 많이 확보한다. 이것이 독서하는 뇌가 선사하는 기적적인 선물이다."[1]

단순한 독해에서 벗어나 복잡한 사고로 넘어가는 능력은 분명 선물이다. 읽기를 배우거나 누군가에게 읽는 법을 가르치면서 어려움을 겪어 본 사람이라면 누구나 이 기적 같은 측면을 이해할 것이다. 그런데 우리는 읽기를 예술보다는 기술로 생각하는 경향이 있다. 둘은 어떻게 다를까?

무엇을 읽는가와 어떻게 읽는가, 이 모두는 읽기를 예술로 생각하는 데 영향을 미친다. 정보성 읽기와 온라인 훑어보기에는 기본적 기술만 있으면 된다. 그런데 상상 문학imaginative literature은 단순한 기술을 넘어 예술적 읽기의 영역으로 넘어간다.

조리법, 사용 안내서, 백과사전의 설명을 읽을 때 우리는 정보를 모은다. 깊이 생각하거나 자신의 반응을 살피지 않고 빠르게 읽을 수 있다. 케이크를 만들고자 한다면 나열된 재료를 섞으면 된다. 멀티미디어 시스템용 가구를 조립할 때는 설명서에 나와 있는 단계와 그림을 따라 하는 것으로 족하다. 호기심 많은 아이가 지구본에서 미국 아래쪽에 있는 다른 색깔로 칠해진 나라에 대해 묻는다면, 온라인으로 '멕시코'를 검색하거나 서재에서 백과사전의 M권을 뽑아 멕시코가 나오는 페이지를 찾아 읽으면 된다.

인터넷은 단어들의 세계를 화면으로 불러오고 지루한 검색 과정을 빠르게 단축한다. 하지만 온라인 읽기는 소셜 미디어 포스팅에 대한 클릭으로 이루어지는 경우가 지나치게 많고, 그 안에서 다시 토끼 사육장처럼 지루한 하이퍼링크가 이어진다. 이런 식의 읽기는 생각을 거의 요구하지 않는다.

상상 문학을 읽는 방식은 이와 상당히 다르다. 소설이나 회고록이나 시를 수용적으로 생각하며 읽으면 독서라는 예술에 능동적으로 참여하게 된다. 우리는 저자가 전달하는 내용에 오싹해질 수도 있고 매혹될 수도 있다. 좋은 문학은 깨우침과 기쁨을 준다.

티머시 스퍼진Timothy Spurgin 교수는 '독서의 예술'이라는 수업에서 이런 두 가지 유형의 독서를 '일상적 독서'와 '예술적 독서'라고 부른다. 그는 독서를 예술로 생각하면 세 가지 면에서 도움이 된다고 설명한다. (1) 독서를 좀 더 진지하게 받아들이기 (2) 읽는 것과 잘 읽는 것의 차이를 인식하기("책을 독파하는 것과 책에서 뭔가를 끌어내는 것") (3) 예술적 독서 그 자체를 보상으로 여기기.[2]

이 책을 공저한 우리는 스퍼진 교수의 생각에 동의한다.

잃어버린 독서의 예술 되찾기

우리는 독자가 상상 문학의 예술적 경험에 참여하고 성경적 관점에 따라 창조성의 힘을 발견할 때 독서가 예술이 될 수 있다고 믿는다.

참여

우리가 참여에 관해 말하는 것은 독자의 반응을 가지고 문학의 의미를 제한하는 접근법을 옹호하기 위해서가 아니다. 이 점을 분명히 하는 것이 중요한 이유는 지난 수십 년간 문학 이론이 변해 왔기 때문이다. 초기 이론들은 작가에 초점을 맞추었고 독자의 독서 경험은 별로 고려하지 않았다. 현대 이론들은 텍스트와 독자에게로 관심을 옮겼다. 해체주의는 개인 독자의 반응을 지나치게 강조하여 작가가 무시되다시피 했고, 어떤 이들이 '저자의 죽음'이라 부르는 결과가 따라왔다. 피터 J. 라이트하트Peter J. Leithart는 이렇게 썼다. "20세기 초 모더니즘의 관심은 저자와 그의 전기에서 문학적 대상으로서의 텍스트로 이동했고, 포스트모더니즘은 텍스트를 작가의 손에서 완전히 빼앗음으로써 그 작업을 마무리했다."[3] 이 책을 쓰는 우리는 저자, 텍스트, 독자를 성경적 시각이라는 맥락 안에서 아우르는 균형 잡힌 접근법을 옹호하고 싶다.

글렌다가 이번 장 도입부에서 소개한 일화와 비슷한 사건들을 다른 사람들도 경험했다. 데이먼 영Damon Young은 셜록 홈스 이야기를 읽고 자신을 "강력한 존재, 독자"로 인식하게 된 경위를 들려준다. 그는 "독자가 없으면 마법이 멈춘다"[4]는 사실을 깨달았다.

이 마법은 독서의 예술이다. 상상력의 물줄기가, 기록된 글과 독자의 마음의 눈 사이에서 흐른다. 저자는 문학 작품을 창조한다. 독자는 작품을 수용하고 거기에 반응하며, 이런 역할이 독자가 문학 예술에 참여할 힘을 준다. 문학 예술에 참여하는 이 일은 어떻게 이루어질까?

처음에 독자는 문학을 그냥 수용한다. C. S. 루이스는 이렇게 썼다. "모든 예술 작품이 우리에게 요구하는 첫 번째 사항은 '항복'입니다. 보라. 귀 기울여라. 받으라. 작품의 길을 막지 말라. … 비교적 소수가 보여 주는 이런 자세를 가장 잘 표현하는 방법은, 다수는 예술을 **사용하고** 소수는 예술을 **수용한다**고 말하는 것입니다."[5] 워싱턴 국립 미술관의 걸작을 보든, 워싱턴 D. C.로 가는 비행기에서 소설을 읽든, 우리가 작품을 가장 잘 수용할 수 있는 방법은 그 예술적 효과에 마음을 여는 것이다.

한스 로크마커Hans Rookmaaker는 《예술은 정당화가 필요하지 않다Art Needs No Justification》라는 책에서 예술의 '여러 가지' 쓰임새를 인정한다. 그러나 그는 이렇게 썼다. "예술에는 고유의 의미가 있다. 우리는 예술 작품을 미술관에 두고 그 자체로 소중히 여길 수 있다."[6] 우리는 예술을, 이용할 수 있는 어떤 것 또는 목적을 위한 수단으로 보지 않고 그 자체로 귀하게 여길 수 있다.

그러나 문학을 수용하는 일은 정적인 행동이 아니다. 데

이먼 영은 그것을 "능동적 수동성"이라고 부른다. 그는 예술적 독서를 "춤"으로 묘사하며 이렇게 언급한다. "두 성향 사이, 즉 사고와 감정, 자발성과 습관, 옹호와 비판, 서두름과 느림, 대담함과 조심성, 헌신과 초연 사이에서 자칫 깨어지기 쉬운 균형을 잡는 일이다."[7] 그가 명명한 춤 이미지는 인간적 반응의 양극단 사이에서 독자가 잡는 균형을 아름답게 표현한다.

루이스는 '수용하라'는 그의 조언을 다음과 같이 분명하게 설명한다. "제 말은 수동적 태도를 가진 사람이 올바른 관람객이라는 의미가 아닙니다. 수용 또한 상상력을 발휘하는 활동입니다. 다만 순종적이라는 점에 차이가 있습니다. 수용하는 사람이 처음에 수동적으로 보이는 것은 자신이 받은 명령의 내용을 확인하는 데 집중하기 때문입니다."[8] 루이스가 한 이 조언을 통해 그리스도인들은 추가적 통찰을 얻을 수 있다. 물론 그리스도인들이 수용해야 할 명령은 무엇보다 우리의 사령관이신 예수 그리스도의 명령이다.

여러 시각을 숙고함

책에서 주어지는 명령의 내용을 확인하는 균형 잡힌 독자의 이미지는 여러 시각을 숙고하는 사람의 모습을 보여 준다. 사람들은 세계에 대해 그리고 무엇을 가치 있게 여겨야 하는지에 대해 다양한 견해를 갖고 있다. 자신의 세계관과 저자의 세계관을 알 때 우리는 독서에 더 잘 임할 수 있다.

프란시스 쉐퍼Francis Shaeffer에게 큰 영향을 받은 제임스 사이어James Sire는 독서에서 세계관이 가지는 중요성을 이렇게 묘사한다.

> 작가들은 자신의 세계관이라는 관점에서 글을 쓴다. 자신과 하나님, 좋은 삶, 인간 지식의 타당성에 관한 작가의 전제가, 그가 말하는 내용과 말하는 방식을 통제한다. 그러므로 작가의 세계관을 염두에 두고 읽으면 글의 명시적 내용뿐 아니라 행간에 담긴 내용, 즉 작가의 펜이 종이에 닿기도 전에 가정된 바를 이해하는 데 도움이 될 것이다.[9]

작가들은 세계관을 종종 미묘한 방식으로 표현한다. 사려 깊은 독자는 자신의 신념에 맞거나 맞지 않는 작품 속 뉘앙스, 전제들을 포착해 낸다. 그리스도인들이 자신의 신앙과 일치하는 문학만 읽어야 한다는 뜻은 아니다. 그들의 신앙이 독서에 영향을 미친다는 이야기다. 우리는 사령관이신 예수님의 명령을 염두에 두면서 다양한 풍경을 자유롭게 탐험하고, 혹독한 지형들조차 진리나 선함이나 아름다움을 여러 방식으로 드러낸다는 것을 깨닫는다.

C. S. 루이스는 세계관의 개별성을 인식했다. "본성상 우리 각 사람은 고유한 시각과 선별성을 지닌 자기만의 관점으로 온 세상을 바라봅니다." 더 나아가 그는 자신의 세계를 넘어서는 경험을 탐구하고자 하는 인간의 마음을, 자주 인용되

는 유명한 문구로 이렇게 표현한다. "우리에게는 창문이 필요합니다. 로고스로서의 문학은 일련의 창이고, 심지어 문이 되기도 합니다."[10] 로고스로서의 문학 개념은 예술로서의 독서와 바로 연결된다.

로고스와 힘

그리스어 단어 '**로고스**logos'에는 다양한 의미와 함축하는 바가 있지만, 논리와 관련된 문학적 장치로도 정의해 볼 수 있다. 이 정의는 아리스토텔레스가 논리에 호소하는 설득 방법으로 내세운 로고스 개념(다른 두 가지 설득 방법은 감정에 호소하는 **파토스**pathos와 윤리에 호소하는 **에토스**ethos이다)에서 나왔다. 그리스 철학에서 로고스는 우주를 통제하는 근본적 측면이고, 일부 문학 이론들은 로고스를 작가가 창작을 펼치는 토대가 되는 것으로 본다.

　　로고스에 대한 이 모든 정의는 그에 대한 성경적 의미, 즉 말씀과 지혜이신 그리스도를 (희미하게나마) 반영하는 듯하다. 사도 요한은 그리스도의 창조 능력을 아름답게 묘사한다. "태초에 말씀이 계시니라 이 말씀이 하나님과 함께 계셨으니 이 말씀은 곧 하나님이시니라 그가 태초에 하나님과 함께 계셨고 만물이 그로 말미암아 지은 바 되었으니 지은 것이 하나도 그가 없이는 된 것이 없느니라"(요 1:1-3). 바울은 그리스도를 '하나님의 능력이요 하나님의 지혜'(고전 1:24)라고 부른다. 삼위일체의 제2위이신 예수 그리스도는 창조력과 지속적 지혜를 모두 구현하신다.

예술로서의 독서라는 맥락 안에서 독자는 저자의 상상력과 창조하는 힘에 참여한다. 독서 경험 자체가 하나님의 삼위일체적 특성을 반영하는 삼중의 과정이다.

도로시 L. 세이어즈Dorothy L. Sayers는《창조자의 정신The Mind of the Maker》에서 인간이 가진 창조성의 삼중적 본질이 창조주 하나님의 삼위일체적 특성을 어떻게 반영하는지 탐구한다. 그 다음에 그녀는 이 비유를 독자에게 적용한다.

> 독자에게는 … 책 자체가 삼중의 존재로 제시된다. 첫째, 생각된 책―작가의 마음에 존재하는 책의 아이디어. … 둘째, 기록된 책―육화한 에너지 또는 말, 아이디어가 표현된 모습. … 셋째, 읽은 책―반응하는 독자의 정신에 미치는 책의 영향과 독자 안에서 작용하는 힘.[11]

"육화肉化한 말"이라는 그녀의 표현과 삼위일체의 제2위와의 관련성은 루이스가 말한 '로고스로서의 문학'을 이해하는 데 도움이 된다. 사람은 하나님의 형상을 지닌 존재이므로, 인간의 창조성이 하나님의 창조성을 반영하는 것은 성경적으로 이치에 맞는 일이다. 그리고 우리는 그것이, 생각된 책, 기록된 책, 읽은 책이라는 책의 세 가지 측면에 어떻게 적용되는지 알아볼 수 있다. 우리는 저자의 아이디어를 숙고하고, 글속의 에너지를 수용하고, 작품이 가진 힘에 반응함으로써 문

잃어버린 독서의 예술 되찾기

학이 만들어 내는 예술적 경험에 참여한다.

세이어즈는 저자의 창조성과 독자의 참여 모두에서 힘을 본다. "작가의 아이디어가 그의 에너지를 받아 글로 드러나거나 육화할 때 그제야, 오로지 그제야 그의 힘이 세상에 작용할 수 있다. 좀 더 간단하고 분명하게 말하자면, 책은 누군가 읽을 수 있기 전까지는 아무런 영향력을 갖지 못한다." 힘은 글 자체에 잠재해 있고 독자가 읽을 때 활성화된다. 세이어즈는 이렇게 썼다. "글을 '글일 뿐'이라고 무시하는 오늘날의 일반적 습관은 글의 힘을 놓치게 만든다."[12] 기록된 글의 힘과 로고스로서의 문학은 독서를 예술의 영역으로 이끈다.

성경적 미학

'성경적 미학biblical aesthetic'이라는 용어의 단어 구성은 의도적 선택에 따른 것이다. '기독교적'이 아니라 '성경적'이라는 표현을 쓴 것은 슬프게도 오늘날 소위 '기독교 예술'의 상당수가 예술적이지 않기 때문이다. 책의 경우는 특히나 그렇다. 인기 장르인 기독교 픽션Christian fiction에서 보석 같은 작품을 찾기란 매우 힘들다. 단어 aesthetic은 형용사('심미적')로 더 많이 쓰이지만, 여기서는 '미학'이라는 의미의 명사로 쓰인다. 미학이란 "아름다움이나 예술에 대한 특정 이론 또는 관념: 오감, 특히 시각을 만족시키는 대상에 대한 특정한 취향 또는 접근법"[13]이다. 우리가 '성경적 미학'을 말할 때는 예술적 인식으로 갖게 된, 성경에 기반한 예술관을 의미한다.

앞서 우리는 참된 것, 선한 것, 아름다운 것을 언급했는데, 진선미는 하나의 예술관을 이끄는 지침으로 자주 쓰이는 삼중의 패러다임이다. 이후의 장들에서 진선미를 자세히 설명하고 각각을 개별적으로 탐구할 것이다. 지금은 참된 것, 선한 것, 아름다운 것을 추구함이 성경적 미학의 전개에서 기초 개념이라는 것을 분명히 하고 다음으로 넘어가고자 한다.

그리스도인들은 하나님의 말씀을 따르는 백성으로서 그분의 세계에서 살아간다. 그들은 자신의 가치와 책무가 자신이 하나님의 형상을 지녔다는 사실에서 나옴을 인식한다. 그러므로 신자들은 다른 누구보다도 상상 문학을 제대로 인식하고 모든 예술에 대한 성경적 견해를 받아들여야 마땅하다. 창조주에 대한 인식은 그리스도인의 자연관을 불신자의 자연관보다 더 수준 높게 만든다.

성경적 미학을 설명하고 격려하는 데 탁월한 사람인 클라이드 S. 킬비Clyde S. Kilby는 이렇게 썼다.

하나님을 자연의 원인으로 보는 것이 자연에 훨씬 더 큰 역동성과 잠재력을 부여하지 않는가? … 따라서 예술적 경험은 불신자보다 기독교 신자에게 더욱 더 짜릿한 경험이 될 수 있다. 터너가 그린 풍경화나 렘브란트가 그린 정물화의 아름다움은 신자에게 두 배로 강력하게 다가온다. 거기에는 예술가의 손길뿐 아니라 인격적이고 사랑 많으신 하나님의 손길도 깃들어 있기 때문이다.[14]

그리스도인은 하나님을 전능하신 창조주이자 다정한 아버지로 인식한다. 하나님에 대한 이 이중 지식은 예술에 대해 느끼는 그리스도인의 즐거움을 기하급수적으로 증가시킨다.

우리는 세속 예술과 반대되는 별개 범주로서의 기독교 예술을 옹호하는 것이 아니다. 모든 예술가는 (본인이 깨닫든 아니든) 하나님의 형상으로 지어졌고 그분을 계시하는 세상에 살고 있기 때문에 그리스도인과 비그리스도인 모두 예술 작품을 만들어 낼 능력을 가진다. 킬비가 쓴 대로, "세속적 예술과 기독교적 예술을 별도로 상정하는 것은 우주의 통일성, 사람 안에 있는 '하나님의 형상Imago Dei', 하나님의 본성 자체를 폄하하는 일이다."[15] 하나님의 창조 행위는 혼란 속에서 통일성을 이끌어 냈다. 하나님은 당신의 형상을 따라 인간을 창조하셨고, 당신이 가진 성품의 여러 측면을 반영하는 우주를 창조하셨다.

《벨직 신앙 고백》은 우주를 가리키며 "우리 눈앞에 펼쳐진 대단히 아름다운 책"이라는 멋진 표현을 사용한다. 그리고 이렇게 덧붙인다. "그 안의 크고 작은 모든 창조물이 수많은 글자처럼 우리가 **하나님의 보이지 않는 속성, 곧 그분의 영원하신 능력과 신성을 또렷이 보도록** 이끈다."[16] 《벨직 신앙 고백》은 로마서 1장 20절로 이 고백을 뒷받침한다. '창세로부터 그의 보이지 아니하는 것들 곧 그의 영원하신 능력과 신성이 그가 만드신 만물에 분명히 보여 알려졌나니.' 이 성경 구절은 《벨직 신앙 고백》이 제시한 개념이 성경적 진리임을 확인해 주고, '아름다운 책'과 '글자' 같은 용어는 작가와 독자를 떠올리게 한다.

하나님의 두 가지 계시 방법인 그분의 말씀과 세계는 우리가 하나님과 인류를 더 잘 이해하도록 돕는다. 위대한 예술은 이 이해를 재차 확인하고 확장한다. 칼뱅John Calvin이 자신의 유명한 글에서 쓴 것처럼, "우리의 지혜가 참되고 확실하다고 말할 수 있으려면 그 지혜가 거의 온전히 두 부분으로 이루어져야 한다. 하나님에 관한 지식과 우리에 관한 지식이다." 이 이중의 지식은 서로 연결되어 있지만 우선순위는 염두에 두어야 한다. 칼뱅은 나중에 이렇게 덧붙인다. "하나님에 관한 지식과 우리 자신에 관한 지식은 서로 긴밀히 연결되어 있지만, 순서상 전자를 먼저 다루고 이후에 후자를 살펴보아야 한다."[17] 성경적 미학의 일차적 고려 사항은 예술이 어떻게 하나님을 반영하는가 하는 것이고, 두 번째 고려 사항은 예술이 어떻게 우리의 자기 이해를 증가시키는가이다.

킬비는 성경적 미학의 인간적 측면을 잘 요약해 준다. "위대한 예술은 과거, 현재, 미래의 인간 조건을 드러내어 우리가 자기 자신과 우주와 삶 자체를 이해하도록 돕는다."[18] 상상 문학을 예술적으로 읽을 때 우리는 자기 자신을, 삶의 의미를 더 잘 이해하게 된다. 특별한 개인으로서의 자신을 더욱 인식하면서도 보편적 진실과 감정에 공감하게 된다. 이런 발견은 우리의 심금을 울리고 인류의 공통 정서를 자극한다.

우리의 개성은 하나님이 주신 선물이다. 그분은 낮과 밤, 하늘과 땅, 바다와 별들의 이름을 지으셨고, 모든 그리스도인

잃어버린 독서의 예술 되찾기

의 이름을 손바닥에 새기셨으며, 종말에 각 그리스도인에게 새 이름을 주실 것이다 (창 1, 사 40:26, 49:16, 엡 3:15, 계 2:17 참조). 하나님은 목적을 갖고서 만물을 지으셨고, 지성을 가진 인간을 창조하셨다. 인간은 그분의 창조의 면류관이다.

킬비는 인간이 하나님께 받은 개성이 기독교 예술관과 다른 예술관을 구분한다고 본다.

> 그리스도인은 참된 예술의 특징인 독특성이, 하나님이 만물에 부여하신 자기성selfhood에서 나온다고 생각한다. 그는 예술이 다루는 보편적 특성들이 위대한 한 분 창조주의 도덕적이고 통일된 창조에서 나온 것이라고 여긴다. 그리고 최고의 예술은 사람을 단순한 기계 장치나 우연의 산물로 보지 않고 신의 질서 안에 있는 목적 있는 존재로 본다고 생각한다. 그리스도인은 예술이 인간이 할 수 있는 최고의 표현이며, 자신 및 자기 삶의 의미를 관조하고 바라볼 수 있게 해 주며, 다른 이들의 작품을 통해 자신의 경험을 시험하고 이해하고 확장하게 해 준다고 믿는다.[19]

읽기를 배우는 일은 지속적으로 유익을 주는 선물이다. 상상 문학을 주의 깊게 읽어 나갈 때 독서 기술은 예술의 경지에 올라선다. 우리는 작품의 힘을 수용하고 거기에 반응함으로써 예술적 경험에 참여한다. 참된 기독교적 관점은 성경을 기반으로 하고 진선미라는 미학적 기준에 의해 형성된다.

1부의 내용을 통해 독자가 독서를 사라지고 있는 예술로 바라보고, 독서의 상실로 인해 개인과 사회 전체가 큰 손실을 입고 있음을 인식하게 되었기를 바란다. 2부에서는 문학을 **왜** 읽는지 살펴보고, 구체적 문학 장르들을 **어떻게** 읽어야 하는지 다각적으로 제안하고자 한다.

잃어버린 독서의 예술 되찾기

2

—

문학
독서

—

Recovering
the Lost Art
of Reading

04
—

문학이란
무엇인가?

—

1980년대 초, 기독교적 관점에서 문학을 다룬 책을 집필하고자 연구 중이던 나(릴랜드)는 《문학이란 무엇인가?》라는 제목의 새로운 선집을 발견하고 아주 신이 났다. 당대의 주도적인 문학 연구자들이 해당 주제를 탐구한 에세이들을 모아 대학 출판부에서 출간한 책이었다. 그러나 나의 흥분은 곧 충격으로 바뀌었다. 모든 기고자가 이 책의 제목이 제기한 질문에 답할 수 없다고 주장하고 있었기 때문이다. 문학을 정의하는 것이 불가능하다니!

이 책의 공저자인 우리는 그들에게 동의하지 않는다. 그러나 문학에 대한 정의를 탐구하기 전에, 우리 논의의 역사적 맥락을 먼저 설명하고 싶다.

　문학의 정의가 실종된 현상은 현실이 되기 전에는 예측할 수 없었을 것이다. 문학을 정의하는 개념들은 아리스토텔레스와 고대 그리스인들을 시작으로 수십 세기에 걸쳐 이미 존재했다. '문학이란 무엇인가'에 관한 일부 세부 사항에 대해서 문학 전문가들이 의견을 달리하기는 했지만, 문학이 정의될 수 있다는 데는 어떤 의문도 존재하지 않았다. 그런 의문이 왜 존재한다는 말인가? 문학 전문가들이 해야 할 일은 문학의 표본을 보고 관찰한 바를 묘사하는 것이 전부다. 하지만 반세기 전부터 이것은 문학 연구 분야에서 돌연 자명하지 않은 일이 되었다. 학계는 문학을 정의한다는 생각을 거부했다.

　그리고 예측 가능한 결과가 따라왔다. 글의 한 형태로서 문학의 구별된 특성들을 정의하는 것이 불가능하다면, 모든 글과 심지어 글이 아닌 것까지도 얼마든지 문학으로 고려할 만한 대상이 될 수 있을 것이다. 정확히 그런 일이 벌어졌다. 1980년대의 문학 연구자들이 '문학 작품'이라는 전통적 용어를 '텍스트'라는 단어로 대체했는데, 이 명명법의 변화는 문학 연구 분야의 엄청난 변화를 알리는 신호가 되었다. '텍스트'라는 일반 용어의 도입으로 인해 기록된 모든 문서를 대학 영문과에서 가르칠 수 있게 되었다. 아니, 이 용어는 금세 확장되어 비언어적 인공물까지 아우르게 되었다. 유명 대학의 영문과에 개설된 과목들의 대표적 목록을 꼽아 보자. '힙합의 정치학', '디지털 게임 연구', '모욕의 기술.' (마지막 과목은 셰익스피어 과목의 대체 수업으로 허용되었다).

내(릴랜드)가 아는 어떤 학생은 텍스트가 전혀 없는 문학 과목을 수강한 적이 있다고 말했다. 그 수업에서는 위대한 문학 작품들을 꼼꼼히 연구하는 대신 장난감 가게를 방문하여 어떤 포장지가 성차별적인 것인지 살피거나 게이 바에서 저녁 시간을 보내는 등의 활동을 했다.

독자들은 저자인 우리가 어떤 문화적, 학술적 상황 속에서 문학을 정의하려 하는지 알고 있어야 한다. 대학 영문과에서의 흐름과는 달리, 문학을 정의하는 일은 불가능하지 않다. 우리는 이 주제를 다룬 20세기 최고의 견해를 길잡이 삼아 문학의 정의로 가는 여행을 떠나 보고자 한다.

표본 검토

온갖 유형의 좋은 독서를 권장하면 좋겠지만, 저자인 우리의 열정과 전문 지식은 상상 문학imaginative literature에 집중되어 있다. 상상 문학은 독서의 예술을 잃어버렸다고 우리가 단호하게 말할 수 있는 영역이기도 하다. 우리는 먼저 문학의 표본을 살펴보고 그 본질에 관한 몇 가지 예비적 결론을 내리고자 한다.

가장 분명한 것부터 말하자면, 문학은 글로 이루어져 있다. 신문, 교과서, 기타 정보성 읽을거리도 마찬가지다. 문학 독서와 구별되는 이런 유형의 읽기는 우리 사회에서 여전히 이루어지고 있다. 대부분의 일자리와 통상적 의무들은 어느 정도의 읽기를 요구하고, 신앙적 활동의 경우도 마찬가지다. 사람들은 논증적 담화로 생활 속에서 일상 업무를 수행한다. 흔히 문학적인 글은 또 다른 주요 글쓰기 방식인 논증적 글과 대조를 이룬다.

다음에 나오는 논증적 글의 일부는 식물학자가 풍경에 관한 과학적 사실을 어떻게 진술하는지 보여 준다.

> 환경은 대단히 복잡하고 통합적이다. … 식물의 행태를 실제로 좌우하는 물리적 조건들을 측정하는 문제는 흔히 생각하는 것보다 훨씬 더 어렵다. … 각 요인들의 강도는 대부분 시간, 날짜, 계절, 변화율, 다른 조건들의 강도가 지속되는 정도에 따라 달라진다. … 흔한 관행대로 일정 기간 동안의 측정치들을 평균값으로 통합하면 환경 요인들의 변동에서 아주 중요한 시간 측면이 모호해질 수 있다.[1]

이 대목에서 가장 두드러진 특징은 식물의 여러 특성을 측정하고 평균값을 결정하는 일 등을 강조하는 분석적 접근이다. 이런 언어는 추상적이고, 풍경에 대한 이 글의 설명은 자연 환경 속에서 일출을 목격하는 일을 전혀 감각적으로 전달하지 못한다.

이제 동일한 현상에 대한 문학적 번역을 살펴보자.

> 여명이 몰래 다가온다. 검은 숲의 견고한 벽이 회색으로 누그러지고, 광활하게 뻗은 강이 열리며 모습이 드러난

다. 물은 유리처럼 매끄럽고 유령 같은 흰 안개의 띠를 내뿜는다. 바람 한 점 없다. 나뭇잎이 전혀 흔들리지 않는다. 고요함은 심오하고 무한히 만족스럽다. … 아, 모든 게 아름답다. 부드럽고 풍성하고 아름답다. 해가 떠오르고 핑크빛 홍조와 황금빛 가루가 퍼진다. 햇빛을 받은 물가에서는 주홍빛 물안개가 피어난다. 이런 모습 앞에서는 뭔가 기억할 만한 것을 보았음을 인정하게 된다.[2]

마크 트웨인Mark Twain이 《미시시피강의 추억Life on the Mississippi》에서 동트는 광경을 묘사한 대목은 언어를 문학적으로 사용한 완벽한 사례이다. 이 묘사는 햇빛이 퍼져 나가면서 강의 풍경이 점차 드러나는 것을 보는 아름다운 경험을 포착하고 전달한다. 정보를 전달하기보다는 상상력을 일깨운다. 독자는 저자가 느끼고 본 것을 공유하게 된다.

식물학자의 기록은 객관적이고 분석적인 반면, 문학적 기록은 대단히 개인적이고 정서적이다(감정이 가득 차 있다). 문학적 단락은 독자의 상상력imagination(이미지를 만들고 이미지를 인지하는 능력)에 호소한다. 문학 언어literary language의 분명한 특징 하나는 구체성(그 반대는 추상성)이다. 식물학자에게 환경은 "대단히 복잡하고 통합적"이다. 문학 작가에게 환경은 "아름다운 것"이다. 문학적 글에 대한 지금까지의 예비적 설명은 문학에 대한 생각을 특정한 방식으로 끌고 나가려는 의도의 산물이다.

성경 속에 나온 다음과 같은 한 이정표를 보면 우리의 논의가 바른 방향으로 가고 있음을 알 수 있다. 예수님이 들려주신 '선한 사마리아인의 비유'를 생각해 보자. 젊은 부자 관원이 "내 이웃이 누구입니까?"라고 물은 것은 예수님이 '이웃'이라는 단어의 의미를 사전처럼 정의해 주실 완벽한 기회였다. 예수님은 이렇게 대답하실 수도 있었을 것이다. "우리가 만나게 되는, 어려움에 처한 모든 사람이 우리의 이웃이다." 이런 대답은 순수한 형태의 논증적 글쓰기에 해당할 것이다. 그러나 예수님은 이런 대답 대신에 습격당한 사람, 무정한 종교 지도자들, 긍휼을 베푸는 외국인에 관한 이야기를 들려주셨다. 이 이야기에는 구체적인 세부 사항들이 가득하다. 문학적 글쓰기를 가르치는 교사들은 작가의 과제가 "보여 주는 것이지 말하는 것이 아님"을 장황하게 다룬다. 문학 작가들은 할 말을 추상적 용어로 설명하기보다 구체적 이미지로 구현해 낸다.

약간의 역사적 배경을 파악하고 논증적 글쓰기와 문학적 글쓰기의 차이를 이해하게 되었으니, 이제 우리는 문학의 근저에 있는 다섯 가지 기초 원리를 탐구할 준비가 되었다.

문학은 경험적이다

문학이 경험적이라는 말은 첫째, 문학이 다루는 대상이 인간의 경험이라는 뜻이다. 저자들은 인간 경험에 관한 정보를 전달하려는 것이 아니라 독자가 상상과 감정을 가지고 대리적으로 겪어 볼 수 있는 경험을 재현하려는 것이다. 한 문학 연구자는 이것을 다음과 같이 표현했다. "문학은 단순히 '○○에 관한 지식'이 아니라 '겪어 보기'를 제공한다. 연인들이 젊고 아름다운 모습으로 죽었다는 사실을 전하는 것이 아니라 《로미오와 줄리엣*Romeo and Juliet*》의 사연을 겪어 보게 한다. 로마에 대한 여러 이론이 아니라 《줄리어스 시저*Julius Caesar*》안의 갈등들을 겪어 보게 한다."[3]

C. S. 루이스는 문학적 언어를 다룬 에세이에서 같은 견해를 표명했다. 먼저 그는 (우리가 위에서 한 것처럼) 논증적 글과 문학적 글을 비교하는데, 문학적 글의 대표로 추운 겨울날을 묘사한 존 키츠*John Keats*의 글을 소개한다. 루이스의 논의는 돌고 돌아 이런 결론에 이른다. "문학적 언어의 가장 특별한 능력은 특정한 경험의 질을 우리에게 전해 주는 것입니다."[4] 이것은 문학의 본질에 관한 사상의 역사 전체와 일치하는 견해이다.

2천 년에 걸쳐 고전 전통은 문학이 현실의 모방이라는 데 동의했고, 문학이 세상에서 살아가는 인간의 경험을 닮았음을 인정했다. 셰익스피어*William Shakespeare*는 희곡 《햄릿*Hamlet*》에서 이와 같은 개념에 해당하는 다음의 문구를 대중화했다. 작가는 "자연[실물]을 거울에 비춘다."

19세기에 낭만주의 운동이 도래하자, 모방의 개념은 구성의 창조적 요소나 문학의 비현실적 세부 내용을 제대로 반영하지 못한다는 것이 분명해졌다. 따라서 상상력이 모방을 대체하여 핵심 개념이 되었다. 그러나 이 새로운 이론은 문

잃어버린 독서의 예술 되찾기

학의 주제가 인간 경험이라는 진실을 버리지 않았다. 도로시 L. 세이어즈는 한층 최신의 이론을 표명했다. "우리는 '복사', '모방', '재현'이라는 단어들이 부적절하다고 생각하고 거부한 후 '이미지'라는 단어로 그것들을 대체하고, 예술가가 하고 있는 일은 이것이나 저것의 '이미지를 내놓는' 것이라고 말한다."[5] 작가는 삶에 대한 "이미지를 내놓는다."

문학의 주제는 인간 경험이다. 한 편의 이야기나 시를 읽을 때 우리는 삶의 한 부분을 대리적으로 경험한다. 공저자인 우리는 둘 다의 고향인 아이오와주 펠라에 있는 기독고등학교의 같은 영어 선생님 밑에서 공부했다. 그는 이 요점을 압축한 말을 입에 달고 살았다. "문학은 삶이다." 문학 작품은 **핍진성**逼眞性(박진성, 사실적인 느낌)을 전문으로 한다.

문학은 구체적이다

여명에 관한 앞서의 대조적인 두 묘사를 보면 문학이 추상적 서술 대신 구체적 이미지들을 사용한다는 것을 알 수 있다. 인간의 경험을 효과적으로 표현하려면 구체성이 필요하다. 이것을 이해하는 데 '성육신incarnation'이라는 신학 개념이 유용한 유비를 제공한다. 삼위일체의 제2위이신 예수 그리스도는 육신을 입고 눈에 보이는 사람으로 지상에서 거니셨다. C. S. 루이스는 문학이 "작은 성육신이고" 다루는 주제에 "육신을 부여"한다고 쓴 바 있다.[6] 이 맥락에서 볼 때 '**구현하다**embody'라는 단어는 '**육화하다**incarnate'라는 단어의 제대로 된 동의어다.

구체성이 어떻게 진리를 구현하는지 보여 주는 두 가지 성경적 사례가 있다. 십계명의 제5계명은 "살인하지 말라"(출 20:13)라고 명제적 명령을 내린다. 가인의 이야기(창 4:1-15)는 이와 동일한 진리를 서사적 형태의 플롯, 배경, 등장인물로 구현한다. 신학책에서는 '섭리'를 '하나님이 피조물들에게 필요한 것을 공급하심, 사람들의 삶에서 사건들을 조정하심'이라고 정의한다. 시편 23편은 목자가 전형적인 하루의 일과 동안 양들에게 필요한 것들을 어떻게 공급하는지 묘사함으로써 섭리의 진리를 구체적으로 구현한다.

문학은 보편적이다

문학이 본질적으로 구체적이고 그 안에 특정한 내용들이 가득하다면, 그런 문학에 인간 경험의 보편적 요소를 표현해 내는 기묘한 능력이 있다는 것은 놀라운 일이다. 문학은 시간과 장소를 뛰어넘어 모든 사람에게 친숙한 경험들을 구현한다. 이런 문학관은 아리스토텔레스에게서 그 기원을 찾을 수 있는데, 그는 "작가는 보편적인 내용을 모방한다(반면에 역사는 특수한 내용을 모방한다)"라고 주장했다. 이것은 시 속에 활동, 배경, 등장인물들로 구성된 이야기와 이미지들이 가득하다는 분명한 사실을 부정하는 말이 아니다. 그러나 C. S. 루이스가 그의 고전적 에세이 〈이야기에 관하여〉에서

잃어버린 독서의 예술 되찾기

말한 대로, 그런 세부 내용들은 보편적인 것을 포착하기 위한 그물일 뿐이다.[7] 문학 연구자들은 문학이 '구체적 보편'이라고 말한다. 문학에는 보편적 인간 경험을 표현하는 특수한 내용들이 가득하다.

문학의 이런 차원을 기억하게 해 주는 좋은 구분법이 있다. 역사책과 신문은 **벌어진** 일을 말해 주지만, 문학은 **벌어지는** 일을 말한다는 것이다. 문학 연구자 노스럽 프라이의 말에 따르면, 저자의 역할은 "벌어진 일이 아니라 벌어지는 일을 말하는 것이다. 어떤 일이 발생했다고 말하는 것이 아니라 언제나 발생하는 일을 전하는 것이다."[8]

문학의 보편적 요소를 보려면 때때로 분석이 필요하다. 문학의 표면적인 세부 내용 이면에서 우리가 알고 경험하는 삶을 그대로 볼 수 있다는 확신을 갖고 출발한다면 보편적 요소를 발견하는 것은 어렵지 않다. 문학은 세계를 보여 주는 창이다. 문학 작품은 이중 초점 안경과 같다. 우리는 이야기나 시의 세부 내용**을** 볼 뿐 아니라 이야기나 시를 **통해** 삶을 보기도 한다. 삶으로서 문학의 이러한 측면을 이해하는 것은 우리가 읽는 내용의 유의미성을 파악하는 데 도움이 된다.

문학은 해석적이다

앞에서 말했다시피, 시인과 이야기 작가는 인간 경험을 최대한 구체적으로 제시한다. 지성보다는 상상력에 호소한다. 그러나 그들은 인간 경험을 **제시**하는 것 이상의 일을 한다. 인간 경험을 **해석**하기도 하는 것이다. 문학 작품들은 여러 관념을 구현하고, 독자는 그 관념들을 텍스트에서 뽑아낼 수 있다. 소설가 조이스 캐리Joyce Cary는 이것을 다음과 같이 표현했다.

> 모든 위대한 예술가들은 주제를 갖고 있다. 모종의 개인적이고 강력한 경험 가운데 깊이 느낀 것, 그 경험에 기반을 둔, 삶에 대한 생각이다. … 모든 작가는 어떤 종류가 되었건 이야기를 써야 하고, 세계와 그 안에서 무엇이 옳고 그른지에 대해 모종의 그림을 그려야 한다. 반드시 그래야 한다.[9]

"세계에 대한 그림"을 갖는 것은 앞에서 말한 문학의 구체성에 대한 내용을 기반으로 하고, 지난 장에서 다룬 세계관에 대한 논의와 관련이 있다. 저자들은 옳고 그름에 대한 고유한 이해를 갖고 있고 그런 생각들을 문학 안에서 구현해 낸다.

문학은 인류가 삶에 질서를 부여하는 기준으로 삼아 왔던 위대한 사상들을 접하게 해 준다. 이런 사상들은 중요하지만 모든 견해가 참된 것은 아니다. 그리스도인 독자들은 문학 작품들이 전달하는 사상을 성경의 진리와 비교해야 한다. 다시 말해, 기독교 세계관의 렌즈를 통해서 읽어야 한다. 문학이 늘 관념적인 수준에서 진리를 말하는 것은 아니지만, 그런 관념들을 숙고하는 것은 우리가 참된 것을 깨닫게 하는 촉매가 될 수 있다.

이제까지의 논의는 문학의 내용에 집중되어 있었다. 그러나 문학의 형식도 똑같이 중요한 또 다른 차원이다. 형식은 문학 작품의 '무엇'보다 '어떻게'에 해당하는 부분이다.

문학적 형식에 관해 처음부터 분명히 해 두어야 할 점은 내용과 형식이 별도로 존재하지 않는다는 것이다. '어떻게' 없이는 '무엇'도 없다. 이 개념은 자명한 것인데도 간과될 때가 많다. 우리가 이것을 먼저 언급하는 이유는 실용적 기능이라는 매개체를 통해서 의미가 존재하기 때문이다. 문학 작품에서 발견되는 의미는 그것이 구현되는 형식에서 나온다. 우리는 이것을 아주 광범위하게 표현할 수 있다. 작가들의 자기표현 **방식**과 관련된 모든 것이 '형식'이다.

문학적 형식의 두 번째 기능은 예술로서의 가치를 드러내는 것이다. 문학가들은 형식과 아름다움을 그들 과제의 일부로 인정한다. 역사상 가장 사랑받는 신앙시 일부를 써낸 빅토리아 시대의 시인 제라드 맨리 홉킨스Gerard Manley Hopkins는 시의 형식이 "시의 의미를 담기 위해 존재하는 것 이상으로 그저 형식 자체를 구현하기 위해" 존재한다고 주장했다.[10] 웨일스의 현대 시인 딜런 토머스Dylan Marlais Thomas는 또 이렇게 말했다. "나는 장인이 자신의 나무나 돌을 다루는 식으로 단어를 매만지고 싶다. … 자르고 파고 주조하고 감고 닦고 윤을 내고 대패로 깎아 소리의 패턴, 순서, 조각이 되게 하고 싶다."[11] 작가들은 집필 중인 작품을 끊임없이 고쳐 쓰는데, 그것은 자신의 생각을 더 잘 표현하기 위해서가 아니라 그 형식을 완전하게 하려는 시도이다. 어니스트 헤밍웨이Ernest Miller Hemingway는《무기여 잘 있거라A Farewell to Arms》의 마지막 부분을 "제대로 쓰기 위해서" 서른 번 넘게 고쳤다.[12]

작가들이 문학의 형식을 얼마나 진지하게 여기는지 아는 것은 문학이 무엇인지 이해하는 데 중요하다. 문학적 예술성과 그것이 나타내는 아름다움은 문학의 중요한 측면들이기에 무시해서는 안 되고 그 자체를 보상으로 여겨야 한다. C. S. 루이스는 문학의 관념만 중요하다는 대중적 견해를 반박하며, 문학 작품을 "주로 … 철학의 매개물로 여기는 것은 시인이 우리를 위해 만든 작품에 대한 모욕"이라고 썼다. "문학 작품은 로고스(logos, 말해진 것)이자 포이에마(poiema, 만들어진 것)입니다. … 모든 좋은 픽션에서 볼 수 있는 주된 성취의 일부는 진리나 철학과 아무 관련이 없습니다."[13]

문학의 정의와 관련된 우리의 핵심 요점은 형식의 아름다움이 본질적 요소라는 것이다. 저자들은 자신의 작품을 아름답게 만들어 내려고 열심히 노력하기 때문에, 독자는 그들의 의도적인 예술가적 기교에 주의를 기울여야 한다.

마지막 생각들

문학이란 무엇인가? 문학은 예술적 형식으로 인간 경험을 구체적, 해석적으로 제시하는 일이라고 간단하게 정의할 수 있다. 이번 장에서 진행한 것처럼 문학의 속성을 정의하는 일이 왜 중요할까?

우리가 정의를 내리는 목적은 무엇인가를 이해하고 즐기기 위해 그것을 좀 더 정확하게 파악하는 것이다. 문학에서 무엇을 찾아야 하는지 알면 그것을 한층 온전히 경험하는 데 도움이 된다. C. S. 루이스는 이렇게 말했다. "와인 따개부터 대성당에 이르기까지 모든 작품을 판단하기 위해서는 무엇보다 그것이 **무엇**인지, 원래 용도가 무엇이며 어떻게 사용해야 하는지 알아야 합니다."[14] 이 원리는 문학 전체에 적용된다. 문학을 제대로 알려면 그 구체적인 특성들을 파악해야 한다.

문학이 무엇인지 이제 알았으니 우리는 그 가치를 탐구해 볼 수 있다. 다음 장에서는 우리 삶에서 문학이 왜 중요한지에 대해 생각해 보고자 한다. 그다음 6장에서는 문학이 주는 보상을 발견하는 논리적 단계로 넘어가 보자.

문학은
왜 중요한가?

—

전도서의 저자는 책 끝부분에서 인생의 의미에 대한 탐색을
마치고 한 가지 결론에 도달한다. '하나님을 경외하고 그의
명령들을 지킬지어다'(전 12:13). 그는 하나님에 대한 믿음 없이
는 이 세상에 존재하는 일의 의미를 이해할 수 없다는 것을
보여 주었다. 다시 말해, 해 아래의 삶은 해 너머의 삶에서 의
미를 부여받기 전까지는 무의미하다. 이런 지혜로운 관점에
서 그는 자신의 글쓰기 철학을 소개한다. 그는 '백성에게 자
기가 아는 지식을 가르쳤'고 '기쁨을 주는 말을 찾으려고 힘
썼'(전 12:9-10, 새번역)다. 저자인 우리는 그의 지혜가 문학 옹호론
을 펼치는 데 필요한 기초가 된다고 본다. 문학 읽기가 중요

한 이유는 문학이 지식을 전달하고 기쁨을 주기 때문이다.

예수 탄생 20년 전에 로마에서 글을 쓰던 호라티우스는 이와 비슷한 문학 공식을 남겼다. '유용하고 유쾌한utile et dulce'이라는 그의 공식은 이후 하나의 기준으로 자리 잡았다. 이 이중 공식은 오랫동안 다양한 방식으로 표현되면서 가르침과 즐거움을 전달했다. 우리는 문학을 교훈적이면서도 재미있는 것으로 생각할 수 있다.

문학 옹호론을 정리하는 또 다른 방식은 4장에서 소개한 문학에 대한 정의에 반영된 작가의 삼중 과제와 관련해서 생각하는 것이다. 작가의 과제는 인간의 경험을 가능한 한 구체적으로 제시하고, 제시된 경험을 해석하고, 예술적 아름다움을 만들어 내는 것이다. 문학이 지닌 이 두드러진 세 특징 하나하나가 나름의 기능을 수행하고, 이 기능들은 사회 전체와 개인들의 삶에서 값진 것으로 드러날 수 있다.

문학이 중요하다는 것을 어떻게 아는가

이번 장은 문학이 **왜** 중요한지에 초점을 맞추지만, 우리는 문학이 중요하다는 예비적 주장을 먼저 내세우고자 한다. 그리스도인들은 성공을 확신하며 문학에 대한 옹호를 시작할 수 있다. 우리는 하나님이 우리 삶에 문학이 있기를 원하신다는 것을 안다. 하나님은 본질상 주로 문학에 해당하는 책을 통해 인류에게 자신을 계시하셨기 때문이다. 지난 장에서 살펴본 문학의 기준을 적용한다면, 성경의 적어도 80퍼센트 정도는 충분히 문학으로 정의할 수 있다. 그 기준을 관대하게 적용한다면 비율은 더 높아진다. 그러므로 성경 전체의 장르를 문학 선집이라고 생각하는 것은 정확하고 유용한 판단이다. 성경은 여러 저자들이 오랜 세월에 걸쳐 집필한 문학 작품이 주를 이루는 선집이다.

이전 시대의 어느 유명한 문학 연구자는 이렇게 썼다. "기독교는 세상에서 가장 문학적인 종교다. 기독교에는 여러 등장인물과 이야기가 가득하고, 교리의 많은 부분이 시 속에 간직되어 있다. … 기독교라는 종교 안에서는 말이 특별한 신성함을 갖는다."[1] 이 학자는 자신의 통찰을 구체적으로 성경에 적용하지는 않았지만, 그의 진술은 성경에 완벽하게 들어맞는다. 우리는 성경이 지닌 문학적 본질을 13장에서 논의할 것이기 때문에, 여기서는 '성경을 본으로 삼는다면 그리스도인의 삶에서 문학의 필요성이 확고해진다'고만 말해 두기로 하자. 성경은 문학을 **인정**하는 정도가 아니라, 문학이 우리의 가장 중요한 진리를 알고 전달하는 데 **필수적**임을 보여 준다.

삶을 찬찬히 보고 온전히 보기

문학은 우리가 삶을 보도록 돕는다. 프랑스 시인 말라르메
Mallarmé(1842-1898)의 한 친구는 이렇게 불평했다. 자기는 머릿속에 생각이 다 들어 있는데도 소네트를 쓸 수가 없

다고. 말라르메는 다음과 같이 대답했다. "생각으로는 시를 만들 수가 없네."[2] 인간 경험은 문학의 내용을 이룬다. 영국의 소설가 조지프 콘래드Joseph Conrad는 자신의 과제가 "기록된 글의 힘으로 독자가 듣고, 느끼고, 무엇보다 **보게** 만드는 것"[3]이라고 주장했다. 미국 남부의 픽션 작가 플래너리 오코너Flannery O'Connor는 이와 비슷한 맥락에서 "픽션이라는 예술은 현실에 대한 가장 엄밀한 관심을 요구한다"고 주장했고 작가는 "응시하기를 부끄러워해서는 안 된다"고 덧붙였다.[4]

문학 작가들은 삶을 바라본 뒤에 시나 이야기나 드라마의 형식으로 삶을 우리 앞에 내놓는다. 그들의 작품을 읽을 때 우리는 그들의 인도를 따라 삶을 응시하게 된다. 한 문학 연구자는 작가의 과제가 "응시하는 것, 창조 세계를 바라보는 것, 나머지 사람들을 유인하여 비슷한 관조 행위로 끌어들이는 것"[5]이라고 말했다. 무엇이건 더 꼼꼼히 바라볼수록 더 잘 이해하게 된다.

이것을 '제대로 보는 데서 얻는 지식'이라고 말할 수 있다. 로버트 프로스트Robert Frost는 '지혜'라는 단어를 우리가 흔히 말하는 지식의 동의어로 제시하면서 지혜를 "삶의 명료화"[6]로 정의했다. 문학은 독자가 삶을 꼼꼼히 관찰하도록 인도함으로써 삶을 명료하게 만든다.

상황을 정확하게 보는 것은 잘 사는 데 필요한—그리고 강력한—토대이다. 우리는 삶의 다양한 문제들과 친숙해지고 그 혼란스러운 측면들을 이해할 수 있게 된다. 매슈 아널드는 "삶을 찬찬히 보았고 통째로 보았던" 어느 작가에게 찬사를 보냈다. 아널드는 그런 문학의 가치를 다음과 같이 부연 설명했다. 문학의 "막대한 힘"은 우리를 "여러 대상, 즉 삶의 본질적 속성과 접촉하게 하고, 그로 인해 더 이상 당황하거나 눌리지 않게 하고, 그 비밀을 알고 그것들과 조화를 누리게" 하는 능력이라고 말이다.[7]

문학은 왜 중요한가? 세상과 인간의 경험을 정확하게 보는 것이 중요하기 때문이다. 꾸준히 문학을 읽으면 삶을 찬찬히 볼 뿐 아니라 전 범위를 온전하게 볼 수 있을 것이다.

위대한 관념들과의 만남

문학을 옹호하는 논리들이 종종 관념idea들을 지나치게 또는 부정확하게 강조하기도 하지만, 그런 이유로 문학에 담긴 관념의 존재와 가치를 과소평가해서는 안 된다. 그리고 우리는 문학의 관념들이 작동하는 방식을 분명하게 짚어 보고 싶다. 20세기의 문학 작가들과 비평가들은 "관념이 아니라 사물로no ideas but in things"라는 친숙한 주문을 읊조렸다. 문학은 무엇을 "말하기"보다 "보여 준다"는 것을 전달하자는 취지였다. 시인 드니스 레버토프Denise Levertov는 이에 대한 오해를 바로잡고자 이렇게 말했다. "'관념이 아니라 사물로'는 … '관념의 배제'를 의미하는 말이 아니다."[8] 사물에 투영된 관념도 여전히 관념이다.

인류는 문학과 예술을 주된 수단으로 하여 현실과 씨름

잃어버린 독서의 예술 되찾기

하고 현실을 이해하려 한다는 일반적 가정에서 출발해 보자. 현실과의 씨름은 삶에 관한 진리를 관념의 형태로 추출하고 진술하는 일을 포함한다. 다시 말해 세상을 지적으로 그리고 영적으로 이해하는 일을 포함한다.

세상이 지금까지 배출한 문학 작품 전체를 고려하면 분명 상충되는 관점들이 존재한다. 우리는 문학 전체가 하나님, 사람, 자연에 대한 올바른 관념을 구현한다고 주장할 수 없다. 인류가 상황을 판단해 온 기준이던 위대한 관념들을 문학이 구현해 낸다는 것이 좀 더 현실적인 평가일 것이다. 어떻게 보면 이런 관념들은 흥미로운 사실에 불과할 수도 있다. 그러나 여기에는 실제로 유용한 면이 있다. 문학이 전달하는 관념은 우리 사고에 자극제 역할을 한다. 이런 관념들을 만나게 되면 독자는 자신이 진리라고 믿는 것을 체계적으로 정리해 보게 된다. 그 과정에서 이해의 범위가 넓어지기도 하지만, 더 많은 경우는 오류를 거부하고 진리에 더욱 굳게 헌신하게 된다. 성경은 진리를 이해하고, 받아들이고, 진리 가운데 행하도록 촉구한다.

문학이 지닌 지적 차원은 유용할 뿐 아니라 즐거움도 선사한다. 문학은 상상력과 정서에 즐거움을 주고, 지성에도 기쁨을 준다. 랄프 왈도 에머슨은, 시인은 (더 나아가 이야기 작가는) "지성을 즐겁게 하는" 힘을 갖고 있다고 말했다.[9] 문학 작가와 독자들이 경험하는 기쁨은 "진리를 분별하는 데서 오는 것"이라고 주장한 사람도 있다.[10] 지성의 수준에서 진리를 발견할 때 정서적 즐거움이 생겨난다.

문학 속 관념들을, 인간 경험에 대한 문학의 정확한 묘사와 대립적인 것으로 여겨서는 안 된다. 오랫동안 책을 읽어온 사람들은 문학 속 강력한 관념들과의 첫 만남 또는 가장 기억에 남는 만남을 자주 이야기한다. 매슈 아널드는 이것을 굳게 붙드는 일의 중요성을 옹호했다. "시인의 위대함은 관념을 삶에 강력하고 아름답게 적용한다는 데 있다."[11] 관념을 제대로 구현하지 못한 문학은 힘이 없다. 문학의 힘은 관념을 **삶에 적용**하는 데서 나온다.

문학이 왜 중요할까? 인생이 던지는 질문들에 대해 우리가 하나님의 답변으로 무장한, 생각하는 사람으로 빚어지는 데 문학이 도움을 줄 수 있기 때문이다.

아름다움과 기분 전환

앞에서 우리는 인간 경험을 예술적 형식에 담아 구체적으로, 해석적으로 제시하는 것이 문학이라고 정의했다. 아널드는 **아름다운** 형식으로(예술적) **삶에 적용된**(인간 경험) **관념**(해석적)을 말함으로써 문학의 이 세 가지 개념을 모두 다루었다. 그런데 문학 옹호론은 심미적 구성 요소의 중요성을 너무나 자주 무시해 왔다.

문학 작품은 내용과 형식으로 이루어진다. 형식은 저자가 내용을 담아내는 **방식**의 모든 측면을 아우르는 것으로 대단히 폭넓게 이해해야 한다. 언어적 아름다움, 장르, 구조는 작품의 형식을 반영한다. 성격 묘사도 시적 은유, 비유와 마찬가지로 형식에 해당한다. 문학 작품에서 솜씨 좋게 만들어진 느낌을 주는 모든 것이 형식의 일부이다. 로버트 프로스트는 시가 "글로 된 공연"[12]이라고 말했다. 연주자나 선수의 기량에 감탄하는 공연 또는 경기와 같다는 것이다. 이것은 다른 문학 장르들에도 똑같이 적용된다.

형식과 내용은 문학을 쓰고 읽는 데 똑같이 중요하다. 문학의 저자들이 글을 쓸 때 형식의 중요성을 축소할 위험은 전혀 없지만, 독자들은 그럴 위험이 있다. C. S. 루이스는 문학에는 양친이 다 있다고 비유적으로 말했다. 작가가 쓸 수 있는 경험과 생각의 덩어리가 문학의 어머니라면, 내용이 표현되는 형식은 문학의 아버지다. 루이스는 이렇게 썼다. "어머니만 연구하는 비평은 한쪽으로 치우치게 됩니다." 그리고 그는 자주 인용되는 경구로 이렇게 덧붙였다. 우리는 "남자가 괜찮은 사랑의 소네트를 지으려 할 때는 여인뿐만 아니라 소네트라는 형식에도 반해야 한다는 사실을 잊기가 쉽습니다."[13]

문학 형식의 중요성을 인정하고 나면, 이 예술적 측면이 어떤 기능을 하느냐는 질문이 추가로 떠오른다. 예술적 형식을 가리키는 데 역사 내내 쓰인 관례적 용어는 **'아름다움'**이다. 사실, 아름다움은 예술이나 미학의 개념과 거의 같다. 어떤 사람은 그것을 이렇게 표현했다. "우리의 주된 미학적인 경험은 … 아름다움에 매혹되는 반응이다."[14] 거의 모든 사람이 음악과 그림에서 아름다움을 보는 반면, 문학에서 아름다움을 볼 수 있는 이들은 그보다 적다.

문학 형식의 부분적인 기능이 아름다움을 표현하는 것이라면, 우리는 거기에다 **즐거움**이라는 단어를 즉시 추가할 필요가 있다. 아름다움은 특정한 유형의 즐거움을 선사하기 위해 존재한다. 중세의 가톨릭 신학자 토마스 아퀴나스Thomas Aquinas가 남긴 아주 유명한 정의에 따르면, 아름다움은 "바라보아서 즐거운 것"[15]이다. 영국의 시인 새뮤얼 테일러 콜리지Samuel Taylor Coleridge는 이와 유사하게 시의 "직접적인 목적"은 "아름다움이라는 매개체를 통한 즐거움"[16]이라고 주장했다.

아름다움이 왜 중요할까? 두 가지 이유에서 중요하다. 첫째, 인간의 정신은 아름다움을 갈망하고, 아름다움이 없으면 시들어 버린다. 아름다움을 추구하며 우리가 실천하는 일들을 보면 이것을 알 수 있다. 매슈 아널드는 왜 인간에게 아름다움을 향한 열망이 있는지 인간 본성의 구조를 활용해 설명한다. 그는 인간의 삶을 구성하는 네 가지 '힘'을 말한다. (1) 행동, (2) 지성과 지식, (3) 아름다움, (4) 사회생활과 예절이 그것이다. 이어서 그는 다음과 같은 올바른 주장을 내세운다. "인간 본성은 이런 힘들로 세워진다. 우리에게는 이 모두가 필요하다. … 이것이 곧 인간 본성이다."[17]

그런데 우리는 인간 본성이 지닌 구조 이상의 것을 가지고 아름다움의 가치를 주장할 수 있다. 바로 성경이다. 성경은 첫 쪽(하나님이 아름다운 세상을 창조하신 이야기)에서부터 마지막 쪽(새 예루살렘에 대한 묘사)에 이르기까지 아름다움의 중요성을 선포한다. 하나님은 아름다움의 근원이시고 인류에게 아름다움을 선물로 주신다.

잃어버린 독서의 예술 되찾기

문학이 왜 중요할까? 행복하고 온전하게 살기 위해서는 예술적 아름다움이 필요하기 때문이다. 우리 삶에 아름다움이 주는 즐거움이 없다면, 하나님이 각 사람에게 원하시는 모습에 미치지 못한 상태에 있다는 뜻이다.

문학이 우리에게 좋은 이유

우리는 문학 옹호론을 펼치면서 그중에서 가장 중요한 세 가지 측면(인간 경험에 대한 묘사, 관념의 직시, 아름다움의 향유)을 살펴보았는데, 말하지 못한 내용도 많다. 현대 작가 애니 딜라드Annie Dillard는 이번 장의 주된 질문에 이렇게 답한다.

> 우리는 왜 책을 읽을까? 아름다움이 훤히 드러나고 삶이 고양되고 삶의 가장 깊은 신비를 탐색할 수 있다는 희망 때문이 아닐까? 작가는 우리의 지성과 마음을 더없이 깊이 사로잡는 경험 안에 모든 것을 담고 그 의미를 생생하게 드러낼 수 있을까? 문학의 형식에 대한 우리의 기대를 갱신할 수 있을까? 우리는 왜 읽고 있을까? 작가가 우리의 나날들을 확대하여 극적으로 각색하고, 지혜와 용기와 충만한 의미의 가능성으로 우리를 비추어 영감을 선사하고, 가장 깊은 신비들을 우리 마음에 새겨 그 위엄과 능력을 다시 느끼게 할 것이라는 희망이 있어서가 아닐까?[18]

그녀가 쓴 내용을 다시 한번, 천천히 읽어 볼 것을 권한다. 우리가 문학을 읽는 이유의 본질을 이보다 더 아름답게 표현할 수 있는 사람이 또 있을까?

문학의 본질과 특성에 대한 지난 장의 논의는 문학 옹호론의 맹아를 담고 있었고, 여기서 우리는 그 내용을 분명하게 드러냈다. 문학이 **무엇인지** 정의하는 작업은 문학이 **어떤 기능을 하는지** 논하는 내용으로 보강해야 했다. 그다음 필요한 단계는 이런 기능들이 사람들의 삶에서 어떤 **가치들을** 성취하는지 살펴보는 것이다. 다음 장에서 이 작업을 할 것이다.

잃어버린 독서의 예술 되찾기

문학은
무엇을 주는가?

—

1976년 7월, 남편 데이빗과 나(글렌다)는 미국 건국 200주년을 기념하여 미시건의 친구들을 만나러 오토바이로 여행을 떠났다. 친구들의 아파트에 걸려 있는 달력에 비범한 그림들이 있기에 뭐냐고 물었더니 친구는 J. R. R. 톨킨J.R.R. Tolkien의 여러 책 장면을 묘사한 것이라고 설명했다. 어릴 때부터 열렬한 독서광이었던 내가 처음 듣는 저자와 책 제목들이었다. 내가 놓친 문학이 있었다는 인식이 거대한 파도처럼 나를 덮쳤다. 그 후 몇 년 지나지 않아 나는 처음으로 《호빗*The Hobbit*》의 첫 문장인 "땅 속 어느 굴에 호빗이 살았다"[1]를 읽었다.

그 글을 읽는 동안 아주 특별한 일이 벌어졌다. 아이오와 주 펠라의 작은 트레일러 주택은 희미해지고 나의 의식은 중간계Middle Earth의 백엔드Bag End로 마법처럼 옮겨졌다. 나는 그 여행에 너무나 매료되어 이후 거의 30년 동안 매년 겨울마다 그곳으로 여행을 떠났다가 되돌아왔다. 이것이 문학의 주된 즐거움 중 하나인 도취transport의 지속적인 힘이다.

앞서 두 장에 걸쳐 문학을 정의하고 그 기능을 논했으니 이번 장에서는 문학이 제공하는 가치와 즐거움을 알아봄으로써 문학 독서 옹호론을 완성해 보자.

문학이 주는 기쁨들을 묘사하다 보면, 모든 독자가 몇몇 부분에 공감하는 바가 있을 것이라고 우리는 믿는다. 열렬한 독서가에게는 이런 즐거움들이 오랜 친구로 느껴질 것이다. 문학이 주는 즐거움 중에서 친숙한 기쁨을 일부 발견하는 독자들도 있을 테고, 모든 것이 새로운 이들도 있을 것이다. 우리는 모든 독자에게 문학의 잔치에 참여하라고 권하고 싶다. 바깥에서 내부를 들여다보는 것 같은 느낌을 받는 이들에게는 온기와 재미가 있는 곳으로 들어오라고 초대하고 싶다. 어떤 독자라도, 아무리 독서에 의욕과 자신이 없는 독자라도 문학의 즐거움에서 배제되지 않는다.

도취

문학 작품 읽기는 도취라는 마법 같은 순간으로 시작한다.

도취는 평범한 세계와의 작별과 상상의 세계에의 도착, 모두를 포함한다. 먼저 출발에 초점을 맞춰 보기로 하자. 한 편의 이야기나 시나 드라마에 몰입하는 순간, 일상적 관심사와 물리적 환경은 의식의 뒤편으로 밀려난다. 이런 처음의 경이로움은 인간 정신을 치료하는 효과가 있다. 문학 독서에는 많은 기쁨이 있지만, 도취 하나만으로도 독서는 가장 의욕이 없는 독자에게까지 가치 있는 것이 된다.

다른 유형의 읽을거리들도 우리에게 이런 식의 도취를 안겨 줄까? 화면 읽기는 그런 경우가 거의 없다. 디지털 장치나 컴퓨터 모니터로 읽을 때, 우리는 현실의 관심사와 결별하지 못하고 대체로 그것들과 이어진 상태에 머문다. 작가 조지프 엡스타인Joseph Epstein은 "화면의 글과 지면의 글 사이에는 신비하게도 상당히 실질적인 차이가 존재한다"고 믿는다. 그는 이렇게 요약한다. "정보와 편의성에는 화면, … 지식과 즐거움을 위해서는 지면, 이것이 내가 인식하는 둘의 차이점이다."[2] 종이책은 독서의 즐거움을 제공해 주는 주된 매체다. 그러나 모든 종이책이 평등하게 창조되지는 않았다. 역사나 전기, 여행 이야기 역시 평범한 관심사로 이루어진 세상에서 우리를 벗어나게 해 주지만, 문학 독서가 제공하는 도취는 한층 독특하고 온전하다.

여러 저자들과 학자들이 유용한 방식으로 이 '도취'라는 개념을 전달했다. 에밀리 디킨슨Emily Dickinson의 짧은 시는 도취가 가진 힘을 압축해서 보여 준다.

우리를 먼 나라로 데려다주는 배 중에

책만 한 군함은 없네.

어떤 군마軍馬도

활보하는 시의 한 페이지에 비길 수 없네.

이 여행은 아무리 가난한 사람도

통행료 부담 없이 떠날 수 있으니

인간 영혼을 싣고 떠나는

이 마차는 얼마나 소박한가.[3]

이 시는 문학의 도취에 대한 세 가지 생각을 드러낸다. (1) 도취의 힘은 모든 경쟁 상대를 능가한다. (2) 원하기만 하면 누구나 거저 누릴 수 있다. (3) 여기에 참여하는 주체는 다름 아닌 인간의 영혼이다.

엘리자베스 구지Elizabeth Goudge는 또 다른 유용한 견해를 제시한다. 픽션 작가이자 많은 문학 선집의 편집자인 구지는 독서에 관해 속속들이 알고 있다. 한 선집의 서문에서 그녀는 독서의 특징이 "차분함, 잔잔함, 그리고 자기 망각"[4]이라고 간략히 언급했다. 자기 망각은 도취에 따라오는 한 가지 혜택이다. 사람들은 이따금 자신과 자신의 관심사에서 벗어날 필요가 있다. 독서로 인한 망각은 그런 해방을 경험하게 한다.

C. S. 루이스는 도취에 대해서 "우리는 위대한 작품을 읽을 때 '빠져나왔다'는 느낌을 받는다"[5]라고 썼다. 우리 주변과 우리 내면의 세계에서 빠져나왔다는 말이다. 독서라는 행

위가 그런 특정한 상태에 이르게 해 주고, 책의 내용과는 별 개로 그런 상태 그 자체로 즐겁고 독자에게 유익하다.

스벤 버커츠도 도취에 대해 대단히 명료하게 쓴 바 있다. 그는 독서를 하나의 "상태나 형편"으로 묘사한 다음, 책 읽는 상태를 구성하는 어떤 보편적인 특성들을 구체적인 독서 경험들이 공유하는지 묻는다. 그는 그렇다고 믿는다. 그는 서점에서 일한 적이 있었는데, 그곳에서 책을 둘러보는 사람들 중 책 읽는 상태를 "알고 추구하며" 그 상태로 "계속 되돌아 가고 싶은 욕구"를 보여 주는 이들을 본다. 버커츠의 결론에 따르면 그들이 원하는 것은 "그들을 그 책 읽는 상태로 실어다 줄 운송 수단이다." 그는 이렇게 덧붙인다. "책을 읽는 동안 다른 장소에 있게 되는 상태는 유년기에서 얻은 중대한 발견이었다." 꾸준히 읽는 독자들은 세월이 지남에 따라 "구체적인 내용보다 책을 통해 이르게 되는 상태를 더 귀하게 여긴다"[6]는 데 동의할 것이다.

문학은 무엇을 제공하는가? 문학은 도취의 힘을, 상상과 정신으로 떠나는 휴가를 제공한다.

상상의 세계에 들어가기

우리는 물리적, 정신적 환경을 떠나는 동시에 상상에 불과한 다른 세계에 도착한다. 우리는 그 세계를 손으로 만질 수 없고 눈으로 볼 수 없다. 그 세계가 지닌 구체적인 특성은 어떤 장르의 문학인가에 따라 다르다. 이런 세계를 가장 구체적으로 창조하는 폭넓은 장르는 서사 또는 이야기이고, 여기에 픽션과 창조적 논픽션 같은 하위 장르들이 포함된다. 그러나 다른 장르들도 상상의 세계를 불러낸다. 조지 허버트George Herbert의 경건시devotional poem나 윌리엄 워즈워스William Wordsworth의 자연시nature poem를 읽을 때, 우리는 시가 만들어 낸 세계에 머문다. 수필을 읽을 때도 우리는 저자의 사색과 그것을 만들어 낸 장면이나 사건들을 따라간다.

도취라는 이중적인 행위는 다른 세계의 존재 없이는 이루어질 수 없다. 떠남과 도착에 대한 인식이 있을 때 우리는 그 여행에 좀 더 기꺼이 자신을 맡길 수 있다. 문학의 요점을 알아보지 못하는 어떤 사람들은 문학이 일상생활과 마찬가지이겠거니 생각한다. 문학은 어떤 수준에서는 현실을 다루지만, 문학이 다루는 현실은 **실생활과 똑같지는 않다**. 문학은 우리를 현실에서 일시적으로 분리하여 다른 세계로 이동시킴으로써 그 효과를 달성한다.

저자가 창조한 세계의 본질을 발견하는 것은 분명한 즐거움이다. C. S. 루이스는 우리가 작품에 항복할 때 자신의 "한계를 넘어 예술 작품이 세상에 더해 준 새로운 영역 안에 들어서는" 것이 어떻게 가능해지는지 묘사한다.[7] 루이스는 '빠져나옴'에 관해 우리가 인용한 대목과 바로 이어지는 문장에서 이렇게 썼다. "또 다른 관점에서 보면, 우리는 '들어왔다'는 느낌을 받고 … 그 속은 어떤지 탐색합니다."[8] 무엇인가 새로운 것을 만나는 일은 문학이 선사하는 것 중 하나이고,

잃어버린 독서의 예술 되찾기

그 만남은 우리의 상상력을 발동하여 다른 세상에 거주함으로써 이루어진다.

다른 세상에 거할 때 우리는 친숙한 것과 낯선 것을 동시에 발견한다. 현실 세계를 반영하지 않고는 어떤 문학 작품도 존재할 수 없다. 판타지에 등장하는 풍경은 우리가 사는 세계에서는 결코 보지 못할 것이겠지만, 그래도 여전히 하나의 풍경이다. 반대로, 단편 소설에 나오는 도심의 거리에 대한 자세한 묘사는 배경을 사진으로 찍은 것처럼 느껴지지만 실제는 그렇지 않다. 사실주의 소설 속에 나오는 장면은 우리가 그 거리를 걸어갈 때 경험하게 될 것보다 더 과장되고 단순화되고 정제되어 있다.

문학은 선택한 대상을 농축된 형태로 제시한다. 문학은 어떤 대상을 낯설게 하여 그것을 현실에서보다 더 명확하게 볼 수 있게 도와준다. 문학의 자매 예술이라고 할 만한 회화의 사례를 들자면, 그릇에 담긴 과일을 그린 정물화는 과일의 특성을 새롭고 좀 더 과장된 방식으로 보여 준다. 그림을 빤히 바라보고 있으면 세 가지에 매료된다. 우리가 보고 있는 것을 만들어 낸 화가의 실력, 우리 앞에 환하고 명료하게 드러난 인간 경험의 한 측면, 낯선 시각으로 실물을 보며 느끼는 참신함이 그것이다. 문학 작품을 읽을 때도 마찬가지로 이 세 가지가 우리를 사로잡는다. 문학이 우리에게 제공하는 것은 인간 경험을 알아볼 수 있게 그려 내고 그것을 낯선 산문으로 제시하는 저자의 창조 기술이다.

우리가 살아가는 삶은 종종 혼란스럽다. 문학이 제시하는 가상의 세계에서는 삶의 특징들이 명료하게 윤곽을 드러낸다.

돌아오는 여행

우리는 독서를 여행이라는 은유로 바라보면서 문학이 우리에게 무엇을 주는지 살펴보았다. 존 키츠는 독서를 "황금의 영역"[9]에서의 여행이라고 멋지게 명명했다. 이 여행은 일상의 삶과 작별하는 데서 시작된다. 우리는 독서하는 동안 상상의 세계에 머물다가 결국에는 책을 내려놓고 우리가 살아가는 삶으로 돌아온다. 돌아오는 여행에서 문학은 무엇을 내놓을까?

훌륭하고 만족스러운 글을 읽었다면 책을 덮을 때 우리는 실망감을 경험할 것이다. 이 감정은 중요한 것을 드러내 준다. 이런 실망감은 현실을 떠나 상상의 세계에 잠시 머문 일이 의미심장하고 바람직했음을 말해 준다. 이것 자체가 독서의 가치를 입증한다고 할 수 있다.

문학 독서가 두 가지를 동시에 보는 활동임을 기억하면 유용하다. 우리는 문학 작품**을** 보고 그것을 **통해** 다시 현실을 본다. T. S. 엘리엇은 이 이중성을 다음의 진술로 요약했다. "모든 예술의 기능은 삶에 질서를 부과함으로써 우리가 삶 속의 질서를 어느 정도 인식하게 하는 것이다."[10] 저자들이 삶에 부과하는 질서는 이야기나 시, 수필 자체, 그리고 그 안에 있는 상상의 세계이다. 이 상상의 세계는 현실에서 벗

잃어버린 독서의 예술 되찾기

어나는 유익한 휴가인 동시에 일상을 어떻게 살아갈지 계획하도록 돕는 지도이다.

문학 연구자 케네스 버크Kenneth Burke가 획기적인 에세이 〈삶의 도구로서의 독서〉[11]에 남긴 표현을 숙고하면 이것을 더 잘 이해할 수 있다. 문학이라는 황금 영역으로 떠난 여행에서 우리는 어떤 도구를 가지고 돌아올까? 이에 대한 답변으로 우리는 이상적 독서 경험을 묘사하게 될 것이다. 그것은 우리가 힘을 보태야만 이룰 수 있는 잠재적인 경험이지, 자동적으로 이루어지는 것이 아니다.

최상의 독서 경험을 하게 된 다음에 우리가 얻게 되는 첫 번째는 명료한 시각이다. 저자가 "보라"고 말하고 가리킬 때, 독자인 우리는 삶의 한 측면을 응시하게 된다. 작가가 '제대로 파악'했다면(삶을 정확히 관찰하고 그에 따라 기록한다는 면에서 거의 언제나 그렇다고 말할 수 있다), 우리는 이전보다 우리 삶과 세상을 더 분명하게 본다고 느끼게 될 것이다. 삶을 정확하게 보는 것은 다른 식으로는 기대할 수 없는 확신을 갖고 삶을 헤쳐 나가게 한다. 도로시 L. 세이어즈는 문학 작품을 읽는 것은 "우리 안에 불을 켜는 일과 같다"고 주장했다. "우리는 '아! 저것을 알아보겠다!'라고 말하게 된다. … 나는 그것을 보유하고 붙잡고 내 것으로 만들고 지식과 힘의 원천으로 삼을 수 있다."[12]

문학으로의 여행이 주는 두 번째 선물은 생각이다. 생각하는 사람이 되는 일은 문학 작품에 담긴 관념들을 추출할 능력과 그 관념들을 숙고할 의지가 있느냐에 달린 문제다.

적어도 문학 작품은 삶의 경험들에 대해 올바른 질문을 던진다. 그리고 우리에게 올바른 질문을 하라고 촉구한다. 위대한 문학 작품은 질문을 제기하고 그에 대한 답변도 제시한다. 그리스도인 독자인 우리는 그 답변들을 따져 보고 성경적 사고에 부합하는지 아니면 거기에서 이탈했는지 판단해야 할 의무가 있다. 어떤 경우이건, 문학의 관념들을 분석하는 것은 우리의 지적 삶에 양분이 될 수 있다. 이것은 삶의 도구다.

소크라테스는 반성을 거치지 않은 삶은 살 가치가 없다고 말한 것으로 유명하다. 문학을 읽으면서 그것이 제시하는 경험과 관념을 숙고한다면, 우리의 독서는 반성하는 삶으로 이어질 수 있다. **교화**敎化라는 단어가 이 맥락에서 적절할 것이다. 독서를 마치고 많은 경우 우리는 읽은 내용을 통해 교훈을 얻었음을 느끼며 삶을 다시 시작한다.

기분 전환

기분 전환이라는, 문학의 가치는 우리가 이번 장에서 논의한 모든 내용을 씌워 주는 우산과 같다. 우리가 속한 물리적 세계와 그 중압감에서 벗어나는 일, 상상의 세계에 일시적으로 체류하는 일, 새로운 삶의 도구를 갖추고 현실로 돌아가는 일, 이 모두가 결합하여 인간 정신을 상쾌하게 한다. 다른 활동들도 상쾌함을 주지만, 문학이 안겨 주는 다층적 즐거움과 기분 전환은 독서를 대부분의 다른 여가 활동보다 우월한 것으로 만든다.

문학 독서는 어떤 수준에서 우리를 기쁘게 하고 상쾌하게 할까? 독서는 우리로 삶에 더욱 깊이 관여하게 하고 삶을 더 잘 이해하게 돕는다. 저자의 숙련된 안내에 따라 대리적으로 삶을 경험하고 나면 우리의 시야가 명료해진다. 독서가 아닌 다른 많은 여가 활동은 그 활동을 하는 동안만 우리에게 영향을 준다. 반면에 독서를 통해서는 정확하게 묘사한 삶을 봄으로써 우리의 이해력이 높아지고 그에 따라 문학에 담긴 관념들을 숙고하고 그 관념들과 상호 작용하게 된다. 생각하는 사람이 되는 것은 즐거울 뿐 아니라 유용한 일이고, 하나님이 우리에게 기대하시는 일이기도 하다.

문학 활동의 핵심에는 상상력이 놓여 있다. 저자는 창조적 상상력을 발휘하지만, 그가 창조한 세계는 처음에 하나의 잠재력으로만 존재한다. 저자가 펼쳐 놓는 내용을 힌트 삼아 우리가 그 세계를 상상 속에서 만들어 낼 때 비로소 그 세계가 존재하게 된다. 18세기의 에세이 작가 조지프 애디슨Joseph Addison은 상상의 즐거움을 다룬 몇 편의 훌륭한 논문을 써냈다.[13] 문학은 상상력의 승리다.

또 하나, 문학은 하나의 예술 형식이다. 저자에게 부여된 과제의 본질적 부분은 아름다움을 창조하는 것이고, 아름다움은 창조성과 기술의 산물이다. 아름다움은 소설의 통합적 구조처럼 큰 것일 수도 있고 아름다운 문구나 정확한 단어들처럼 작은 것이 될 수도 있다. 예술적 아름다움은 형식에서 드러나므로, 이야기나 시가 지니는 형식에 관해 우리가 즐기는 모든 것은 예술과 아름다움이라고 여길 수 있다. 아름다움의 효과가 어떻게 달성되는지 정확히 몰라도 아름다움을 누릴 수 있다. 물론 정확한 분석도 즐거움을 제공한다.

끝으로, 문학은 영적 회복의 원천이 될 수 있다. 일부 문학 작품들은 기독교적 자세를 드러내고 표현하고 권한다. 우리 대부분은 경건시가 영혼에 상쾌함을 선사한다고 자연스럽게 생각하지만, 기독교를 긍정하는 문학이라면 무엇이든 경건하게 읽을 수 있다. 사실, 거의 모든 독서 경험이 하나님 및 그분의 진리와의 만남이 될 수 있다. 우리는 그저 경건한 태도를 갖추기만 하면 된다.

문학 독서는 우리에게 무엇을 주는가? 문학 독서는 사색적, 지적, 상상적, 영적 수준에서 의미 있는 여가를 갖게 한다. 문학 독서는 재창조 활동이고 그 어떤 일도 이를 능가할 수 없는 총체적 경험의 장이다.

그런 기쁨이 당신 앞에 놓여 있다. 이제 책을 펼치고 그 안으로 들어가라.

07
—

이야기 읽기_
이야기를 들려주세요

—

이야기를 좋아하지 않는 사람이 있을까? 대부분의 어른들은 눈을 커다랗게 뜨고 "이야기해 주세요!"라고 간청하는 아이의 모습을 쉽사리 떠올릴 수 있다. "이야기해 주세요"는 스토리텔링이라는 보편적인 인간의 충동을 요약해 준다. 이자크 디네센Isak Dineson은 "인간이 된다는 건 들려줄 이야기가 있다는 것"[1]이라고 말했다.

사람들은 태고부터 이야기를 해 왔다. 세속 학자들은 《길가메시 서사시Epic of Gilgamesh》와 기타 고대 신화들을 거론하는데, 그리스도인들은 그 안에서 성경의 메아리를 듣는다. 하나님은 성경, 즉 개별 이야기들이 가득하고 여러 비유가 곳곳에 들어 있는 통합된 이야기를 통해 자신을 계시하신다. 하나님은 이야기 들려주기를 좋아하시므로, 그분의 형상을 따라 창조된 사람들이 똑같이 하는 것은 놀랄 일이 아니다.

가족 구성원들은 그날 있었던 일을 서로에게 이야기한다. 친구들은 식사를 같이 하면서 최근에 있었던 일들에 대한 이야기를 나눈다. 존 셰이John Shea는 이렇게 썼다. "인류는 이야기에 중독되었다. 지금 기분이 어떠하든, 몽상에 빠져 있든 기대에 부풀었든, 공포에 사로잡혔든 평화롭든, 우리는 사건들을 한데 엮고 이야기로 풀어낸다."[2] 우리는 이야기로 만들어진 세상에서 산다.

삶 자체가 서사적 특성을 갖고 있다. 이것은 사실이기 때문에 우리가 읽는 허구적 이야기들과 우리의 삶 사이에는 실질적 연결 고리가 존재한다. 대부분의 독자에게 이야기는 삶의 핵심이다.

독서에서 이야기의 중심성을 강조한다고 해서 이야기에다 다른 문학 장르 이상의 특권을 부여하는 현재의 흐름에 굴복할 필요는 없다. 장르의 구분은 다양한 방식으로 이루어질 수 있다. 어떤 이들은 장르의 주된 범주가 시와 산문, 또는 픽션과 논픽션이라고 생각한다. 학계에서의 표준적 구분은 시와 서사다. 우리의 논의에서 **이야기**story와 **서사**narrative라는 두 용어는 바꿔 쓸 수 있는 것으로 이해할 수 있다.

앞의 4-6장에서는 **왜** 문학을 읽어야 하는지 이해하는 데 도움을 주고자 했다. 이제 이번 장을 시작으로 여러 장에 걸쳐 문학의 구체적인 유형들을 어떻게 읽을지 살펴볼 것인데,

잃어버린 독서의 예술 되찾기

대단히 중요한 개념인 이야기부터 시작하는 것이 논리적일 것이다. 먼저 이야기를 형성하는 세 가지 핵심 요소를 알아보고, 그다음에 이야기의 기능과 오락적 가치에 관해 말하고자 한다. 그리고 이야기 읽기에서 최대한 많은 것을 얻어 내기 위한 몇 가지 조언으로 마무리할 것이다.

이야기란 무엇인가?

어떤 이야기든 온전히 즐기려면 세 가지 기본 요소인 배경, 플롯, 인물에 대한 기초적인 내용은 파악하고 있어야 한다. 소설을 다루는 9장에서 이 세 가지 요소와 문학의 다른 요소가 들어 있는 사례를 다룰 것인데, 픽션이든 논픽션이든 모든 이야기에는 이 세 요소가 필수적이다.

배경

간단히 말해, 배경은 이야기가 펼쳐지는 장소나 위치다. 픽션 작가 엘리자베스 보엔Elizabeth Bowen은 배경의 중요성에 대해 이런 고전적인 논평을 남겼다. "어디에도 없는 곳에서는 아무 일도 일어날 수 없다."[3] 배경의 기능은 여러 가지가 있고, 그것들을 발견하는 일은 재미가 있다.

첫째, 배경은 행위를 **가능하게 한다**. 이 주제에 관해 최고의 글을 남긴 한 저자는 **현장**이 행위와 현장 속 행위자들에게 딱 맞는 그릇이라고 묘사한다. 이것은 사실이기 때문에 우리는 '현장-행위 비율'과 '현장-행위자 비율'을 말할 수 있다. 여기서 '비율'은 대응 관계를 의미한다.[4] 둘째, 배경은 상상 속 이야기를 생생하게 만들어 독자를 행위의 현장으로 데려간다. 배경은 분위기(두려움, 안전감, 압박감 등)를 만들어 내고, 작가가 깔아 둔 복선 전략의 일부가 되기도 한다. 뿐만 아니라 배경은 거의 불가피하게 상징적인 의미를 띠기 때문에 긍정적 또는 부정적 연상을 일으키곤 한다.

배경은 이야기의 모든 곳에 있지만, 얼마나 다양한 현장이 이야기에 기여하는지 알아보지 못하는 독자들이 많다. 구체적 현장들을 식별하는 법을 배우면 배경을 더 잘 인식하게 될 수 있다. 다음 둘 중 한 공식에서 현장이라는 단어와 빈칸의 단어를 연결하기만 하면 된다. ○○현장(이를테면 거리 현장, 살인 현장, 조우 현장) 또는 ○○의/○○하는 현장(이를테면 폭력의 현장, 패배의 현장, 방황하는 현장). 이 조합에 **현장**이라는 단어를 넣기만 하면 배경에 대한 이해가 기적처럼 활짝 열린다.

우리는 배경이 보여 주는 더 큰 그림도 고려해야 한다. 이야기를 읽을 때 우리는 포괄적 상상의 세계 속으로 들어간다. 그 세계는 물리적 장소와 분위기뿐만 아니라 특유의 관습과 가치관을 지닌 사람들과 여러 사건과 행동까지 아우른다. 문학적 서사의 전제는 저자가 들려주는 이야기 속 세상이 정확한 현실관과 올바른 세계관을 반영한다는 것이다.

픽션 작가 플래너리 오코너는 더 나아가 이렇게 진술한다. "독자는 작가가 창조하는 바로 그 세상으로부터, 작가가

잃어버린 독서의 예술 되찾기

그 세상에 부여하는 일정한 특성과 세부 내용으로부터 책의 지적 의미를 발견할 수 있다."[5] 이것은 정말 대단한 주장이다. 상상 속 이야기의 세계가 저자가 존재에 관해 주장하려 하는 관념들("지성적 의미")을 구현한다는 것이다. 어떤 이야기든 이해하려면 배경 파악이 반드시 필요하다.

플롯

이야기의 두 번째 주요 요소는 플롯이다. 이야기는 대체로 시작, 중간, 끝으로 이루어지는 선형적 순서를 따른다. 이 균형 잡힌 구조는 원정, 구애, 전투나 성장 같은 통합적 이야기 패턴을 중심으로 만들어진다. 플롯은 언제나 하나 이상의 갈등을 다루고, 종종 관련 사건들의 인과적 연쇄를 묘사한다. 이런 요소들을 인식하면 이야기와 그 의미를 보다 온전히 경험하는 데 도움이 된다.

먼 옛날부터 스토리텔링의 일부였던 관습적 플롯 장치의 레퍼토리에 친숙해지는 것도 이야기를 이해하는 좋은 방법이다. 그 종류는 극적 아이러니°, 서스펜스, 복선, 시적 정의(미덕은 보상 받고 악덕은 벌을 받음), 경악, 반전, 에피파니epiphany(이야기 뒷부분에서 한 사람 또는 더 많은 인물들이 계시나 통찰을 얻는 순간을 독자가 공유할 때 찾아오는 깨달음) 등이 있다.

° dramatic irony, 극 중 인물은 알지 못하는 어떤 것을 관객이 이미 앎으로써 생기는 아이러니―옮긴이

인물

인물은 이야기의 세 번째 구성 요소다. 독자는 등장인물의 목록과 이야기의 목적상 각 인물에게 가장 중요한 것이 무엇인지 파악하는 것으로 독서를 시작할 수 있다. **주동 인물**protagonist('첫 투쟁자'에 해당하는 그리스어에서 나옴)은 이야기 속의 갈등과 사건 전반에 걸쳐 독자와 함께하는 주된 인물이다. 주동 인물에 맞서는 세력(인간이든 아니든)이 **반동 인물**antagonist이다. 인물을 해석하는 규칙은 간단하다. 정보가 허락되는 만큼 인물을 온전히 파악해 보는 것이다. 우리가 이야기의 목적을 고려하는 데 있어서 알아야 할 만큼 충분한 내용을 이야기 작가가 들려주었을 것이라고 생각할 수 있기 때문이다.

이야기 속 인물들은 인간 행위의 본보기이자 가치의 본보기이다. 그들은 본받아야 할 긍정적 사례와 거부해야 할 부정적 사례를 보여 준다. 서사적 인물들은 일반적으로 (우리를 포함한) 보통 사람들을 대표하고 보편적 경험들을 구현한다(하지만 이야기 속 인물들이 대단히 특수한 것 역시 사실이다). 종종 그들은 실제 사람들보다 더 진짜처럼 보이는데, 그 부분적인 이유는 그들의 모습이 단순화되고 과장되기 때문이다. 기억에 강렬하게 남는 등장인물들은 생명력을 갖게 되고 이야기가 끝난 후에도 독자의 곁을 떠나지 않는다.

이야기의 기능

이야기는 개인과 사회의 삶에서 중요한 기능을 감당한다. 가장 분명한 기능은 오락이다. 왜 이야기는 재미있는 것일까? 우선 이야기의 도취 능력때문이라고 답할 수 있겠다. 서사의 비범함은 독자가 주위의 물리적 세계에서 벗어나 고유한 장소, 인물, 사건들로 가득한 상상의 세계로 들어가게 하는 능력에서 나온다. 이것이 쉽게 이루어지는 이유는 이야기들이 연이어 펼쳐지면서 나름의 기세를 만들어 내고 독자를 이야기 안으로 끌어들여 그 마법 아래 두기 때문이다. '책에 빠졌다'는 친숙한 문구로 표현되는 이 현상은 이야기의 경우에서 압도적인 사실이다.

우리는 책이 주는 즐거움이 어디서 나오는지 굳이 생각하지 않고도 책을 본능적으로 즐기지만, 즐거움을 주는 기법들에 대해 주목해 볼 수도 있다. 이야기가 주는 심미적 기쁨은 창조적 기법과 그 아름다움을 알아보고 즐기는 데서 나온다. 우리는 매혹적 장면, 인물, 사건들을 만들어 내는 작가의 창조력에 감탄한다. 글을 다루는 저자의 솜씨와 정선된 산문체도 즐거움을 안겨 준다.

우리가 이야기를 하는 이유를 생각해 보면, 이야기의 좀 더 심오한 기능이 여기서 드러난다. 존 셰이는 이렇게 썼다. "우리는 고통을 견디려고 고통을 서사로 바꾸고, 황홀경을 오랫동안 누리려고 황홀경을 서사로 바꾼다."[6] 사람들은 자신의 경험을 이야기하고 싶은 강한 충동을 느낀다. 친구나 배우자가 오늘 하루 어땠냐고 물을 때, 우리가 하는 이야기에는 어떤 특징이 있을까? 그 이야기는 선별적이고 해석적이다. 우리는 하루가 좋았다거나 나빴다고 말한다. 지루했다거나 힘들었다고 말한다. 우리의 이야기는 그날 하루치의 경험보다 압축되어 있고, 중요한 측면들을 부각한다. 이런 특성들은 문학 이야기에서도 그대로 나타난다. 문학 이야기도 단순화되고 정리되어 있다. 중요한 내용의 윤곽을 선명하게 강조하여 그려 낸다.

우리가 고통과 기쁨을 자연스럽게 이야기로 바꾸는 행위에 관한 셰이의 견해는 심리학의 중요한 측면으로 우리를 이끈다. 이야기는 인간의 어떤 심리적인 필요를 만족시킬까? 문학 연구자 사이먼 레서Simon Lesser는 《픽션과 무의식Fiction and the Unconscious》이라는 책에서 이 주제를 깊이 있게 탐구했다.[7] 우리 저자들은 그의 견해에 상당 부분 동의하는데, 여기서는 그중 몇 가지만 요약해서 제시해 본다.

* 이야기는 우리 자신의 경험에 형태를 부여해서 표현하게 한다.
* 우리는 자신의 두려움과 갈망을 보여 주는 이야기에 끌린다.
* 이야기는 우리 삶에 빠져 있는 요소를 보충해 준다. 그 일은 우리 삶보다 더 흥미로운 전개를 통해 이루어질 수도 있고, 혼란스러운 문제들을 명료하게 정리하는 방식으로 이루어질 수도 있다. 어떤 이야기들은 삶의 부정적 특성들을 분명히 드러내어 우리가 타락한 세상에서 살고 있음을 인정하게 하고, 인간의 비참함이 얼마나 공통적인 것인지 알림으로써 우리를 위

로한다.

* 우리의 경험을 말하고 싶은 마음은 보편적 충동이다. 우리는 자신 및 다른 사람들의 경험(좋은 경험이든 나쁜 경험이든)에 목소리가 부여되는 것을 볼 때 만족감을 얻는다.

혼란스러운 문제들을 명료하게 하는 일이 이야기 안에서 가능한 것은, 우리가 독서할 때 긴장을 풀고 삶의 염려들을 안전한 거리에서 숙고할 수 있기 때문이다. 우리 자신이 독서할 때 이런 일이 어떻게 이루어지는지 생각해 보면 큰 깨달음을 얻게 된다. 우리가 어떤 이야기를 선택하고 그에 반응하는가가 우리를 형성하고 우리를 드러낸다. 대니얼 테일러Daniel Taylor는 이렇게 적고 있다. "우리는 곧 우리의 이야기들이다. 우리는 그동안 듣고 겪은 모든 이야기―그리고 결코 듣지 못한 많은 이야기―의 산물이다. 그 이야기들은 우리가 자신, 세상 그리고 세상 속 자신의 위치를 바라보는 방식에 영향을 주었다."[8]

우리가 읽는 이야기들 또한 구체적 서사 공동체의 일원인 우리의 정체성을 보여 준다. 세인트 루이스 카디널스St. Louis Cardinal의 팬이라면, 카디널스의 이야기를 알고 그 이야기가 정체성의 일부로 자리 잡을 것이다. 《나니아 연대기The Chronicles of Narnia》나 《반지의 제왕The Lord of the Rings》에 열광하는 모습은 우리가 판타지 독자들 집단과 유사성이 있음을 말해 준다. 《위대한 유산Great Expectations》을 흠모하는 사람은 그 책을 읽을 때마다 자신이 유머를 즐기고, 잉글랜드 땅과 국민들을 사랑하고 언어의 아름다움을 기뻐한다는 것과 참된 가치는 외면적이고 물질적인 것이 아니라 내면적이고 도덕적인 데에 있음을 인식하는 사람이라는 사실을 확인하게 된다. 우리가 받아들이는 이야기들이 우리를 규정한다. 서사학자들은 우리가 읽기로 선택하는 이야기들이 우리가 **누구인지**를 정의해 주지만, 우리는 그 이야기들의 산물이 **되기도** 함을 공통적으로 주장한다. 이야기들은 개인의 정체성을 반영하고, 그것을 수정할 힘을 갖고 있다.

이것은 사회와 국가의 경우에도 해당한다. 이야기는 집단이 자신들의 신념과 가치를 성문화하고 보존하고 전달하는 주된 수단이다. 문화적 가치들은 이야기 작가들에게 영향을 주고, 그들은 자기 사회의 대변인이 되는 경우가 많다. 그러나 영향을 주고받는 일은 역으로도 이루어진다. 사회에서 전파되는 이야기들은 그 안에 사는 사람들에게 영향을 미친다. 집단의 정체성은 공유된 이야기들에 의존하고, 그 이야기들이 사라질 때 집단의 정체성도 사라진다. 반대로, 한 집단이 정체성을 바꿀 때는 한때 받아들였던 이야기들을 폐기한다. 이에 대한 증거가 필요하다면, 현재 미국인들의 시각과 미국의 형성에 영향을 미쳤던 시각을 비교해 보는 것으로 충분할 것이다.

이야기의 오락적 가치

이야기 작가들은 이중의 목적, 즉 즐거움을 주기 위해서와 진술을 하기 위해서 작품을 쓴다. 이 둘은 별도로 자세히 다룰 가치가 있다.

　작가들과 독자들 모두 이야기가 즐거움을 준다는 사실을 인정한다. 이야기를 들려주는 가장 오래된 장면 중 일부가 호메로스Homeros의《오디세이아Odysseia》에 등장한다. 당시에는 잔치 후에 즐기는 오락으로 영웅담을 낭송했다. 오디세우스는 자기를 기념하여 열린 그 행사를 다음과 같이 묘사한다. "더할 나위 없이 우아한 삶 … 나란히 앉은 손님들이 즐거운 시간을 보내며 음악을 곁들인 이야기에 귀를 기울이고, 식탁에는 먹을 것이 그득하고 … 내가 보기에는 이것이 사람이 누릴 수 있는 최고의 일인 것 같소."[9] 16세기 영국의 시인 필립 시드니Philip Sidney경이 "아이들이 놀이를 멈추게 만들고, 노인들이 따뜻한 벽난로 구석에서 나오게 만드는"[10] 이야기의 힘에 바친 찬사는 유명하다. 플래너리 오코너는 독자가 그녀의 이야기에서 어떤 깨달음을 얻기를 바라느냐는 한 학생의 질문에 "깨달음 따위는 잊어버리고 그냥 즐겨 보라"[11]라고 조언했다.

　사람들이 언제나 선호하는 이야기 속에는 특정 유형의 내용이 있다. 독자들은 영웅들과 영웅적 행위를 사랑하지만 악당들과 악행에도 똑같이 매료된다. 낭만적 사랑, 여행과 전투도 독자의 마음을 사로잡는다. 삶 속에 깔려 있는 위협적인 면을 보기를 기대하는가 하면, 선이 악을 이기는 해피 엔딩을 크게 선호한다. 물론 "이야기는 들려줄 만한 가치가 있을 만큼 충분히 매력적이어야 한다"[12]라는 토머스 하디Thomas

Hardy의 금언대로, 사건은 매혹적이어야 한다.

독자들과 청자들은 대대로 다양한 서사 기법도 즐겼다. 우리의 희망과 두려움을 대변하는 인물들이 겪는 모종의 시험, 모험, 서스펜스, 미스터리, 반전과 재회의 장면(특히 귀향) 등이 그것이다. 이 짧은 목록은 이야기 작가들이 사용하는 서사 기법의 일부일 뿐이다. 그 기법을 더 많이 알아볼수록 읽는 즐거움이 커진다.

이야기가 우리를 어떤 방식으로 즐겁게 하는지 알면 독자의 기쁨이 배가된다. 우리는 다양한 층위에서 즐거움을 발견한다. 다음에 어떤 일이 벌어지고 어떻게 흘러가는지(플롯) 알게 될 때, 상상의 세계에 들어갈 때, 등장인물의 독특한 개성을 발견할 때, 거대한 원형(보편적인 패턴)들을 인식할 때, 그리고 작가가 능숙하게 쓰는 기법들과 아름다운 문체를 볼 때 즐거움을 얻는다. 어떤 이야기는 사람들의 달라지는 운명에 초점을 맞추고(플롯의 이야기), 어떤 이야기는 사람들의 성격에 초점을 맞추고(인물의 이야기), 또 어떤 이야기는 작가의 묘사 기술에 의존(장소의 이야기)한다는 사실을 아는 것도 유용하다.

진술하기

저자들은 즐거움을 주기 위해 쓸 뿐만 아니라 삶에 대해, 실재에 대해, 도덕에 대해 진술하기 위해서도 이야기를 쓴다.

존 셰이는 이렇게 적었다. "이야기를 하는 것은 하나의 세상을 창조하고, 하나의 태도를 받아들이고, 하나의 행동을 제안하는 일이다."[13] 이것들은 결국 진리의 진술과 삶의 지침으로 독자 앞에 놓인다.

우리는 이야기의 주제를 다양한 방식으로 추출할 수 있다. 등장인물들을, 성공이나 실패로 이어지는 실험을 감행하는 사람들로 보고 실험 과정을 그들의 삶으로 확인할 수 있다. 실험 결과는 언제나 이야기의 앞부분에서 벌어진 일에 대한 저자의 해석이나 평가를 반영한다. 성공적 결과는 등장인물의 실험에 대한 긍정적 평가를 대변하고, 실패에는 그 경험을 본받지 말라는 평가가 함축되어 있다.

스토리텔링을 이해하는 보완적 방법은 '본보기 이론'이라는 예스러운 이름으로 불린다. 인물과 행위의 본보기를 제시하는 것이 이야기의 본질이라는 이론이다. 이야기 작가가 삶에 관해 말하고 싶은 바는 작품 속 긍정적 또는 부정적 본보기를 통해 구현된다. 작가는 이야기 속에 이런 노출 장치들을 심어서 독자의 해석을 이끌어 주는데, 등장인물이 맞이하는 결과가 가장 중요한 장치 중 하나이다.

이야기를 이해하기 위한 또 다른 유용한 패러다임은 삶의 거대한 세 가지 문제―실재(무엇이 정말 존재하는가), 도덕(무엇이 선한 행동이고 나쁜 행동인가), 가치(무엇이 가장 중요하고, 덜 중요하고, 전혀 안 중요한가)―를 어떻게 논평하는지 따져 보는 것이다. 이런 요소들을 깊이 생각해 보면 하나님, 사람, 세상에 대한 작가의 견해가 드러난다.

이야기가 삶에 대해 무엇을 말하는지 알아내는 일은 대부분 어렵지 않다. 그러나 이야기가 지닌 지적 의미에 대해 숙고하는 것은 이야기를 충분히 즐긴 **다음**에 해야 할 일이다.

이야기에서 최대한 많은 것을 얻기

이번 장에서는 큰 그림을 그려 보았다. 이야기 읽기에 대한 다음 내용으로 핵심을 정리해 보자.

* 플롯, 배경, 인물은 이야기의 구성 요소다. 이 세 가지에 관심을 기울이면 독서의 즐거움이 커진다.
* 이번 장에 제시된 분석 도구들을 적용하지 않아도 이야기에서 **얼마간의** 즐거움과 유익을 얻을 수 있지만, 내용과 기법을 고려한다면 **더 많은** 즐거움과 유익을 얻을 수 있다. 신중한 숙고 자체가 즐거움을 주는 행위다.
* 이야기는 왔다 갔다 하는 리듬의 원리—긴장 쌓기와 해소 사이에서, 두 줄거리 사이에서, 두 인물 사이에서, 두 배경 사이에서—위에 세워진다. 이런 전환에 주목하면 무슨 일이 일어나고 있는지 훨씬 더 잘 파악하게 될 것이다.
* 개별 사건이나 각 장에는 이야기의 전반적인 흐름 안에서 작가가 의도한 목적이 있다. 행위가 끝난 후 각 장이나 사건의 기능에 대해 이름을 붙여 보면 더 큰 즐거움을 얻게 될 것이다.

잃어버린 독서의 예술 되찾기

서사학narratology(서사narrative에 대한 연구) 전문가들은 '우리가 누구인지 알아내기 위해 이야기를 읽는다'는 주장을 너무나 입심 좋게 해댔다. 반박할 수 없는 한 가지 면에서 그들의 말은 사실이다. 어떤 이야기들은 만족스럽게 다가오는 반면, 다른 이야기들은 그렇지 않은 이유를 생각해 보면 우리에 관한 중요한 것들을 발견하는 데 도움이 되기 때문이다. 이야기는 우리의 세계와 다른 사람들과 하나님에 관한 계시에 눈을 뜨게 해 준다. 이야기를 쓰고 읽는 것이 삶에서 그토록 중요한 이유는 좋은 이야기를 하고 듣는 일을 우리 모두가 좋아하기 때문이다.

시 읽기_
영혼의 노래

—

시를 꾸준히 읽는 사람들에게는 이번 장의 제목이 와닿을 것이다. 소설이나 다른 산문 장르보다 시를 좋아하는 이들은 이 책에서 8장이 최고일 거라고 기대할 것이다. 하지만 대부분의 사람들은 시를 읽지 않는다. 이번 장을 건너뛸 생각을 하는 경우도 있을 수 있다. 그러나 저자인 우리는 이번 장을 지나치지 말고 죽 읽기를 독자에게 권하고 싶다. 시를 읽어 얻는 기쁨을 독자가 발견하고 시가 영혼의 노래임을 알아보는 눈을 갖게 되길 바라기 때문이다.

성경의 시편만큼 정서적 깊이가 있고 인격의 정수를 반영하는 시집은 찾아보기 힘들다. 장 칼뱅은 《시편 주석》 서문에서 시편을 "영혼 전全 부분의 해부도"라고 부르는 것에 익숙해졌다고 설명했다. 이 명칭이 적절하다고 칼뱅이 생각한 이유는 "사람이 의식할 수 있는 감정 중 거울에 비친 듯, 이책에 그려지지 않은 것은 하나도 없"기 때문이다. "모든 고통, 우울함, 두려움, 의심, 소망, 염려, 불안, 혼란, 한마디로 사람의 내면을 이리저리 헤엄치는 모든 감정을 성령께서 생생하게 그려 내셨다."[1] 우리는 시편을 쓴 저자들과 더불어 하나님께 부르짖고 소리쳐 하나님을 찬양한다. 슬픔과 절망의 심연에 빠져들고 기쁨과 아름다움의 봉우리를 오른다. 위대한 시는 우리 영혼 안에서 노래를 부른다. 심지어 듣거나 읽기가 힘겨운 시라도 그렇다.

이번 장은 우리에게 시가 필요한 이유를 제시하는 것으로 시작할 것이다. 그다음에는 시가 친숙한 이유를 설명하고, 이어 시의 구별되는 특성들을 검토함으로써 시를 정의해 볼 것이다. 그리고 시 읽는 법을 제안하면서 마무리하고자 한다.

우리 삶에 시가 필요한 이유

이번 장의 부제는 시가 영혼의 구성 요소임을 암시한다. 우리는 그리스도인들이 시 없이 살 수 없는 네 가지 이유를 대담하게 주장하는 바이다. (1) 하나님은 우리가 시를 이해할 것이라고 기대하신다. (2) 예수님은 시적 장치들을 꾸준히 사용하셨다. (3) 모든 사람은 의식하지 못한 채 시적으로 말한다. (4) 시는 자연스러운 표현 방식이다.

하나님이 우리가 시를 이해할 거라고 기대하신다는 것을 우리가 어떻게 알까? 성경의 대략 3분의 1정도가 시의 형식을 띠고 있기 때문이다. 시편과 아가서 같은 완전한 시집이 첫 번째 증거다. 선지서들의 압도적으로 많은 부분이 평행법(대구법)이라는 성경의 운문 형식으로 표현된다. 요한계시록은 산문을 존중하여 평행법 사용을 피하기는 하지만, 이미지와 상징이라는 시적 수단을 통해 진리를 전달한다. 마지막으로, 서신서에는 이미지와 은유가 가득하다. 하나님이 우리가 시를 이해하고 즐기기를 바라지 않으셨다면, 왜 그토록 다분히 시적인 성경을 주셨겠는가?

더욱이, 예수님은 세상에서 가장 유명한 시인 중 한 분이시다. 이 말을 처음 들으면 논쟁적 주장처럼 느껴지지만 실제로는 그렇지 않다. 물론, 예수님은 종교적 스승이셨고 시인을 자처하시지는 않았다. 그러나 그분의 강론은 시적 언어를 많이 활용한다.

'너희는 세상의 빛이다'(마 5:14) → 은유

'첫째가 꼴찌가 될 것이다'(마 19:30) → 역설

'천국은 겨자씨 한 알 같다'(마 13:31) → 직유

'하나님이 이렇게 들풀도 입히신다'(마 6:30) → 의인화

예수님의 말씀은 시가 지닌 언어적 아름다움과 빛나는 경구를 능수능란하게 보여 준다. 예수님의 설교와 말씀이 세상에

잃어버린 독서의 예술 되찾기

서 가장 유명한 말에 속한다는 분명한 사실과 그분의 발언이 자주 시의 형식을 띤다는 인식을 더하면, 예수님을 유명한 시인으로 생각하는 것은 결코 지나친 일이 아니다.

모든 사람이 평범한 하루를 보내면서 자기도 모르게 시로 이야기한다는 사실을 생각하면, 시의 중요성을 내세울 논거를 더욱 보강할 수 있다. 우리는 해가 문자적으로 떠오르는 것이 아님을 알면서도 "해가 떠오른다"고 은유적으로 말한다. 누군가 유화적 제의를 해 올 때, 우리는 "올리브 가지를 내민다holding out an olive branch"라고 말한다. 상대가 올리브 가지를 쥐고 있지도 않고 대부분의 사람이 올리브 가지를 본 적도 없는데 그렇게 표현한다. 사람들은 왜 고집스럽게 시인처럼 말할까? 시적 언어가 문자적 산문보다 진리를 더 효과적으로 전달한다는 것을 마음 깊은 곳에서 종종 느끼기 때문이다. 위의 사례들에서 우리는 문자적으로 생각을 표현할 수도 **있지만**, 본능적으로 시적 방식을 택한다.

하지만 시가 부자연스러운 형태의 담화는 아닐까? 그렇지 않다. 시는 우리가 통상적으로 말하고 쓰는 방식과 거리가 있지만, **부자연스러운** 표현 형식은 아니다. 이 주제에 관한 한 권위자는 시는 "읽고 쓰는 능력보다 오래되었고 모든 문학적 산문보다 오래되었다"라고 썼다.[2] 사정이 그렇다면, 문학 이론가 노스럽 프라이의 다음 질문은 정당하다고 할 수 있다. "산문이 일상 담화의 언어라면 어떻게 시가 산문보다 앞설 수 있을까?"[3] 오언 바필드Owen Barfield는 단어의 어원을 보면 우리가 쓰는 대부분의 말은 시의 언어인 구체적 이미지

들에서 시작되었음을 알 수 있다고 주장했다.[4]

여기에 어떤 결론이 따라올까? 보통 사람들은 시를 이해하지도 즐기지도 못한다는 통상적인 생각을 철저히 의심해야 한다는 결론이 나올 것이다. 이것은 모든 사람이 시를 자신의 것으로 주장할 수 있다는 분명한 증거이다. 그리스도인들은 시가 지닌 영적 중요성을 받아들일 수 있다. 시가 무엇인지 알고 어떻게 읽는지 이해한다면 시를 더 잘 감상할 수 있을 것이다.

시란 무엇인가?

표면적 특징만 보면 시가 이상해 보일 수 있지만, 실제로 시는 우리에게 친숙한 것이다. 시를 정의하는 일은 바로 여기에서 시작해야 한다. 시를 문학이라는 가족 안에 집어넣으면 이 친숙함이 드러나기 시작한다. 문학이라는 하나의 장르는 이야기와 시 같은, 보다 특수한 장르들이 공유하는 구별된 특징들을 갖고 있다.

문학의 주제는 인간의 경험이다. 시가 동네에서의 삶과 동떨어져 보여도, 그 안에는 인간의 공통 경험과 일상의 감각적 지각이 가득하다. 한 시인은 적절한 제목의 저서《시와 공통의 삶 *Poetry and the Common Life*》의 서두에서 이렇게 썼다. "시는 평범한 인간과 극단적으로 거리가 있는 문학으로 여겨지는 경우가 많다. 모든 사람의 마음은 감각과 기억들이 바글거리는 회랑이다. 주부, 살인자, 배관공, 학생, 이 모든 이의 마음은 파랗거나 회색빛 하늘, 사랑의 접촉 또는 부재로 가득 차 있다. … 우리 모두는 달콤한 맛, 밍밍한 맛, 신 맛을 안다…." 시인은 인간 경험이라는 이 공통의 저수지에 "손을 넣어" 그것을 표현할 말을 찾는다.[5] 모든 문학이 그렇듯, 한 편의 시는 인간 경험의 한 측면을 내놓아 우리가 그것을 보고 대리 경험을 하게 한다.

모든 문학 작품은 하나의 경험을 제시할 뿐 아니라 내장된 해석까지 내놓는다. 독자인 우리는 저자의 관점을 숙고한 뒤 찬성하거나 정정한다. 시가 삶에 관해 말하는 바는 이야기가 삶에 관해 말하는 내용보다 보통은 알아보기가 쉽다. 경험에 해석이 더해진 방식으로 이루어지는 이 형식은 '시적 표현법'으로 알려져 있다.

끝으로, 모든 문학 작품의 내용은 예술적 형식으로 구현된다. 시적 표현법은 의미를 추상적이 아니라 구체적으로 제시하고, 이미지와 비유 언어figurative language를 주로 활용한다. 문학 기법을 구사하는 작가의 기술은 예술적 경험을 만들어 내고 독자는 그 경험을 통해 작가가 말하는 **내용**뿐 아니라 말하는 **방식**도 즐기게 된다. 모든 문학이 그렇듯, 시도 말하기보다는 보여 줌으로써 원하는 효과를 달성한다. 그러나 시인들은 이야기 작가보다 예술적 기교를 더 많이 드러낸다.

시가 다른 문학 장르들과 공유하는 기초적 특성들을 살펴보았으니, 이제는 시에만 해당되는 독특한 점을 생각해 보자. 가장 두드러지는 것은 '시인들이 사용하는 언어'(이것은 이 주제를 다룬 책의 제목이기도 하다)[6]이다. 시적 언어는 구체적이고 또한 비유를 활용한다. 시적 언어는 의미를 간접적으로 전달하고, 의도성과 범위에서 다른 장르를 능가하는 예술적 기교를 보여 준다. 시의 주된 특징은 압축성이다.

시인은 구체적으로 말하고, 이미지를 통해 행위나 사물을 지칭한다. 그들은 독자가 보고 느끼고 듣기를 원한다. C. S. 루이스는 이렇게 썼다. "배는 검은색이었고, 바닷물은 짰고, 심지어 축축했다는 것까지 빠뜨리지 않고 기록한 호메로스 이래로 … 시인들은 언제나 풀은 초록색이고, 천둥소리는 크고, 입술은 붉다고 말해 줍니다."[7]

시인들은 비유적 표현을 써서 사물을 비교한다. 시에 나오는 대부분의 이미지들은 단독적이지 않고 비교나 비유의 대상에 해당한다. 은유나 직유 같은 비유적 표현은 인간 경험의 한 영역으로 다른 영역을 밝힌다. 에밀리 디킨슨은 슬픔을 "납의 시간"이라고 묘사했다. 납이 지니는 문자적 특성을 활용하여 슬픔이 무겁게 느껴지고 잿빛으로 보인다는 것을 전달한 표현이다.[8]

많은 시(특히 자연시)들이 하나의 장면이나 경험을 직접적으로 묘사하기는 하지만, 시는 주로 우회를 통해 작동한다. 로버트 프로스트는 이런 경향을 다음과 같은 말로 표현했다. "시에서는 한 가지를 말하면서 다른 것을 의미하는 방식이 허용된다."[9] 존 키츠는 종종 "황금의 땅들을 여행했다"라고 **말하는데**, 이는 많은 문학을 읽었다는 **의미이다.**[10]

이런 우회를 이해하기 위한 한 가지 유용한 방법은 시를 판타지의 한 영역으로 받아들이는 것이다. 과장법과 의인법 같은 비유적 표현을 사용하는 시인들은 가장假裝의 원리에 의거하여 시를 쓰면서 문자적으로는 참되거나 가능하지 않은 것들을 주장한다. 시가 상상의 산물인 판타지의 영역에 속한다는 사실을 깨달으면 독자는 뭔가 사실적인 내용을 읽고 있다고 잘못 생각하는 일을 피할 수 있다. 셰익스피어는 인생의 덧없음을 사색하면서 인생을 '걸어가는 그림자'에 비교한다. 이런 대목은 판타지의 한 조각임이 분명하다. 그리고 하나님이 문자적 의미의 반석[여호와 외에 누가 하나님이며 우리 하나님 외에 누가 반석이냐(시 18:31), 너희는 여호와를 영원히 신뢰하라 주 여호와는 영원한 반석이심이로다(시 26:4)]이 아님을 생각해 보라. 하지만 이 은유는 유비를 활용해 하나님에 관한 특정한 사실들을 가리킨다. 하나님은 한결같고 강력하며 의지할 수 있고 우리를 보호해 주신다는 사실 말이다.

시의 우회는 즐거운 복잡성을 제공한다. 시는 하나의 값으로 두 개를 주는 데 능숙하다. 시인들은 이미지(A)가 시의 실제 주제(B)에 대한 유비라는 이해 위에서 우리 앞에 구체적 이미지들을 내놓는다. 그러나 그 이미지는 우리가 경험한 'A' 영역과도 접촉하게 해 준다. 가령, 나이 들어 가는 자신을 생각하던 셰익스피어는 독자가 그를 통해 뭔가를 깨달을 수 있다고 말한다. 그것은

늦가을 풍경 …
누런 잎 하나둘 달고
찬바람에 떠는 앙상한 가지들.[11]

이 시는 가을이 아니라 다가오는 죽음을 다룬다. 하지만 우리가 차가운 날씨의 가을 풍경을 볼 때 셰익스피어의 마법 같은 시구들이 마음을 스치게 된다. 시인들은 A를 B에 비유하는 유비와 우회의 언어로 말하기 때문에, 한 편의 시에서 종종 우리는 삶의 다양한 층위를 접하게 된다. 이것은 삶에 내재하는 부요함과 풍성함을 상징하는 시의 보너스로 생각할 수 있다.

시는 다른 문학 유형들과 여러 예술적 특징을 공유하지만, 시의 예술성은 의도성과 범위에서 다른 장르들을 능가한다. 시인들은 시를 쓰는 것을 예술적 아름다움을 창조하는 작업으로 정의한다. 에드거 앨런 포Edgar Allan Poe는 시를 "운율로 아름다움을 창조하는 것"[12]이라고 묘사했다. 그보다 한 세기 전에는 벤 존슨Ben Jonson이 이런 식의 세심한 구성에 찬사를 보내며 시는 시인의 "창작 기술 또는 솜씨"[13]의 산물이라고 말했다.

대부분의 시들은 구성 방식에서 예술적 기교를 보여 주는데, 시의 행에서 가장 두드러지게 나타난다. 한 가지 유명한 사례가 조지 허버트의 시 〈부활절 날개〉이다. 이 시의 양식화된 행들은 천사의 두 날개처럼 생긴 모양을 이룬다.[14] 시의 행들은 흔히 운이 맞는 소리들로 끝나고, 형식을 갖춘 연의 배치는 더욱 심화된 기술 수준을 보여 준다. 어떤 형식의 시들은 세스티나˚나 전원시의 주름 효과와 비슷한 병풍 모양을 만들어 낸다.[15] 다른 예술적인 구조는 그 내용을 좀 더 자세히 들여다볼 필요가 있다. 많은 시에서 하나 또는 그 이상의 주요 대

˚ 6행으로 된 6연과 3행의 결구를 가지는 운문 형식—옮긴이

잃어버린 독서의 예술 되찾기

조가 시 전반에 걸쳐 나타난다. 그리고 시는 보통 신중하게 배열된 생각이나 감정을 순서대로 통과한다. 예를 들면, 시편 1편은 경건한 사람의 복과 악인의 비참함을 대조한다. 경건한 사람에 대한 묘사에서 출발하여(1-2절), 악한 삶의 무가치함 및 그와 반대되는 경건한 삶의 충만한 결실(3-4절)을 다룬다. 그리고 경건한 사람에 대한 최후의 복과 악인의 파멸(5-6절)을 이야기하며 마무리된다.

시인들은 이런 식의 풍부한 조직화와 패턴화에다 비범한 언어 구사력을 더한다. 각 행에 아름다움과 유창함을 채우고 소리와 의미 모두에서 서로를 보완하는 단어들을 선택한다. C. S. 루이스는 시의 이런 특성을 "구구절절 맛남phrase by phrase deliciousness"[16]이라고 표현했다. 영국의 낭만주의 시인 새뮤얼 테일러 콜리지는 시를 "최고의 순서로 배치된 최고의 단어들"[17]이라고 정의했다.

시의 압축성은 시와 산문을 가르는 특징이다. 시는 대체로 짧기 때문에 농축되고, 예리하게 집중되고, 잘 정의되어 있다. 함축된 의미와 힘을 전달하기 위해 단어들을 신중하게 선정한다. 시에는 대개 일시적인 경험, 즉 기도의 순간이나 일출을 지켜보는 장면 등이 종종 등장한다. 그러나 더 긴 사건이 담길 때도, 시인은 생생한 이미지와 강력한 동사를 사용해 사건을 간결하고 아름답게 묘사한다.

이제 시가 무엇인지 요약해 보자. 시는 문학이 지닌 친숙한 특성들을 공유한다. 삶의 한 측면을 예술적 형식으로 제시하고 해석한다. 시는 다른 문학 장르와 달리 이미지와 비교라는 생생한 언어를 사용하여 의미를 주로 우회적으로 전달한다. 예술적 기교와 압축 능력에서는 산문을 능가한다. 산문이 인간 경험의 문으로 걸어가는 것과 같다면, 시는 춤을 추며 그 문을 통과해 독자의 영혼을 향해 나아간다.

시를 어떻게 읽을 것인가?

시가 무엇인지 안다고 해서 한 편의 시를 즐길 수 있게 되지는 않을 것이다. 그러나 시의 특성들을, 시를 읽고 해석하기 위한 조언으로 바꿔 이해하면 읽는 기쁨이 훨씬 커질 수 있다.

시 읽기에 가장 중요한 조언은 시의 기술적 측면이 아닌 읽기 속도와 직결된다. 시는 천천히 읽어야 한다. 시에는 집약되고 압축되고 최대치의 의미와 기법이 가득하기 때문에 숙고하면서 거듭 읽어야 하고 그러기 위해서는 느리게 읽어야 한다. 대부분의 시는 아주 짧아서 세 번을 읽는다고 해도 다른 장르의 작품보다 대부분 시간이 덜 걸린다. 작가는 "응시하기를 부끄러워해서는 안 된다"라는 플래너리 오코너의 조언은 시의 독자에게도 적용된다.[18]

하지만 시를 응시하는 것만으로 시의 영광스러운 모습이 우리 앞에 펼쳐지지는 않을 것이다. 우리는 무엇을 찾아야 할지 알아야 한다. 이제 우리가 관심을 가져야 할 것들을 나열할 텐데, 그 모두를 완전히 파악해야만 올바른 길에 들어설 수 있는 것은 아님을 꼭 기억해야 한다. 한 편의 시와 오래 함께할수록 초점은 더 또렷해진다. 출판된 시 해설서(쉽게 구할 수 있는 온라인 주석도 있다)를 찾아내면 이런 명료화 과정에서 큰 도움을 받을 수 있다.

우리의 타당한 출발점은 시가 다루는 바(소재)를 일반적 용어로 파악하는 것이다. 이것은 흔히 우리가 숙고해야 하는 인간 경험일 것이다. 자연, 낭만적 사랑, 영적 헌신, 또는 숙고된 관념이 사례가 될 수 있다. 이 보편적인 경험들은 숲속 산책, 연인에게 말하는 화자, 하나님께 기도하는 사람 같은 특정한 사건들로 제시될 수 있다. 한 편의 시는 우리에게 무엇보다도 하나의 경험을 공유하기를 청한다. 시는 다루는 내용을 미리 광고하지 않기에 독자가 시간을 들여서 어떤 상황인지 곰곰이 생각해야 한다. 시의 내용을 계속 응시하다 보면 시인의 시각이나 해석(시의 **주제**)을 서서히 인식하게 된다. 이것은 대개 그 경험에 찬사를 보내거나 부정적 감정을 드러내는 식으로 나타난다.

최대한 빨리 알아내야 할 또 한 가지는 시의 유형 또는 **장르**(시라는 일반 장르 아래서)다. 자연시인가, 명상적 풍경시인가, 찬양시인가? 다른 장르에서도 그렇지만, 시를 접한 경험(어쩌면 가이드 역할을 하는 주석서들의 도움을 받아서)이 많을수록 더 능숙하게 시를 이해하게 된다.

이에 더해, 시의 **상황**을 아는 것이 유용하다. 많은 시들이 시인의 생애나 시대에서 일어난 외적 사건의 영향을 암시한다. 밀턴은 마흔네 살에 완전히 실명한 후 유명한 소네트 한 편°을 썼다. 보통 한 편의 시 **안에는** 화자가 연인에게 말하거나, 해변을 거닐거나, 시편 23편처럼 목자가 자기 양 떼를 돌보는 일상 등의 상황이 암시되어 있다.

위의 네 가지(소재, 주제, 장르, 상황)는 시의 핵심 내용을 이루는 일반적 요소다. 이처럼 시의 큰 그림을 파악하는 일은 시의 기술과 아름다움을 인식하는 데 도움이 된다.

시의 구조나 구성을 살필 때는 큰 효과들에서 시의 좀 더 구체적인 요소들로 넘어간다. 시의 구조는 무엇보다 순차적인 흐름을 보인다. 시의 한 단위에서 다음 단위로 넘어가는 과정이 신중하게 이루어진다. 한 편의 시를 완전히 이해하려면 이어지는 단위들을 파악해야 하고 각 단위의 역할을 정확하게 인지해야 한다. 개별 단위들은 시의 통합적인 주제의 변주임을 인식하고 이 작업을 진행해야 한다. 대부분의 시는 두 가지 스타일 중 하나에 속한다. 사색적/명상적이거나 정감적/정서적이다. 사색적 시에서 우리는 화자의 생각을 점진적으로 배워 간다. 정감적 시에서는 화자와 점점 더 많은 감정을 나누게 된다.

분석의 마지막 단계에는 개별 이미지와 비유적 표현으로 이루어지는 '세부 항목'이 있다. 이것을 **시적 질감**poetic texture (구조와 구별해서)이라고 한다. 시는 가장 집약된 형식의 글쓰기이고, 시적 표현의 세부 내용을 통해 그 지위를 달성한다. 비유적 표현은 다중적 의미를 곰곰이 생각하고 풀어내도록 독자를 초대한다. 시인이 배신자의 '말은 버터처럼 매끄'

○ <실명의 노래>—옮긴이

잃어버린 독서의 예술 되찾기

럽고 '그의 말은 기름보다 더 부드럽'(시 55:21, 쉬운성경)다라고 말하면, 독자는 버터와 기름의 문자적 특성이 시가 다루는 대상을 어떤 식으로 정확히 묘사하는지 숙고해 볼 수 있다. 친구에게 배신을 당해 본 사람이라면 파괴적 의도에서 나온 기만적 말에 대한 이 묘사에 누구나 공감할 수 있을 것이다.

시를 숙독하는 일에 조바심이 나는 사람들은 성경의 3분의 1이 시로 구현되어 있고, 또한 예수님이 시적 형식을 자주 사용하여 말씀하셨음을 기억해야 한다. 이스라엘이 홍해를 건너는 장면을 다룬 출애굽기 14장의 서사적 기록과 출애굽기 15장 1-21절에 기록된 승리의 노래를 비교해 보라. 둘 다 동일한 놀라운 사건을 묘사하여 경이감을 불러일으키지만, 노래에는 영혼을 감동시키는 시적 아름다움이 약동한다.

삶의 속도가 점점 더 미친 듯이 빨라지는 문화 속에서, 시 읽기는 반가운 휴식을 제공한다. 시는 좋은 것들을 작은 꾸러미에 담아낼 수 있다는 증거다. 그래서 바쁜 일정 속에서도 시는 읽을 수 있다. 시는 따분하거나 지루하지 않다. 시는 독자의 본질에 호소하는 정서적 언어와 생생한 이미지를 통해 힘을 발휘한다. 생각하며 느리게 읽는 독자는 영혼의 노래를 듣는다.

소설 읽기_
나와 함께 떠나요

—

소설novel° 읽는 법에 관해 굳이 말하는 이유는 무엇일까? 그냥 한 권을 골라 안락의자에 몸을 파묻고 이야기에 빠져들 수는 없는가?

순전히 즐기기 위해서 소설을 읽는 일은 아무런 문제가 없다. 좋은 이야기는 즐거움을 준다. 누구나 가끔 생활의 걱정과 염려에서 벗어나 상상의 영역에 들어가는 경험이 필요하다. **도피**escaping는 의무에서 일시적으로 벗어나는 것을 뜻하는 반면, **도피주의**escapism는 책임을 회피하려는 시도를 반

○ novel, 영어권에서 novel은 '장편 소설'을 의미하는 별도의 호칭이다. 이 책에서 소설은 '장편 소설'을 말하며, short story의 경우 따로 '단편 소설'이라고 밝힌다.—옮긴이

영한다. 동기를 점검해 보면, 둘의 차이를 구분하는 데 도움이 된다. 우리는 나태를 즐기려 하는가 아니면 안식을 도모하는가? 성경은 고된 일상에서 벗어나는 문학적 기분 전환을 허락한다. 그리스도인들은 하나님의 모든 선물을 대할 때처럼 문학을 책임 있게 누릴 수 있다. 그 앞에서 주저할 필요가 없다. 우리는 먹든지 마시든지 무엇을 하든지 모두 하나님의 영광을 위해서 해야 한다는 것을 안다(고전 10:31 참조). C. S. 루이스는 다음의 글에서 같은 생각을 드러냈다. "그리스도인은 … 즐거움만 주는 희극과 기분 전환용 소설에 이의가 없습니다. … 우리는 하나님의 영광을 위해 먹듯, 하나님의 영광을 위해 놀 수 있습니다."[1]

'하나님의 영광을 위하여'라는 문구는 우리가 하는 모든 일에 대한 지침이 되어야 마땅하다. 소설 읽기는 사소한 주제나 개인의 취향 정도로 보일 수 있다. 그러나 다른 모든 일이 그렇듯, 우리는 하나님을 공경하는 방식으로 소설을 읽을 수도 있고 욕되게 하는 방식으로 읽을 수도 있다. 그리고 소설을 숙고하며 읽으면 우리가 생각하는 것보다 더 많은 방식으로 삶이 풍성해질 수 있다.

소설 읽기에 관해 말해야 하는 이유

상상력의 산물인 소설 읽기에 관한 논의가 필요한 이유는 우리의 시각이 현대 이론들과 대중문화의 경향, 성경적 미학의 결핍으로 인해 왜곡될 수 있기 때문이다.

현대 문학 비평은 문학의 중요성을 자주 축소한다. 해체주의적 또는 포스트모던적 문학 비평은 의미를 종종 독자의 반응 정도로 제한한다. 그리고 상대주의는 자신의 진리를 개인이 결정하도록 부추긴다. 성경에 근거한 기준이 없다면, 소설은 독자가 원하는 그 무엇이 되어 버린다. 저자와 독자가 객관적 진리를 믿지 않을 때, 문학은 초월적 의미를 잃게 된다.

모든 독자가 현대 문학 이론에 친숙하지는 않지만, 대부분은 당대 문화의 관점과 그 문화가 추구하는 바에 큰 영향을 받는다. 그들은 사회 구조의 일부가 되어 버린 비성경적 시각들을 자신도 모르게 흡수한다. 일신의 출세와 머리를 쓸 필요가 없는 오락에 초점을 맞춘다. 그들은 TV를 시청하듯 소설을 읽는데, 내용의 질이나 소설이 내세우는 가치들은 거의 생각하지 않고 이미지와 액션에 수동적으로 몰두한다.

문학 및 기타 순수 예술을 대하는 방법에 관해서는 그리스도인들조차도 의견이 나뉜다. 오스 기니스Os Guinness는 이렇게 썼다. "대부분의 그리스도인들에게는 기독교 미학, 즉 그리스도를 중심으로 합의된 예술 철학이 없다. 그래서 그들은 두 극단 사이를 오가는 경향이 있다. 신앙에 해롭다고 청교도적으로 예술을 무시하거나 그렇지 않으면 신앙과 도덕을 증진하는 수단으로 예술을 이용한다."[2]

소설의 경우 이런 상황이 너무나 빈번하다. 일부 그리스도인 독자들은 픽션을, 피해야 할 세속적 발명품으로 여긴다. 그리스도인 소설가들은 복음 전도의 열정이나 도덕적 열정으로 펜을 휘두르는 경우가 많다. 양극단 모두 문학의 특성을 이해하지 못한 데 따른 결과이다.

미학적 결핍은 오늘날 기독교 소설 시장에서 특히 두드러진다. 이 소설들은 대부분 평면적인 인물들과 뻔한 결말로 이어지는 특색 없는 로맨스다. 예외가 있기는 하지만, 현대의 공식에 따라 집필된 기독교 소설에서는 등장인물의 복잡성, 상상력 넘치는 언어, 창조적 솜씨를 찾아보기 힘들다.

소설 읽기를 시간 낭비라고 여기는 신자들이 있는 것도 이상하지 않다! 그러나 모든 소설을 단칼에 퇴짜 놓는 이들은 놀랍도록 많은 혜택을 경험할 기회를 놓치게 된다. 현실에서는 절대 방문할 수 없는 시간과 공간으로 여행할 기회, 우리와 많은 면에서 다른 사람들의 감정과 상황을 더 잘 알게 될 기회 등을 말이다. 문학 소설을 읽으면 우리의 지평이 넓어지고 삶이 풍성해진다. 그들을 통해 공유되는 감정은 우리의 심금을 울리고, 우리가 온갖 연령대에 속한 사람들, 그리고 각종 지위에 있는 사람들과 참으로 많은 것을 공유하고 있음을 이해하도록 돕는다.

소설이란 무엇인가?

소설의 기원에 관해 어느 정도 의견 차이가 있기는 하지만, 픽션이라는 장르에 속하는 소설의 역사가 그리 길지 않다는 견해가 대세다. 어떤 사람들은 소설이 1-2세기에 쓰인 로마의 비영웅적 산문에 근거한다고 본다. 몇몇은 동양으로 방향을 돌려 11세기 일본의 이야기가 세계 최초의 소설이라고 생각한다. 그런가 하면 중세 기사도 로맨스의 산문 버전들, 특히 1485년에 출판된 아서왕과 원탁의 기사들에 관한 토머스 맬러리Thomas Malory의 이야기를 초기 소설로 보는 사람들도 있다. 그러나 《돈키호테Don Quixote》(1605)의 출간과 함께 17세기 서양 문학에서 소설이 등장했다고 보는 것이 가장 일반적으로 합의된 내용인 것 같다. 세계 역사의 큰 시간표에서 볼 때 소설은 다소—어느 정도—새로운 발명품이다.

가장 단순화하여 정의해 보면, 소설은 허구적 산문으로 이루어진 책 한 권 분량의 이야기다. 소설은 알아볼 수 있는 플롯으로 구성되고, 머릿속에 쉽게 그려지는 배경 안에서 신빙성 있게 말하고 행동하는 진짜 같은 인물들을 표현한다. 이런 요소들은 흔히 가상의 것이지만, 때로는 소설에 실존 인물과 실제 장소가 등장하기도 한다.

역사 소설 또는 성경 소설은 흔히 실존 인물과 실제 사건에 토대를 둔다. 현대 기독교 소설에도 미스터리, 스릴러, 현대 소설 같은 부분집합들이 있고, 그중 일부는 여성들을 주요 독자층으로 삼는다. 로맨스는 별도의 범주이지만 다른 범주들에서 이야기가 가진 주요한 특징으로 자주 등장하기도 한다.

주류 소설에서도 이와 유사하게 점점 많은 범주들이 더해진 작품들이 출간된다. 고전으로 분류되는 소설이라 하면 불후의 가치를 보편적으로 인정받은 유명한 문학 작품들을 말한다. 고전의 목록은 개인의 취향에 따라 달라지지만, 그 목록에는 흔히 빅토리아 시대의 많은 영국 소설과 현대에 좀 더 가까운 미국 소설들이 포함된다.

문학 소설literary fiction에 대해서는 다양하게 정의해 볼 수 있는데, 이 책에서는 대중적 흐름을 초월하는 항구적 특성을 지닌 명작 소설들을 가리킨다. 대중 소설과 문학 소설은 어떻게 구분할까?

작가 브렛 롯Bret Lott은 이 차이를 학생들에게 다음과 같이 설명한다.

> 나는 학생들에게 문학 소설은 이야기와 관련된 사람들의 성격을 검토하고, 대중 소설은 플롯에 끌려간다고 말한다. 대중 소설의 주목적이 현재의 삶에서 이런저런 식으로 도피하게 해 주는 것이고 위안을 주는 음식과 같다고 한다면, 문학 소설은 우리가 누구인지 직면하게 하고 인간이 처한 조건을 깊이 들여다보게 만드는 책이다.[3]

롯은 소설을 쓰고 글쓰기를 가르치는 일에 더해, 여러 편의 단편 소설을 썼고 단편 소설 모음집들을 편집했다. 단편 소설short story은 소설novel과 많은 요소를 공유하지만, 훨씬 압축되어 있다. 롯의 단편 소설 모음집 두 권의 제목은 《나니아 연대기》의 아슬란에 대한 묘사를 반영한다. 《안전하지 않지만, 선한Not Safe, But Good》. 이 제목은 픽션을 쓰는 그리스도인들이 삶의 혹독한 측면들을 피할 필요가 없다는 생각을 전달한다. 작품 안에서 그런 삶의 측면들이 성경이 제시하는 은혜의 진리와 균형을 이루기만 하면 되는 것이다. 롯은 이런 단편 소설들이 기독교 대중 소설과 문학 예술 사이의 빈자리를 메우기를 바란다. 그는 "'기독교 문학 예술'이라는 표현이 모순어법이 아니라는 결정적 증거"[4]가 바로 이 작품들이라고 썼다.

문학 소설은 흥미진진한 액션과 예측 가능한 플롯을 넘어 복잡한 인물들에 관해 절묘하게 구성된 서사에 도달한다. 그것은 탁월한 장인의 솜씨로 독자의 지성과 감성을 사로잡는다. 최고의 문학 소설은 창의적이고 성경적 현실주의에 충실한 방식으로 하나님의 아름다움과 창조성을 드러낸다.

소설은 무엇이 새로운가?

문학 소설은 아주 다양하지만 몇 가지 명확한 특성을 갖고 있다. 가장 분명한 특성은 분량이다. 단편 소설과 달리, 소설은 책이 될 정도의 분량이다. 보통 8만 단어에서 12만 단어에 이르는데, 더 긴 소설도 많다.

쉽게 알아볼 수 있는 또 다른 특징은 소설의 관점이다. 저자는 가상 화자의 관점에서 이야기를 쓴다. 그것은 일인칭(나)일 수도 있고, 드물지만 이인칭(너)일 수도 있으며, 삼인칭(그, 그녀, 그들)일 수도 있다. 일반적으로는 일인칭이 독자를 화자의 삶에 더 빠르고 깊이 끌어들이지만, 삼인칭도 그 일을 효과적으로 해낼 수 있다. 현대 소설은 고전 문학의 경우보다 일인칭이 더 흔하다. 이전 세기의 저자들은 종종 독자에게 직접 언질을 주는 방식으로 이야기에 개입했지만, 오늘날의 편집자들은 그런 행위를 용납하지 않을 것이다.

모든 소설은 이야기를 들려주기 때문에 앞서 논의했던 이야기의 기본 요소들을 담고 있다. 플롯은 서사가 구축되는 방식이다. 플롯에는 대부분 시작이 있다. 시작 부분에서 독자는 주요 인물(들)을 만나고, 갈등이 도입된다. 중간 부분에서는 갈등이 심화되고 인물들의 성장이 이루어질 수 있다. 결말에서는 갈등이 해소되고 인물들이 어떻게 변했는지 보여준다. 대부분의 플롯은 시간 순으로 구성되고 발생하는 사건들을 전부는 아니라도 어느 정도 연결한다.

이를테면 작가 찰스 마틴Charles Martin은 현재 사건들과 회상 또는 숙고를 자주 병치하여 배경이 되는 이야기를 서서히 드러내는 흥미진진한 플롯을 만들어 낸다. 독자는 무슨 일이 벌어지는지 알고 싶은 욕구에 사로잡히고 조금씩 밝혀지는 내용들을 즐긴다.

독자의 흥미를 유지하고 만족스러운 결론을 제공하려면 플롯에 모종의 갈등이 들어 있어야 하고 결국에는 해소되어야 한다. 진 에드워드 비스 2세는 플롯을 다음과 같이 유쾌하게 설명한다.

이야기에는 플롯이 꼭 있어야 한다. 뭔가 일이 벌어져야 한다. 플롯은 그냥 임의의 행위가 아니다. 무엇보다 플롯은 언제나 모종의 갈등을 포함해야 한다. 모든 이야기는 하나의 투쟁이나 문제, 또는 다투는 세력이나 사상들 간의 전투에 전적으로 달려 있다. 나는 잠들기 전에 이야기를 해 달라는 우리 아이들의 요구를 이런 말로 퇴짜 놓곤 했다. "옛날 옛적에 어린 소년과 소녀가 살았어요. 두 사람은 깊은 숲속의 성에서 살았는데요. 오래오래 행복하게 살았대요." 어린 나이에 이미 예리한 문학평론가들이었던 아이들은 이런 똑 부러진 불평을 늘어놓았다. "그건 이야기가 아니에요. 이야기를 들려주세요." 내가 괴물이나 사악한 계모, 형제간의 경쟁, 인물들이 극복해야 할 모종의 어려움을 성 안에 끌어들이면, 그때 비로소 이야기가 시작되는 것이었다."[5]

갈등이 명쾌하게 해소되면 독자에게 만족감을 안겨 주지만, 우리는 열린 결말을 접하고 나름의 결론을 내리는 것을 즐기기도 한다. 예술적으로 구축된 플롯에서는 결말과 도입이 다시 이어진다. 저자가 최종적 갈등 해소를 어떻게 묘사하든, 중요한 부분들이 잘 마무리되지 않으면 독자는 속았다는 느낌을 받을 수 있다.

플롯이 벌어지는 **일**에 해당한다면, 배경은 그 일이 벌어지는 **장소**다. 배경은 거의 눈에 띄지 않을 수도 있고 반대로 큰 역할을 할 수도 있다. 어떤 소설에서는 배경이 별도의 등장인물이 되기도 한다. 진짜 같은 배경은 단순히 물리적인 장소를 넘어서서 그곳의 분위기와 구어적 표현까지 아우른

잃어버린 독서의 예술 되찾기

다. 작가 웬델 베리는 포트 윌리엄Port William이라는 가상의 마을을 진짜처럼 묘사하여 배경 창조의 달인으로 여겨진다.

베리의 독자들은 포트 윌리엄 자체가 아니라 그 마을 사람들에게 주로 관심을 갖는다. 진짜 같은 인물들은 독자를 소설 속으로 끌어들인다. 그들은 종이 인형처럼 평면적이고 예측 가능한 틀에 박힌 존재가 아니라 실제 사람들이 갖고 있는 깊이와 복잡성을 반영하는 존재여야 한다. 독자가 인물들에게 벌어지는 일을 알아내고 싶은 마음이 들어야 한다. 좋아하는 인물이든 싫어하는 인물이든 말이다.

인물들은 대화를 주고받는다. 효과적인 대화는 정보를 전달하고 플롯을 진행한다. 제인 오스틴Jane Austen은 대화를 통해 인물들의 성격과 역학 관계를 능숙하게 보여 주었다.《오만과 편견Pride and Prejudice》의 앞부분에 등장하는 베넷 부부의 대화가 끝날 무렵, 독자가 그들에 관해 얼마나 많은 것을 알게 되는지 생각해 보라.

> "여보, 어쩜 우리 아이들을 두고 그렇게 함부로 말하세요? 날 화나게 하는 게 재미있나 보죠? 내 예민한 신경이 불쌍하지도 않나 봐요."
> "아니, 무슨 말을 그렇게 하오, 부인. 내가 당신 신경을 얼마나 존중하는데. 신경증이 도진다는 소리에 측은해한 지가 적어도 20년은 되었잖소."[6]

대화는 소설이 생생하게 살아나게 하는 중요한 요소이다. 대화는 무슨 일이 벌어지는지 독자에게 직접 말해 주기보다는 독자가 상황을 그려 보도록 돕는다. 사실적 대화는 특정한 방언이나 표현을 담아내는 것 이상의 일을 한다. 개인의 성격을 드러내고 갈등이나 진행 상황을 효과적으로 보여 준다.

플롯의 갈등 곡선과 배경의 세부 내용은 소설의 분량이나 인칭과 상관없이 독자의 즐거움과 만족에 기여한다. 그런 요소들을 알게 되면 독자는 서사의 핵심인 인물들의 상호 작용과 진전을 더 잘 즐길 수 있다.

소설 읽기를 위한 제안

몇 가지 기본적인 독서 전략의 실행은 소설 속 문학적 특성을 인식하고 소설을 더욱 즐기는 데 도움이 된다. 다음의 제안은 '4R'로 쉽게 기억할 수 있다.

* 생각하며 읽기 Read thoughtfully
* 질문하기 Raise questions
* 고전 재발견하기 Rediscover classics
* 기법 인식하기 Recognize skills

우리는 소설에서 사례를 가져와 이 제안 하나하나를 살펴보고자 한다. 청교도 목사인 토머스 브룩스Thomas Brooks는 이렇게 썼다. "많은 사람이 낚시를 하지만 아무것도 낚지 못한다.

… 많은 사람들이 좋은 책을 읽지만 아무것도 얻지 못한다. 대충, 가볍게, 피상적으로 읽기 때문이다."[7]

'생각하며 읽기'로 무엇을 얻을 수 있는지 독자가 알면 깜짝 놀랄 것이다. 메릴린 로빈슨Marilynne Robinson의 《길리아드 Gilead》를 펼쳐서 첫 두 문장을 읽는다고 해 보자.

어젯밤에 내가 조만간 떠날지 모르겠다고 말하니, 넌 어디로요?라고 물었고, 선하신 주님과 함께 있으러 간다고 내가 대답하자 넌 왜냐고 물었으며, 내가 늙었으니까,라고 말하니 넌 아버지가 늙은 것 같지 않다고 했지. 그러더니 내 손을 잡고 아버지는 아주 많이 늙은 건 아니에요,라고 말하더구나, 그렇게 말하면 문제가 다 해결된다는 듯이 말이지.[8]

처음 눈에 들어오는 것은 대화에 인용 부호가 없고 단락 구분도 없다는 것이다. 통상적 대화라기보다는 의식의 흐름을 기록한 것에 가깝다. 무명작가의 글이라면 이런 상태 그대로 출간될 수 없었겠지만, 메릴린 로빈슨은 《길리아드》를 쓸 무렵 이미 작가로서 대단히 성공적인 평판을 확고히 다진 상태였다.

'나'라는 대명사는 이 이야기가 일인칭 시점에서 쓰였음을 알려 준다. 그런데 '너'라는 대명사도 보인다. '내'가 '너'에게 말하고 있으니까, 이것은 편지와 같다. 편지 형식으로 쓴 소설은 **서간체 소설**이라고 부른다.

이 문장들은 '나'에 관해 무엇을 말해 주는가? '나'는 늙었고(적어도 본인은 그렇게 생각한다), 사실은 죽어 간다. 그러나 '나'는 '선하신 주님'과 사후의 삶을 믿는 그리스도인이다. '너'는 아이, 어쩌면 화자의 아이인 것처럼 보인다. 두 사람 사이에는 어린 쪽이 작은 손으로 화자의 큰 손을 잡게 만드는 유대감이 있다. '너'는 앙증맞고 진지해 보인다. 어린아이가 저런 식으로 말하는 것은 쉽게 상상할 수 있다.

이 첫 두 문장만 살펴보아도 이 소설에 관해 상당히 많은 정보를 얻을 수 있다. 물론, 두 문장마다 한 번씩 멈춰서 소설을 분석하고 싶어 할 사람은 없겠지만, 좀 더 깊이 생각하며 읽으면 대부분의 독자가 유익을 얻을 수 있을 것이다.

'생각하며 읽기'는 여러 질문을 제기하는데, 단순한 '예'와 '아니요' 이상을 요구하는 열린 질문이 특히 도움이 된다. 몇 가지 사례를 들어 보자면, 다음과 같다.

  * 이 소설에서 사실인 것은 무엇인가?
  * 등장인물들은 진짜 같은가?
  * 그들은 어떤 식으로 변화하는가?
  * 중심 갈등이 어떻게 해소되는가?
  * 이 소설은 타인을 더 잘 이해하는 데 도움이 되는가?

이런 질문들은 독자의 즐거움을 배가하고 우리의 경험과 인식을 벗어나는 초월적인 의미와 이어지도록 돕는다. 고전 문학으로 널리 인정받아 온 소설들을 읽을 때는 더욱 그렇다.

고등학교 또는 대학교 수업 시간에 《모비 딕Moby Dick》 속에 나오는 고래의 지방을 처리하는 과정을 묘사하는 장황한 대목을 공부하며 눈이 게슴츠레해지던 경험이 있을 것이다. 그러나 R. C. 스프롤R. C. Sproul은 멜빌Herman Melville의 이 고전을 '단연코 위대한 미국 소설'로 평가했고 모든 그리스도인에게 권했다.[9] 스프롤은 이 책의 주제를 "하나님을 모비 딕에게서 찾는 불경건한 추구"라고 설명했다.[10] 미국에서 가장 사랑받는 신학자 중 한 사람이 이 책에서 그렇게 높은 가치를 발견했다면, 열린 마음으로 생각하며 읽어 볼 만한 가치가 있을 것이다. 읽다 보면 어느새 독자는 수많은 성경 암시allusion가 의미에 어떻게 기여하는지 숙고하게 될 것이다. 그리고 소설에 등장하는 자세한 묘사들이 멜빌의 방대한 자료 조사와 지식의 결과물임을 인정하게 될 것이다.

고전들은 때로 고어나 낯선 문체를 구사하지만, 그런 문학을 읽으면 문명이 나누는 지속적인 대화에 참여할 수 있게 된다. 고전은 인간의 조건과 우리 자신을 이해하도록 돕고, 많은 현대 작품들을 더 잘 파악하게 이끌어 준다. 고전의 재발견은 문학 기법을 알아보는 데도 도움이 된다.

소설이 보여 주는 두 가지 중요한 문학 기법은 묘사와 문체다. 묘사는 독자가 장면을 상상하고 배경에 몰입하게 함으로써 소설에 생동감을 부여한다. 좋은 묘사는 예술의 산물이 될 수 있지만, 그렇다고 문장력을 뽐내기 위한 도구가 되어서는 안 된다. 묘사는 정보 전달이나 분위기를 만들어 내기 위한 목적에 쓰여야 한다.

메릴린 로빈슨의 《길리아드》에는 몇몇 아름다운 묘사가 등장한다. 그중 한 장면에서 화자인 목사는 아들이 비눗방울로 거품을 만드는 모습을 그린다. "내 방 창에 비눗방울이 스치는 걸 보았다. 팽팽해지며 흔들리다 푸른색으로 변하는가 싶더니 결국 터져 버렸다."[11] 이 단락 전체가 비눗방울이 떠다니는 장면을 생생하게 그리는 동시에 아내와 아들에 관한 화자의 감정을 효과적으로 전달한다.

문체는 작가가 작품을 쓰는 방식이다. 일부 작가들은 서정적으로, 거의 시적인 방식으로 글을 쓴다. 마이클 오브라이언Michael D. O'Brien의 《세상의 섬Island of the World》이 그런 작품이다. 그런 문체가 아니었다면, 이 소설이 다루는 가슴 아픈 내용을 수용하기가 어려웠을 것이다. 화자는 책의 상당 부분에 걸쳐 삼인칭으로 자신을 지칭하면서 일정한 거리를 확보하고, 그렇게 확보된 거리는 가혹한 현실의 충격을 완화하는 데 도움을 준다. 예외가 있다면 결정적인 프롤로그인데, 거기서 화자는 인생을 돌아보는 노인이 되어 일인칭 시점으로 말한다.

우리는 태어나고 먹고 배우고 죽는다. 우리는 다른 이들의 삶에 무늬 같은 메시지를 남기고, 약간의 흙을 옮기고, 돌멩이 하나를 이리저리 이동시키고, 한 마디의 말을 하고, 노래와 시를 남긴다. 이것들 하나하나가 선포한다. 내가 여기 있었다고. 내가 여기 있었다고.[12]

문체의 스펙트럼 반대쪽 끝에는 어니스트 헤밍웨이가 있다. 그는 짧고 단순한 미니멀리즘 문체로 유명하다. 그는 단 여섯 단어로 한 편의 이야기를 써 보라는 도전을 받고 이렇게 대답했다. "파는 물건 내놓습니다. 아기 신발. 미사용For Sale: baby shoes, never worn."[13]

생생한 묘사와 다양한 문체를 인식하고 그 가치를 알아보는 법을 배우면 소설을 즐겁게 읽는 데 보탬이 된다. 우리는 잘 쓴 소설의 아름다운 언어와 복잡한 등장인물을 한껏 즐길 수 있다. 하나님의 형상을 지닌 자인 그리스도인들은 상상 속 이야기들이 다양한 방식으로 지친 마음과 영혼에 활력을 주는 것을 즐거워할 수 있다.

판타지 읽기_
머나먼 여행

가상 세계에 관한 환상적인 이야기를 읽는 것에 무슨 유익이 있을까? 이 질문을 사이에 두고 인류는 거의 반반으로 갈라진 것 같다. 문학 전체는 사실주의realism와 판타지의 양극 사이에서 연속체를 이루며 존재한다. 사실주의는 우리가 사는 세상의 복제물을 만들어 낸다. 판타지는 우리로 다른 세계를 향해 떠나는 머나먼 여행을 하게 한다. 이 두 양극단 사이에는 다양한 정도의 사실주의와 판타지가 존재한다.

예로부터 많은 독자들이 정도의 차이는 있지만 둘 중 어느 한쪽으로 쏠렸다. 그렇다고 둘 사이에 필연적 다툼이 있는 것은 아니어서 우리로서는 둘 다 귀하게 여기는 것이 이상적일 것이다. 이번 장에서는 판타지에 있는 구별된 특징을 알아보면서 특별히 탁월한 부분들을 기술하고, 흔한 오해에 맞서 판타지를 옹호하려 한다.

판타지의 정수

판타지의 핵심적인 특징은 현실 세계에 존재하지 않고 상상의 세계에만 속한 배경, 인물, 행위를 제시한다는 것이다. 물론, 비현실적 요소들만으로 이루어져 있는 문학 작품은 없지만, 판타지는 유독 비현실적 요소들을 강조한다. 나무와 돌로 된 집들을 삼키는 날아가는 두루마리(슥 5:1-4)와 하늘의 별 3분의 1을 휩쓸어 땅으로 내던지는 크고 붉은 용(계 12:4) 같은 세부 내용은 판타지의 비현실적 측면을 보여 주는 고전적 사례들이다.

판타지는 역사적으로나 경험적으로 사실인 상태와 반대되는, 그저 허구적이거나 지어낸 것만을 말하는 것이 아니다. 우리 세계와 경험에 판타지의 세부 내용들은 말 그대로 존재하지 않는다. 이것이 판타지에 대한 핵심 정의다. 이제 판타지의 즐거움과 쓰임에 대한 논의로 넘어가 보자.

판타지의 즐거움

판타지가 주는 가장 두드러지는 즐거움은 소위 타자성otherness

의 감각 또는 먼 곳의 매력이다. 판타지의 목표는 맨정신의 현실 세계에서 가능한 한 완전히 벗어나는 것이다. 판타지 애호가들은 '사실주의 소설'이라는 허구 세계에 들어갈 때, 이 여정이 그들의 상상력이 갈망하는 온전한 여행이 아니라 어중간한 여행에 그치는 것을 발견한다.

먼 곳이 주는 즐거움은 기행문과 휴가의 기쁨이다. 그래서 판타지 작가들은 고유한 지리, 인물, 관습을 만들어 내는 수고를 한다. 그들이 구축하는 플롯은 가상의 영역에 갔다가 돌아오는 먼 여행에 나서게 한다. 이것은 이국적 특성이 주는 즐거움, 즉 다른 나라를 방문할 때 얻게 되는 기쁨이다. C. S. 루이스는 사실주의자들은 가상 지리의 매력을 이해하지 못하지만, "가상 지도를 한 번이라도 만들어 본 사람은 그 매력에 즉시 공감한다"라고 말했다.[1] 판타지는 일상적 사실주의의 대안이 될 수 있는 순수한 상상의 산물에 대한 인간의 애정을 활용한다.

픽션 작품의 잠재적 캐릭터로 점원보다 녹색 기사나 외눈박이 거인이 더 나은 것은 왜일까? 녹색 기사와 외눈박이 거인을 선호하는 이들에게 답은 간단하다. 그들이 점원보다 더 흥미롭고 재미있기 때문이다. J. R. R. 톨킨은 판타지의 이런 특성을 지칭하기 위해 "눈길을 끄는 생소함arresting strangeness"이라는 문구를 만들어 냈다.[2]

타자성의 즐거움, 눈길을 끄는 생소함과 함께 판타지는 매혹의 즐거움을 선사한다. 이것은 판타지의 전매특허 같은 특성으로 미스터리, 마법, 초자연적 현상이 자아내는 분위기이다. 많은 판타지 애호가들(C. S. 루이스도 그중 한 사람이다)은 이것이 갈망과 욕망의 불쏘시개와 긴밀하게 이어져 있다고 본다. 좋은 판타지 작품을 읽는 것은 '경탄의 부흥'을 경험하는 일이고, 그렇게 해서 종종 사람 안의 아이가 깨어난다. J. R. R. 톨킨은 유년기에 "나는 깊은 갈망으로 용을 원했다"라고 회고한 것으로 유명하다.[3] 톨킨의 이 표현은 판타지가 특정 유형의 이야기를 기뻐하게 하는 것 이상의 역할을 하는 것을 보여 준다. 판타지는 욕망이나 갈망도 일깨운다.

판타지의 쓰임새

판타지의 첫 번째 쓰임새인 즐거움은 이미 다루었다. 우리는 문학의 즐거움과 쓰임새를 말할 때, 이 둘이 다른 범주에 속한다고 여기고 즐거움 자체가 문학의 '쓰임새'라는 사실을 간과하는 경향이 있다. 문학이 '계몽된 여가'라는 재료와 기회를 제공한다면, 이것으로 우리 삶에서 중요한 기능을 수행하고 있다고 볼 수 있다. 우리 모두에게는 부담스럽고 단조로운 현실에서 빠져나오는 이로운 도피가 필요하다. 환상의 나라로 떠나는 여행이 그런 도피의 기회가 될 수 있다.

판타지의 두 번째 쓰임새는 명료화다. 판에 박힌 일상을 구성하는 사실적인 세부 내용이 없는 판타지 세상에서는 보편적이고 지속적인 것에 주목하게 된다. 판타지에 대한 최고의 참고 자료는 J. R. R. 톨킨의 에세이 〈요정 이야기에 관하여〉이고, 유명한 판타지 작가인 그는 이런 유형의 문학이 갖는 한 가지 특징이 "명료한 시야의 회복"[4]이라고 언급한다. 판타지 속 단순화된 세상에서는 거의 모든 것이 한층 명료해진 모습으로 두드러져 보인다.

그중에서도 특히나 분명해지는 것은 선과 악의 본질이다. 최고의 판타지는 선을 매력적으로 그리고, 악은 혐오스럽게 그려 낸다. 톨킨은 판타지의 도덕적 명료성을 현대 정신과 대조하는데, 현대 정신은 선악의 범주를 혼동하는 경향이 있고 악을 인정하고 심지어 악을 용맹한 것으로 그려 내는 경우도 많다. 대대로 판타지 작가들은 그들이 상상한 세상의 그림뿐 아니라 그 안에서는 무엇이 옳고 그른지에 대한 그림도 분명하게 제시한다.

우리는 이번 장에서 호메로스Homeros의《오디세이아Odyssey》와《베오울프Beowulf》부터 C. S. 루이스와 J. R. R. 톨킨으로 이어지는 전통적 판타지들을 다룰 것이다. 현대 작품들 중에도 전통적 가치관을 반영하는 경우가 일부 있기는 하지만, 현대 정신이 판타지 작품에 침투하기도 했다. 판타지라는 깃발 아래 모인 많은 저속한 책들은 대대로 존재했던 판타지 장르의 고귀한 이상들이 변질되었음을 보여 준다. 최근의 모조품들은 악을 미화하고 있기에 독자들은 그런 책들을 경계해야 한다. 재판再版으로 출간된 양질의 판타지들도 표지가 실제 내용을 왜곡하는 실정이다.

대대로 이어진 판타지 문학이 주는 도덕적 비전은 전통적이고 보편적이다. 톨킨의《두 개의 탑The Two Towers》에서 에

오메르는 어려운 시기에 무엇을 해야 할지 판단하는 법을 물었다. 아라고른은 이렇게 말했다. "늘 판단하던 대로 하면 됩니다. 선과 악은 변하지 않았습니다."[5] 판타지가 보여 주는 도덕적 비전은 모더니즘이나 포스트모더니즘이 아니라 G. K. 체스터턴G. K. Chesterton이 "상식이 통하는 밝게 빛나는 나라"[6]라고 부른 것에 속한다. 그리스도인들이 판타지 장르에 공감하는 것은 놀라운 일이 아니다(모든 판타지 작품에 공감하는 것은 아니지만 말이다).

판타지가 지닌 명료화하는 힘에는 틀에 박히고 진부해진 것이 낯설게 보이도록 만드는 추가적 측면이 있다. 톨킨은 "창을 깨끗이 닦아서 진부함과 친숙함이라는 칙칙한 얼룩 없이 창밖의 것들이 잘 보이게 해 주는"[7] 판타지의 능력에 대해 말한다. 예를 들면, 카프카Franz Kafka가 쓴 《변신Die Verwandlung》의 첫 문장을 읽을 때, '희생자가 되어 버린 개인'이라는 한물간 상투어가 갑자기 생명력을 갖게 된다. "어느 날 아침 그레고르 잠자가 불안한 잠에서 깨어났을 때, 그는 침대 안에서 자신이 거대한 곤충으로 변해 있는 것을 발견했다." 이후 그는 배척과 고립으로 내몰리는 끔찍한 여정을 겪게 된다.[8]

판타지는 진실을 말하는가?

판타지의 표면적 세부 내용은 바깥의 실제 세계를 복제하는 시늉을 하지 않는다. 그러나 그 내부에는 우리가 사는 물리계와 인간 세상을 문자 그대로 그려 내는 경우보다 더 많은 진실의 층위가 존재한다. 성경이 판타지를 어떻게 사용하는지 살펴보면서 이 주제로 들어가 보자.

성경은 주로 현실적, 역사적 사실을 담은 책이지만, 판타지도 곳곳에 들어 있다. 예수님은 판타지 기법을 사용하셨는데, 낙타를 삼키는 사람(마 23:24)과 하늘 높이 솟아올라 새들이 둥지를 트는 큰 나무가 되는 겨자씨(마 13:31-32)에 대한 말씀이 그런 경우다. 선지자들도 판타지의 자원을 끊임없이 활용했다. 이를테면 이사야는 깊은 강이 유다 땅 전체에 넘쳐흘러 '목까지 차오'르고 '그것이 그 펼친 날개로 네 온 땅을 뒤덮을'(사 8:8, 바른성경) 장면을 그려 낸다. 어떤 현실의 강도 유다를 그처럼 침수시킨 적이 없고, 강에는 날개도 없다. 성경의 계시록 부분들에는 선지서 못지않게 판타지가 가득한데, 붉은 말(계 6:4)과 45킬로그램짜리 우박(계 16:21)에 대한 환상이 여기에 해당한다.

판타지가 진실을 구현할 수 있느냐는 질문에는 그렇다고 예비적으로 답할 수 있다. 성경의 저자들이 판타지를 사용한다는 것은 판타지가 진리를 표현할 수 있다는 의미다. 그러면 판타지는 어떤 종류의 진리를 반영할까?

성경 및 다른 곳의 판타지는 사실주의 및 역사적 기록들과 동일한 유형의 진실을 구현한다. 다만 그 방식이 다를 뿐이다. 이사야가 본 환상의 강은 다가올 앗수르 군대의 침공을 묘사한 것이고, 계시록에 나온 45킬로그램짜리 우박은 하나님의 최후 심판 아래 땅이 겪게 될 큰 파멸을 묘사한 것이다. C. S. 루이스의 《나니아 이야기》는 그리스도인의 삶과 용기를 선교사의 전기처럼 정확하게 그려 낸다. 다만 독자는 판타지의 세부 내용을 우리가 아는 현실과 경험의 내용으로 **번역**해서 이해해야 한다.

이 과정에는 사실주의와 역사적 기록 속에 나오는 직접적인 설명을 이해할 때보다 더 많은 해석 행위가 필요하지만, 그것은 모든 사람이 할 수 있는 일이다. 판타지의 세부 내용이 어떤 현실을 묘사하는지 찾는 데 익숙해지기만 하면 된다. 괴물과 싸우는 기사는 현대전의 최전선에서 적군을 마주한 군인의 현실을 그대로 구현한 것이다. '땅을 유린하는 불 뿜는 용'은 우리가 사회에서 보고 두려워하는 악의 힘을 나타낸다.

이런 상황을 설명하는 톨킨의 방식은 판타지가 **사실적**이지는 않지만 **참되다**고 선언하는 것이다.[9] 판타지의 표면적인 세부 내용은 많은 경우 사실적이지는 않지만, 인간 경험과 영적 현실을 충실히 반영해 줄 수 있다.

판타지와 초자연적인 것

모든 연령대의 사람들(특히 어린이들), 종교적이거나 비종교적인 모든 사람이 판타지를 좋아할 수 있다. 그런데 그리스도인들 사이에서 판타지는 특별한 자리를 차지한다. 사실 C. S. 루이스의 비판자 중 한 사람이, 루이스의 판타지를 좋아하는 사람들은 어린이 아니면 기독교인들이라고 선언한 적이 있다. 그는 이 두 집단이 "상상력의 한 가지 특성, 즉 현실을 보이는 것 너머로 기꺼이 확장하는 성향을 공유"한다고 계속해서 말한다.[10] 논리적인 설명이다.

어린이용 판타지 이야기 작가인 매들렌 렝글Madeleine L'Engle은 심지어 이렇게 말했다. "내가 가장 좋아하는 공상 과학 소설 작가 중 한 명이 그리스도인이라는 사실을 알게 되어도 나는 전혀 놀라지 않을 것이다."[11] 왜 그럴까? 이것은 판타지와 기독교가 둘 다 현실의 초자연적 층위를 받아들인다는 사실과 부분적으로 관련이 있다. 렝글은 판타지 세계가 "세속 세계에 우호적이지 않고, 완전히 반대한다는" 것을 지적한 뒤 이렇게 덧붙인다. "성경을 통해 우리는 학교에서 배운 것과는 상당히 다른 현실을 끊임없이 엿보게 된다."[12]

우리는 여기서 조심스럽게 발을 디뎌야 한다. 기이한 상상력이 나타날 때마다 기독교적인 것이라고 자동적으로 세례를 주는 일이 없게 해야 하는 것이다. 많은 거짓 종교들이 초자연계를 믿었다. 기독교 신앙과 판타지가 중요한 전제를 공유한다는 말은 모든 판타지 작품이 **기독교적** 초자연 세계를 제시할 것으로 간주한다는 의미가 아니다. 판타지가 예루살렘으로 가는 길이 될 수 있다면(C. S. 루이스에게 신화가 그랬던 것처럼), 이상한 형태의 초자연적 세계에 대한 주장이 많은 이 시대의 판타지는 예루살렘 외곽을 도는 순환 도로가 될 수도 있다.

이런 단서를 달고 나서야 우리는 판타지가 지닌 초자연주의를 계속 **활용**할 수 있다. 그리스도인 저자들과 독자들이 왜 판타지라는 장르를 받아들였는지는 쉽게 알 수 있다. 판타지가 특히 잘하는 일 중 하나는 현실의 영적 층위는 지상의 영역 너머에 존재한다는 것을 명료하고 확신 있게 제시하는 것이기 때문이다.

판타지는 도피주의적인가?

판타지에 반대하는 흔한 공격은 판타지가 도피주의적이라는 것이다. 이 견해에 따르면, 판타지는 우리 세계와 아무 연관성이 없는 가상의 영역으로 떠나게 한다. 이 문제는 분석이 필요하다. 그러고 나면 판타지가 사실주의 소설 못지않게 본질적으로 도피주의적이지 않음이 분명히 드러날 것이다.

최고의 출발점은 독서에서 **도피**와 **도피주의**를 나눈 C. S. 루이스의 구분이다. 루이스는 다음과 같은 중요한 지적으로 논의를 시작한다. "모든 독서는 도피입니다. 책을 읽을 때 독자의 정신은 실제 환경에서 벗어나 작가가 상상하거나 지어낸 세계로 일시적으로 이동하게 됩니다." 역사서나 과학서, 사실주의 소설이나 판타지 이야기 모두가 우리를 현재 세계에서 끌어내어 관심을 사로잡는 정신의 영역으로 데려간다.

루이스는 계속해서 이렇게 말한다. "도피는 좋거나 나쁜 많은 종류의 독서에 공통으로 담긴 요소입니다." **도피주의**는 "너무 자주 또는 지나치게 오랫동안 도피하거나, 잘못된 대상으로 도피하거나, 적절한 행동이 필요한 지점에서 행동 대신 도피를 택하는 상습적 습관"이다. 결론은 이렇다. "도피가 반드시 도피주의로 이어지는 것은 아닙니다."[13] 우리 모두에게는 유익한 도피가 필요하고, 이 원리는 이 책에서 다루는 모든 장르와 문학적 활동으로 확장 적용된다.

판타지 문학에 도피주의의 위험이 있다는 말은 지나친 과장이다. 판타지 작품이 도피주의적인지 확인하는 간단한 시험법이 있고, 이것은 사실주의 소설에도 똑같이 적용된다. 이 책을 읽는 일이 일상적 삶에 적응하는 데 방해가 되는가, 아니면 새로운 이해와 열의를 가지고 삶으로 복귀하게 하는가? C. S. 루이스는 케네스 그레이엄Kenneth Grahame의 어린이 이야기 《버드나무에 부는 바람The Wind in the Willows》 속 현실과 다른 세부 내용에 관해 다음과 같이 말한 바 있다.

> 이런 책은 우리가 거친 현실에 적응하지 못하게 만들고 일상생활로 돌아갈 때 불안정하고 불만스러운 상태가 되게 할 것만 같습니다. 그런데 그렇지가 않습니다. … 역설적이게도 이 이야기 전체가 현실에서 느끼는 즐거움을 강화합니다. 터무니없는 세상으로 이렇게 여행을 떠났다가 돌아오면 우리는 현실을 새롭게 즐길 수 있게 됩니다.[14]

공상 과학 소설 작가 어슐러 K. 르 귄Ursula Kroeber Le Guin은 판타지의 터무니없는 세부 내용들이 어떻게 문학적 사실주의와 동일한 현실을 다루는지 이해하는 비결을 잘 진술해 놓았다. 그녀는 "호빗들과 어울리고, 작은 녹색 인간들에 대한 믿기 어려운 이야기를 들려주는 우리"가 연예인이나 도피주의자에 불과하다는 비판에 반대했고, 현실과 멀리 떨어진 판타지 속 세부 내용들이 "인간이 처한 조건에 대한 정확하고 심오한 은유"[15]라고 주장했다. **인간 조건에 대한 은유**, 이것이 판타지와 일상생활을 연결하는 핵심 고리다. 르 귄이 드는 사례 중 하나는 "괴물을 창조하는 과학자"이다. 오늘날 우리 세계에서 벌어지는 일에 대한 그림 중에 이보다 더 최신의 것은 없을 것이다.

중세 영국 작가 제프리 초서Geoffrey Chaucer는 챈티클리어라는 수탉과 그 아내(물론 암탉이다) 페르텔로트에 관한 신나는 동물 우화를 지었다. 말하는 동물들의 이야기가 어떻게 일상의 현실과 관련이 있을까? 이 수탉과 암탉이, 주도권을 놓고 다투는 정반대 기질의 남편과 아내의 원형archetype이라는 것을 일단 알게 되면, 이 이야기가 결혼 생활에 관한 그어떤 사실주의 소설 못지않게 현실 생활에 가깝다는 사실이 드러난다.

판타지의 역설 중 하나는, 거기서 그려 내는 정황이 삶의 물리적, 정서적 현실과 실제로 가깝다는 것이다. 톨킨이 말한대로, "동화는 … 단순한 것이나 근본적인 것을 주로 다룬다. … 그것들은 배경에 의해 더욱 선명하게 드러난다. … 내가 글의 힘과 돌, 목재, 철, 나무와 풀, 집과 불, 빵과 포도주 같은 것들의 … 경이로움을 처음 알게 된 것은 동화를 통해서였다."[16]

판타지는 모든 문학, 미술, 음악에 적용되는 원리를 특히 잘 보여 준다. 파블로 피카소Pablo Picasso는 이 원리를 이렇게 진술했다. "우리 모두 예술이 (사실적) 진실이 아니라는 것을 안다. 예술은 (문자적 수준에서는) 거짓이지만, 진실을 깨닫게 만든다."[17]

판타지 읽기를 위한 조언

* 사실주의 작품을 읽는 것이 아님을 처음부터 인식하자. 판타지의 취지를 깨닫지 못하는 사람들은 사실주의를 기대하면서 판타지 텍스트를 펼치고 거기서 만나는 내용에 당황해한다.

* 판타지의 비현실적 특성들에 자신을 맡기자. 판타지는 상상력이 해방되는 장르다. 때로는 일상에서 도피할 필요가 있음을 깨닫고, 이상한 세계로의 여행을 받아들이자.

* 문학의 주제는 인간의 경험이라는 확신을 포기하지 말자. 이상한 세계로 떠나는 이동을 받아들인 후에는, 보편적 경험과 일상의 현실이 환상적 세부 내용 안에서 어떻게 구현되는지 살피자. 판타지는 표면적으로 드러나는 내용 이면에 있는 중요한 층위에서 사실주의와 동일한 범위의 인간 경험을 다룬다.

* 판타지가 현실에 대한 어떤 은유를 제시하는지 알아보는 유용한 훈련은 'OO의 이미지'에서 OO에 해당하는 빈칸을 완성해 보는 것이다. 선의 이미지, 악의 이미지, 두려움, 용기, 사랑, 구원, 하나님에 대한 헌신 등의 이미지.

* 판타지의 모험 중 일부를 현실로 가져오자. C. S. 루이스는 사람이 "마법의 숲에 대해 읽는다고 해서 현실의 숲을 경멸하게 되

지는 않"는다고, "마법의 숲을 읽고 나면 현실의 모든 숲이 어느 정도 마법에 걸"린다고 주장했다.[18]

판타지가 취향에 맞는 사람이 있는가 하면, 사실주의를 선호하는 이들도 있다. 두 경우 모두, 우리가 어떤 책을 읽고 있는지 이해한다면 그것을 즐기게 될 가능성이 더 높아진다. 이런 이해에는 두 가지 측면이 있다. 기대해야 할 바를 아는 것과 기대하지 말아야 할 바를 아는 것이다. 판타지를 읽을 때 실생활에 대한 묘사를 기대해서는 안 된다. 그러나 고향의 메아리가 들리는 먼 나라로 떠나는 즐거운 여행은 기대할 수 있다.

어린이책 읽기_
옛날 옛적에

—

지친 엄마나 아빠가 잠자기 싫어하는 아이 침대 옆에 털썩 주저앉아 책을 읽어 주기 시작한다. "옛날 옛적에…." 무슨 일이 일어날지 모르지만 오래된 이 문구가 흘러나오는 순간, 아빠와 엄마, 그리고 아이는 상상력이라는 마법의 양탄자에 올라타고 높이 날아오른다.

사람들은 언제나 어린이들에게 이야기를 들려주었지만, 아동 문학이라는 장르가 존재하게 된 것은 18세기 중반에 아동의 오락을 위해 쓰인 책이 나오면서부터였다. 아동 문학 장르는 19세기 중반부터 20세기 초까지 황금시대를 누렸고, 제2차 세계 대전 후에는 아동 문학 산업이 호황을 맞았다.

당시의 어린이책들 대부분은 성경적 가치를 전달했고, 기도나 하나님을 자주 긍정적으로 언급했다.

1960년대에 이르러 거대한 변화가 나타났는데, 많은 작가들이 이전에는 금기시되던 주제들을 세속적 관점에서 탐구하기 시작했다. 그리고 성인용 주제들이 어린 독자들의 책에 스며들었다. 21세기에는 어린이책 매출이 급증하면서 점점 더 많은 어두운 주제들과 비성경적 견해들이 매력적인 읽을거리라는 접시에 담겨 어린이들에게 제공되고 있다.

정크 푸드 같은 오늘날 어린이 문학 작품들의 대안이 될 만한 건강한 독서를 장려할 방법은 무엇일까? 먼저 아동 문학의 독특성을 인식하고, 현재 아동 문학에 대해 제기되는 우려 사항을 파악해야 한다. 그러고 나면 좋은 책을 선택할 수 있고, 책 읽어 주기와 전자 기기 통제 같은 전략을 통해 독서를 가정생활에 통합해 낼 수 있다.

독특성

어린이책은 다른 장르들이 갖고 있는 이야기의 요소들에 더해 즐거움과 교훈이라는 문학의 이중 기능을 공유한다. 그러나 어린이책은 한 가지 근본적인 측면과 몇 가지 구조적인 특성에서 성인 문학과 다르다.

어린이 자체가 지닌 독특성이 아동 문학을 독특하게 만드는 주된 요소이다. 일반적으로 어린이는 성인보다 감정을 강렬하게 경험한다. 그들의 생생한 상상력과 자연스러운 천진함은 이야기 속 사건과 정서적 경험에 푹 빠지게 한다. 때로는 부모가 아이들에게 "이건 이야기일 뿐이야"라고 안심시켜야 할 정도다. 이야기는 어린이에게 현실처럼 다가온다. 그들은 자신이 듣거나 읽는 것을 믿고, 책이 묘사하는 삶을 보면서 삶에 대한 이해를 키워 간다. 어린이는 정서적으로나 지적으로 성숙하지 못하다 보니 어른처럼 신중함이나 분석력을 발휘하여 독서 경험을 적당히 완화하지 못한다. 책은 어린이에게 훨씬 더 심오한 영향을 끼친다.

그러므로 아동 문학이 지니는 결정적인 측면은 **감수성이 예민한 어린 독자의 마음을 빚어내는 놀라운 능력**이라고 할 수 있다. 사정이 이렇기 때문에 어린이들이 읽기를 배우는 수준을 넘어 분별력을 발휘하면서 즐겁게 읽도록 다정하고 경건한 어른들이 이끌어 주는 것이 중요하다.

초기에 아동 문학을 규정하는 일차적 특징은 '재미'였다. 18세기 중반 이전에 나온 소수의 어린이책들은 도덕주의적이거나 교육적이었지만, 존 뉴베리John Newbery의 《예쁘고 작은 포켓북A Pretty Little Pocket-Book》(1744)은 어린이들의 상상력에 호소했다. 존 뉴베리의 유산은 그의 이름을 딴 연례 미국 도서상을 통해 여전히 살아 있다. 뉴베리상은 "내용이 교훈적이거나 인기 있는 책이 아니라" 문학적으로 우수한 어린이책에 수여된다.[1]

이 장르가 재미를 강조한다고 해서 교육적 측면이 사라지는 것은 아니다. 문학은 의미와 가치를 전달하고, 어린이는 작은 스펀지처럼 그것을 흡수한다.

어린이책은 대체로 연령별 구분에 따라 분량, 언어, 내용이라는 구조적 특징이 정해지는 독특성이 있다. 보드책과 그림책은 내용이 짧고, 단순한 개념에 걸맞은 그림들이 실려 있다. 연령대가 높아짐에 따라 책이 두꺼워지고 언어가 복잡해지고 내용은 성숙해진다. 청소년 도서에는 종종 성적인 장면이나 폭력적인 장면이 나온다. 하지만 성인물에 대한 우려는 아동 문학 전 범위에 걸쳐 존재한다.

현재의 우려

아동 문학에 관한 우려는 크게 수준과 내용의 두 범주로 나뉜다. 한탄스러운 수준과 의문이 드는 내용 모두가 오늘날 어린 독자들을 위한 책들에 많이 퍼져 있지만, 열등한 문학적 수준을 우려하는 것은 어제오늘의 일이 아니다.

문학적 수준이 떨어진다는 이런 공격의 잦은 표적이 된 대상은 정형화된 예측이 가능한 플롯을 특징으로 하는 대규모 시리즈였다. 1900년대 초에 에드워드 스트레이트마이어 Edward Stratemeyer의 신디케이트 출판사가 《하디 보이즈 The Hardy Boys》(1927)와 《낸시 드루 Nancy Drew》(1930) 시리즈를 포함한 많은 시리즈를 펴내면서 이런 비판이 등장했다. 이 시리즈들과 신디케이트의 다른 시리즈 대부분은 여러 작가들이 하나의 가명으로 쓴 작품들이다. 작가들은 한 권당 100달러의 집필료를 받고 스트레이트마이어가 정해 준 틀에 따라 놀라운 속도로(때로는 고작 3주 만에) 원고를 생산해 냈다. 이 책들의 문학적 수준이 낮다고 여러 사서와 교육자들이 무시한 것도 당연했다. 하지만 어린 독자들은 다음 장의 내용이 어떻게 될지 궁금하게 만드는 구성에 이끌려 사실성이 떨어지는 이야기와 진부한 대화를 끝까지 읽어 냈다.

《하디 보이즈》와 《낸시 드루》 책들은 등장인물과 배경이 업데이트되어 지금도 여전히 출간된다. 대니얼 A. 그로스Daniel A. Gross는 이렇게 썼다. "그 시리즈들이 여전히 나오는 이유는 책을 만드는 이들이 비용을 최소화하고 결과물을 극대화하고 창의성을 표준화하는 방법을 찾아냈기 때문이다."[2] 창의성을 표준화한다는 것은 창의성을 억압한다는 것과 같다.

영화, 비디오 게임, 슈퍼히어로와 연계된 많은 책들은 상업주의의 제단 위에서 글의 탁월성을 희생한다. 그런 책들, 특히 유아용 도서들은 언어적 상상력이 부족하고 플롯에 일관성이 없다.

어린 독자들에게는 단순한 언어가 필요하지만, 그렇다고 좋은 글을 포기할 필요는 없다. 제프리 트리스Geoffrey Trease는 이렇게 묻는다.

그러나 모든 어린이책은 기본 어휘로만 써야 할까? 낯선 단어들과 어구들이라도 그 의미가 분명하게 드러나는 문맥에서 신중하게 쓰면 될 것이다. 그리고 아름답게 펼쳐지는 소리들, 어린이가 이해하지는 못해도 즐길 수 있는 내용에 대한 우려 또한 광범위하게 퍼져 있다. 고운 말과 예쁜 그림이 나오는 단순한 그림책이 비성경적 개념을 홍보할 수 있다. 심지어 논픽션에도 종종 조작적인 사상 주입이 가미된다. 초등학교 1학년생이 뱀파이어나 외계인 이야기뿐 아니라 역사수정주의°를 선전하는 전단지를 집으로 가져올 수도 있다. 연령대가 높은 독자층을 겨냥한 책들에서는 불쾌한 내용이 늘어난다. 십 대를 위한 책들에서 특히 그런 경향이 두드러진다. 질 칼슨Jill Carlson은 이렇게 말했다. "하나님의 긍정적인 능력을 드러내는 소설들은 거의 예외 없이 도서관 책장에서 밀려난다. 이 빈자리에 … 십 대를 대상으로 글을 쓰는 저자들이 좁은 범위의 '주의'—합리주의, 오컬트주의, 허무주의—를 제시하는 책들을 급류처럼 쏟아 낸다." 그녀는 이 말을 덧붙이며 강조한다. **"다양성이라는 명목하에, 우리 아이들은 인본주의적 막다른 골목으로 몰아가는 책들을 건네받고 있다."**[4]

영 어덜트 장르°°에는 절망적인 디스토피아와 오컬트 호러도 있지만, '현실'을 다룬 소설이 압도적으로 많다. 이 책들에 나오는 십 대들은 외모를 다루는 사소한 문제부터 성적 학대 등의 심각한 트라우마까지 여러 문제와 씨름한다. 문제

° historical revisionism, 이미 정설로 굳어진 역사적 사실에 이의를 제기해 그런 사실이 존재하지 않았다고 부정하거나 기존 통설에 수정을 가하려는 행위나 이념—편집자
°° 영 어덜트(young adult)는 청소년과 막 성년이 된 사람들을 말한다.—옮긴이

가 아무리 작아도, 자기중심적 주동 인물은 스스로를 어려움에 처한 피해자로 여긴다. 누구도 (특히 부모들마저) 주동 인물을 이해하지 못하고, 그들 혼자서 씨름을 감당해야 한다. 하나님이 부재하거나 그리스도인들이 부정적으로 묘사된다. 장면들은 생생하지만, 답은 거의 없고 희망이 보이지 않는다.

데이빗 밀스David Mills는 이런 "지저분하고 때로는 부패한" 책들이 "모든 십 대 안에 있는 최악의 것"에 호소력을 발휘한다고 말한다. 그는 이렇게 적고 있다. "이런 책들이 제시하는 희망은 둘 중 하나다. … 원하는 것을 그냥 얻는 것 … 또는 대학에 가거나 성인이 될 때까지 살아남는 것."[5]

이런 식의 소위 '사실주의' 소설은 그리스도 안에서 발견되는 궁극적 답변을 제시하지 않는다. 아이들은 문제를 해결하는 기술을 배워야 하지만, 그들이 모든 문제의 해결책을 혼자 힘으로 알아내야 할까? 우리는 그들이 부모를 사랑하고 신뢰하기를 원한다. 특히 하나님을 사랑하고 신뢰하기를 원한다. 매력적인 이야기 안에 경건한 부모와 신앙 성장에 대한 진정성 있는(그러나 도덕주의적이지 않은) 묘사를 담아내는 책은 드물다. 소년들을 위한 책은 상황이 더 심각하다. 소녀들은 대체로 소년들보다 책을 더 많이 읽기 때문에, 출판사에서는 흔히 여성 주인공을 선호한다. 초능력이나 마법의 도구 없이 정상적으로 사는 소년에 관한 괜찮은 이야기를 찾기는 어렵다. 물론 예외는 존재한다.[6]

아이들이 읽는 책에 관심을 갖는 어른들은 작품의 시각을 검토해야 한다. 그러면 우려할 바가 눈에 들어올 것이다.

우리는 이렇게 물어야 한다. "이 책의 세계관은 무엇인가?" 세계관의 렌즈를 통해 읽으면 내용상 문제점을 또렷이 알아보는 데 도움이 된다.

그러나 적절한 내용이라도 문학적으로 탁월하게 제시되어야 하기 때문에, 우리는 "글이 좋은가?"라고도 물어야 한다. 많은 잘 쓴 책들이 부적절한 내용을 담고 있지만, 그 반대의 경우도 있다. 무난한 내용의 수많은 책들이 빈약한 글쓰기를 드러낸다. 우리는 수준과 내용, 모두를 따져야 한다.

좋은 책 고르기

수준과 내용을 고려하는 것은 좋은 책을 고르는 데 도움이 된다. 대부분의 사람들은 자녀가 책을 읽기를 원한다. 아이들이 뭔가 읽고 있기만 하면 그게 무엇이든 중요하지 않다고 많이들 생각한다. 그러나 좋은 부모가 아이들에게 정크 푸드를 꾸준히 먹이지 않는 것처럼, 우리는 수준이 떨어지고 가치관이 의심스러운 책들을 자녀가 계속 읽도록 허락해서는 안 된다.

문학적 수준이 높은 글은 좋은 글이다. 문장들이 부드럽게 흐르고 어떤 구절들은 노래하는 듯하다. 비유적 표현들은 신선하고 적절하고 내용 및 독자 모두와 잘 어울린다. 흥미롭고 진짜 같은 인물들이 작품 안에서 성장한다. 그들이 하는 말과 행동에 이끌려 플롯이 서서히 만족스러운 해결로 나아간다.

의미 있는 내용은 성경적 가치를 고취하되 설교를 늘어놓지 않는다. 문제들이 등장할 수는 있지만, 선과 소망이 모든 어둠을 비춘다. 이것은 어린이책에서 특히 중요한데, 어린이들은 지적, 영적으로 성숙해지도록 지도를 받아야 하기 때문이다. 어린이책은 희망찬 내용으로 빛나고, 탁월한 글로 노래해야 한다.

수준과 내용이라는 두 주된 요소를 염두에 둔다고 해도, 좋은 책을 고르는 방법은 필요하다. 서점과 도서관을 둘러볼 때 적용할 수 있는 몇 가지 비법을 여기에 소개한다.

* **독자의 관심사와 능력을 고려하라.** 어린이들은 지루한 책 앞에서 쉽게 좌절한다. 그 책이 아이의 독서 수준을 넘어선다면 더욱 그렇다. 그러나 아이가 현재 관심을 갖고 있는 주제를 다룬 책을 읽을 때는 갖은 노력을 아끼지 않을 것이다.

* **주요 등장인물들이 예상 독자보다 나이가 조금 더 많은 책을 고르라.** 독자보다 어린 인물들이 나오면 등장인물들이 잘난 체하는 것처럼 느껴질 수 있다. 반면에 나이가 훨씬 많은 인물들이 나오는 책은 수준이 너무 높을 수 있다.

* **목차를 참고하라.** 각 장의 제목은 표지 앞면의 그림과 뒷면의 안내문보다 이야기의 진행에 관해 더 많이 알려 준다. 작품 속 갈등과 해결이 독자에게 적절한지, 올바른 가치관에서 벗어나지 않는지도 보여 줄 수 있다.

* **첫 페이지를 읽으라.** 어른을 이야기 속으로 끌어들일 만큼 매력

적인 글이 아니라면 아이의 관심도 사로잡기 힘들 것이다.

요즘 대부분의 사람들은 온라인으로 책을 산다. 책 안을 들여다보게 해 주는 포스팅을 찾아보면 책의 목차와 첫 쪽을 볼 수 있다. 몇 쪽이라도 읽으면 글이 어떤지 판단할 수 있다.

서점을 둘러보거나 웹 사이트를 뒤지거나 도서관 책장을 훑어보는 것은 엄두가 안 나는 일일 수 있다. 그러나 좋은 책을 고르는 데 도움이 되는 책과 온라인 자료가 많이 나와 있으니 이를 활용하면 된다.

글래디스 헌트Gladys Hunt는 《아이의 마음에 주는 꿀Honey for a Child's Heart》에서 신중한 작품 분석과 권장 도서 목록의 기준을 제시했다. 이후에 그녀는 바바라 햄프턴Barbara Hampton과 함께 《십 대의 마음에 주는 꿀Honey for a Teen's Heart》을 집필했다.[7] 엘리자벳 윌슨Elizabeth Wilson의 《아이들이 사랑하는 책Books Children Love》(수잔 쉐퍼 맥컬리Susan Schaeffer Macauley가 쓴 추천 서문 수록)은 샬롯 메이슨Charlotte Mason의 '살아 있는 책' 개념을 옹호하는데, 홈스쿨러들이 이 개념을 재발견하고 있다.[8] 마이클 오브라이언의 《용이 있는 풍경A Landscape with Dragons: The Battle for Your Child's Mind》에는 유용한 독서 목록이 부록으로 실려 있다. 전하는 바에 따르면 그 목록은 저자가 작성한 것이 아니다.[9] 《어린 독자를 키우는 법How to Grow a Young Reader》은 저자들을 소개하고 책들을 평가한다.[10] 수잔 클락슨Susan Clarkson은 《마음을 위한 읽기Read for the Heart》에서 이렇게 쓴다. "좋은 책은 모든 위대한 예술품이 그렇듯 각성의 매개다."[11]

사라 매켄지Sarah Mackenzie의 'Read-Aloud Revival'(책 읽어주기 부흥 운동) 웹 사이트를 검색해서 구체적 목록을 찾거나 이 사이트의 인기 있는 팟캐스트를 구독하여 내려받기 하는 일은 어렵지 않다.[12] 몇 권의 탁월한 어린이책 저자인 제이니 B. 치니Janie B. Cheaney가 기고하는 웹 사이트 'Redeemed Reader'(구원받은 독자)는 어린이책들을 예술적 수준과 세계관에 근거하여 등급을 매긴다.[13] 이 평가 기준은 문학적 탁월성과 가치 있는 내용에 대한 우리의 이중적 관심을 잘 반영한다.

좋은 책을 선정하는 데 핵심이 되는 지혜에 다음 세 저자가 동의한다. 매들렌 렝글은 이렇게 썼다. "어린이책을 판단하는 기준은 하나뿐이다. 이것은 좋은 책인가? 내게 충분히 좋은가? 어린이책이 우리 모두에게 충분히 좋지 않다면, 어린이에게도 충분히 좋지 않다."[14]

그녀의 생각은 J. R. R. 톨킨 및 C. S. 루이스의 생각과 맥을 같이 한다. 톨킨은 이렇게 썼다. "어린이만을 위해서 쓴 책은 어린이책으로서도 부족하다."[15] 루이스는 다음과 같이 말했다. "어린이만 즐기는 이야기는 시원찮은 어린이 이야기라는 것을 일반 원리로 내세우고 싶을 정도입니다."[16]

어린이에게 좋은 책은 어른도 즐길 수 있는 책이라는 말에는 부모 자신이 좋은 책을 읽어야 한다는 의미가 들어 있다. 분별 있는 독자가 되는 일과 생각하는 독자가 되도록 아이들을 지도하는 일은 하나님의 말씀과 인간의 글을 통합하는 통합적 생활 방식의 일부이다.

통합적 생활 방식

신명기 6장 6-9절[17]은 부모에게 통합적인 양육 방식을 채택하고, 그것을 제2의 천성으로 삼으라고 권고하는 데 기초가 되는 텍스트다. 우리는 집에 앉아 있을 때나 아이들을 재울 때, 집 주위를 거닐 때나 차를 타고 갈 때 아이들에게 진리를 전할 수 있다. 신명기 6장을 실천한다는 것은 끊임없이 설교를 늘어놓는 것이 아니라 통합적 생활 방식을 실천하는 것을 말한다. 우리 저자들은 부모들이 자신의 부족한 부분에 죄책감을 갖게 하거나 도덕주의적 훈계에 집착하게 하려는 것이 아니다. 우리가 권하는 것은 온유하고 자연스러운 양육인데, 그 과정에서 간간이 성령께서 주도하시는 순간들이 찾아올 것이다.

그런 순간에 아이들은 자신들이 읽는 책에서 하나님의 진선미를 발견하도록 도움을 받는다. 아이들은 등장인물의 장점을 공유하고, 행동에 의문을 제기하고, 성경 말씀에 모순되는 내용을 알아보는 법을 배운다.

부모가 독서의 본을 보이면 아이들도 독서가 몸에 익는다. 부모는 아이들이 이불 속에 들어가서 기다릴 때만 책을 집어서는 안 된다. 책에서 배운 유머와 지혜를 아이들과 부담 없이 나눠야 한다. 아이들은 어른들이 독서를 참으로 즐기는 모습을 보고 그것을 따라 하고 싶어 할 것이다.

통합적 생활 방식을 실천하는 가정은 집에 좋은 책을 확보해 둔다. 매년 장난감에 드는 돈의 절반, 심지어 4분의 1만

써도 얼마나 많은 책을 살 수 있는지 모른다. 손주에게 줄 선물을 고민하는 조부모들에게 좋은 책을 제안한다면 그들은 크게 기뻐할 것이다.

도서관에서 책을 빌리거나 인터넷에서 전자책을 내려받기 할 수 있는데, 왜 종이책을 사야 할까? 집에 장서가 있는 것만으로도 자녀들은 평생 다양한 혜택을 받을 수 있기 때문이다. 전 세계를 대상으로 한 어느 조사에 따르면, 집에 책이 있는 경우에는 읽고 쓰는 능력뿐 아니라 수학과 기술 관련 역량도 높아진다. "장서가 갖춰진 집에서 자라면 성인이 된 후에 부모나 본인의 교육 수준, 또는 직업상 익숙한 영역 너머에서 새로운 기술을 익히는 데 도움이 된다."[18] 장서가 80권만 되어도 책이 없는 경우와 뚜렷한 차이가 있고, 그보다 많으면 많을수록 효과가 커지다가 350권 정도가 되면 그 수준이 유지되는 듯 보인다.

아이들 주변에 책을 놓아 주면 읽고 쓰는 능력이 향상되는 것 이상의 긍정적인 효과가 나타난다. 하지만 우리의 목표는 아이들이 구체적인 기술 꾸러미를 갖추게 하는 것 정도가 아니다. 우리의 주된 목표는 독서를 사랑하는 아이로 기르는 일마저 넘어선다. 저자인 우리는 부모들이 다음과 같이 말한 스카웃 핀치Scout Finch°의 태도를 배우기를 바란다. "읽을 기회를 잃어버릴 수도 있다고 생각하고 염려하기 전까지는 책 읽기를 좋아한 적이 없습니다. 숨 쉬는 것을 좋아하는 사

○ 《앵무새 죽이기》의 주인공—옮긴이

람은 없지 않습니까."[19] 핀치의 이 말은 독서가 숨 쉬는 것만큼이나 필수적인 일임을 보여 준다.

책 읽어 주기

책을 읽어 주는 일만큼 가족의 유대와 아동 발달을 촉진하는 활동은 거의 없다. 부모는 유아에게, 어쩌면 아이가 태어나기 전부터 책을 읽어 주기를 주저해서는 안 되고[20], 자녀가 십 대가 되어도 그 일을 멈추지 말아야 한다. 통합적 생활 방식을 실천하는 가족은 책을 읽어 줄 기회를 놓치지 않는다(걸음마 하는 아이가 같은 책을 100번째 읽어 달라고 하는 것 같을 때도). 우리 저자들은 가족들에게 책 읽어 주기를 하루의 일과로 만들라고 격려한다.

　한 보고서에 따르면, 아이들에게 책을 읽어 주는 일은 "성공적인 독서 인생에 필요한 지식을 쌓는 가장 중요한 단일 활동"이고 "초등학교 시절 내내 이어져야 할 실천"이다.[21] 더 최근의 연구는 아이들에게 책을 읽어 주는 일이 언어와 읽고 쓰는 능력의 발전을 넘어 사회성과 정서 발달에도 큰 영향을 끼친다는 것을 보여 준다. 한 저자는 이렇게 썼다. "부모가 자녀에게 책을 읽어 주는 시간은 자녀의 공격성, 과잉 행동, 주의력 결핍 같은 문제 행동을 억제하는 데 도움을 주는 잠재력도 갖고 있다."[22] 책 읽어 주기와 같은 단순한 일에 아이들이 더 친절해지고 차분해지고 집중력이 높아지도록 돕는 힘이 있을 줄 누가 알았겠는가?

책 읽어 주기의 유익 중 우리 저자들이 가장 좋아하는 유익은 즐거움을 북돋우는 것이다. 짐 트렐리즈Jim Trelease는 이렇게 썼다. "아이에게 책을 읽어 줄 때, 아이의 뇌는 즐거운 메시지를 받는다. 그것을 광고라고 부를 수도 있을 것이다. 아이가 책과 인쇄물을 대할 때 즐거움을 느끼도록 길들이는 것이니 말이다."[23] 많은 책을 낸 작가 지그문트 브라우어Sigmund Brouwer의 생각도 같다. "자녀가 아주 어릴 때부터 책을 읽어 주면 아이들―책 읽기를 내켜 하지 않는 아이든 열렬히 반기는 아이든―이 글의 **즐거움**을 알게 될 것이다."[24]

책 읽어 주는 시간을 정해 놓으면 아이가 바라는 안정감과 규칙성을 제공하는 데 도움이 된다. 많은 부모들은 잠자기 전, 긴장이 풀리는 시간에 책을 읽어 주면 효과가 좋다는 것을 발견한다. 읽어 주기 가장 좋은 책은 잘 쓴 성경 이야기 책이다. 이런 책은 제각각 동떨어진 이야기나 도덕주의적 이야기 모음집이 아니라 성경의 구속적救贖的 맥락을 전달한다. 나이가 어린 자녀일수록 간단한 이야기에 가장 반응이 좋지만, 부모는 그들의 주의지속시간에 놀랄 수도 있다.[25]

본서의 저자 둘 다 책 읽어 주기를 좋아한다. 자녀들과 손주들을 상대로 수십 년의 실습 경험이 있는 우리는 독자와 몇 가지 방안을 나누고 싶다.

* **사랑과 빛의 영역을 만들라.** 다른 방의 불을 끄고 전자 기기의 전원을 끄라. 자녀를 껴안는 자세가 좋다. 다만 가만히 앉아 있으

라고 하거나 억지로 무릎에 앉히지는 말자. 색칠을 하거나 가만히 놀면서 이야기를 더 잘 듣는 아이들도 있다. 십 대들에게는 참여를 강요하지 말고 책이 쏟아 내는 재미에 이끌려 이야기와 가족의 활동 속에 들어오게 하라.

* **독서의 경험을 즐기라.** 서두르지 말자. 아이에게 질문을 하고 아이가 질문하게 하자. 아이들이 시간을 들여 책의 그림을 보고 자기 생각을 표현하게 하라. 어려운 단어나 개념이 나오면 설명해 주라. 점잔 빼지 말자. 자기 안에 숨은 배우를 깨워 실감 나게 읽자.

* **아이의 흥미가 식기 전에 마치라.** 더 읽어 달라고 조르는 아이가 다음 시간을 기대하게 된다.

부모는 본인이 어릴 때 좋아하던 책들을 같이 읽고 싶겠지만, 자녀가 그 책들에 흥미를 느끼지 않는다고 해도 실망하지 말라. 어쩌면 관심사가 넓어지고 주의지속시간이 길어져야 할 수도 있다. 두루 호소력을 발휘하는 책들은 넓은 연령대의 아이들에게 반응이 좋다. 어떤 책에 반응이 없으면 그냥 다른 책을 시도해 보라.

그림책에서 짧은 소설로 넘어갈 때, 사라 매켄지는 "각 장이 짧고, 대화가 많고, 기억에 남는 등장인물"이 있는 책을 고르라고 제안한다.[26] 책 읽어 주기를 시작하기에 제일 좋은 책은 잘 쓴 흥미진진한 이야기로, 처음부터 듣는 이를 사로잡는다. 고어, 긴 문장, 낯선 단어가 나오는 고전으로 시작하지 않는 편이 좋다. 현대를 배경으로 한, 사랑이 넘치지만 현실적인 가족 이야기나 말馬 이야기, 또는 단순한 미스터리나 재미있는 판타지가 더 나은 선택일 것이다.

우리 저자들이 즐겨 읽어 주는 책 중에는 로라 잉걸스 와일더Laura Ingalls Wilder의 《초원의 집Little House》 시리즈가 있다. 서사의 내용은 걱정할 부분이 거의 없지만, 저연령 아동의 상상력으로는 집 짓는 과정의 긴 묘사를 이해하기가 버거울 수 있다. 브라이언 자크Brian Jacques의 《레드월Redwall》 시리즈에 나오는 다양한 영어 사투리는 소리 내어 읽으면 아주 재미있지만, 몇몇 장면은 긴장감의 수위가 상당히 높다. 부모는 아이의 연령보다 성격에 더 민감해야 하는데, 상상력이 왕성한 아이는 나이가 많아도 위험 상황에서 자신의 동생보다 쉽사리 겁을 먹을 수 있기 때문이다.

〈나니아 연대기〉는 우리가 제일 좋아하는 어린이 시리즈다. 하지만 어린 자녀에게 처음 읽어 주는 책으로 권하지는 않는다. 긴 문장과 격렬한 액션이 있는 이 시리즈는 복잡한 생각을 따라가는 데 익숙하고, 긴장과 슬픔을 감당할 만큼 성숙한 아이들에게 더 나은 선택이다.

부모나 아이들이 나니아 시리즈를 집어 들 때, 우리는 《사자와 마녀와 옷장The Lion, the Witch, and the Wardrobe》에서 시작하여 출간 순서에 따라 읽으라고 권한다.[27] 근년에 출간된 판본들은 종종 《마법사의 조카The Magician's Nephew》를 첫 책으로 해서 세트를 꾸린다. 그 책이 나니아가 어떻게 창조되었는지 들려주기 때문이다. 그러나 연대순으로 읽으려는 시도는 부질없다. 《말과 소년The Horse and His Boy》 속 사건들은 《사자와 마녀와 옷장》과 같은 시간대에 일어난 것이기 때문이다.

그리고 훨씬 중요한 문제가 있다. 수정된 순서를 따라 읽으면 새로운 사실들이 밝혀질 때 찾아오는 마법적 기쁨을 독자가 느낄 수 없다는 것이다. 아이들로 하여금 네 명의 어린 페번시가의 남매와 함께 나니아의 경이로움과 위험들을 발견해 나가게 하는 것이 훨씬 낫다! 여러 사건이나 캐릭터들이 기독교의 진리를 어떻게 상기해 주는지 아이들 스스로 발견할 수도 있고, 부모들이 부드러운 질문으로 토론을 이끌 수도 있다. 어른들은 아이의 순수한 기쁨을 빼앗는 알레고리적 토론을 강요해서는 안 된다. 예를 들면, 처음부터 (어떤 어머니가 극장에서 나니아 영화의 시작을 앞두고 아이들에게 말한 것처럼) "아슬란이 예수님이야"라고 선언하는 것은 자제해야 한다.

알레고리적 성격이 훨씬 덜한 J. R. R. 톨킨의 《반지의 제왕*Lord of the Rings*》 시리즈는 연령대가 높은 아이들과 십 대들에게 적합한 복잡한 서사로 섭리와 주권에 대해 전달한다. 톨킨과 루이스의 기독교적 시각은 그들의 영감 넘치는 판타지에 스며 있다. 그러면 역사상 최고의 베스트셀러 시리즈인 J. K. 롤링*J. K. Rowling*의 《해리 포터*Harry Potter*》 시리즈는 어떨까?

그리스도인들 사이에서는 포터 책들에 대한 의견이 분분하다. '자기희생적 사랑이 갖는 구원의 힘'이라는 핵심 주제에 많은 신자들이 공감하는데, 그들은 거기서 가장 위대한 이야기의 메아리를 듣는다. 그러나 일부 그리스도인들은 이 시리즈가 개인과 사회 전체에 위험하다고 생각한다.[28] 이 시리즈는 영리한 글쓰기와 흥미진진한 플롯으로 책을 즐기지 않는 독자들까지 사로잡는다. 신자나 불신자 할 것 없이 모두가 〈포터 시리즈〉의 이런 능력을 높이 평가한다. 우리 저자들은 부모에게 자녀들과 책을 같이 읽고 논의할 것을(자녀 혼자서 읽게 내버려 두지 말고) 권한다. 그렇게 되면 부모들이 질문을 하고, 도덕적으로 모호한 부분을 지적하고, 적절한 순간에 지침을 제공할 수 있다.

전자 기기 통제하기

오늘날처럼 정신없이 바쁜 사회에서 부모는 어떻게 자녀에게 책을 읽어 줄 시간을 낼 수 있을까? 매일 얼마간의 시간을 확보할 가장 효과적인 방법은 부모와 자녀 모두 전자 기기 사용 시간을 줄이는 것이 될 수 있다. 그러나 전자 기기를 내려놓고 독서에 집중하기는 참 힘들다. 왜 그럴까? 적어도 부분적인 이유는 디지털 매체가 사람들을 온라인에 묶어 두도록 설계되었다는 데 있다.

리처드 프리드Richard Freed는 〈기술 산업이 어린이를 상대로 벌이는 전쟁〉이라는 기고문에서 심리학이 설득의 기술을 발휘하여 아이들에게 무기로 쓰이고 있는 상황을 보여 준다. 그는 이렇게 썼다. "설득 기술은 성인들에게도 잘 통하지만, 아직 성장 중인 아동과 십 대의 뇌에 특히 효과적으로 영향을 미친다." 기술 기업들은 개별 이용자 분석표를 개발하고 "두뇌 해킹"과 기타 "은밀한 설계" 기술을 써서 정서적으로 취약한 순간에 어린 이용자들을 착취한다.[29] 기술의 문제는 어린이들의 순간순간뿐만 아니라 그들의 유년기를 훔치고 있다는 것이다.[30]

기술 산업과 관련 있는 일부 사람들이 변화를 촉구하고 있다. 기술 산업의 많은 경영진들이 자녀들의 디지털 매체 접근을 제한하거나 금지한다는 사실은 많은 것을 말해 준다. 부모는 자신이 기기의 영향을 얼마나 쉽게 받는지 인식하고 핸드폰을 내려놓고 자녀들의 삶에 온전히 참여해야 한다. 부모는 자녀들을 여러 위해나 중독으로부터 보호하려 한다. 이와 똑같이, 자녀들이 불건전한 기술 사용 습관에 빠지지 않도록 지켜 줘야 한다.[31] 앤디 크라우치Andy Crouch의 《기술에 지혜로운 가족The Tech-Wise Family》은 우리가 앞서 살펴본 통합된 가족에 어울리는 "온전하고 풍성한"[32] 생활 방식을 지지한다.

전자 기기를 덜 쓰고 책을 더 많이 읽기로 결심하는 사람들에게 조언을 구하거나 그들과 관계를 맺는 것이 도움이 될 수 있다. 조부모들은 성경적 지혜를 제시할 수 있다. 교회에서 어린이책에 관한 이야기를 나누거나 지역의 도서관 행사에 참석하는 방식으로 마음이 맞는 부모들을 찾을 수도 있다. 아이들이 집에 머무는 시간은 짧다(물론 일을 구하지 않고 부모의 집 지하실에서 게임을 하는 젊은이들 중 하나가 되지 않는다면 말이다. 이런 이들이 늘고 있다). 전자 기기가 가족을 통제하게 허락하지 않고 전자 기기 사용을 줄이려는 노력은 그만한 가치가 있는 일이다.

이후 줄곧 행복하게

등장인물들이 갈등을 극복하고 행복하게 살기 시작하는 동화의 결말을 어느 누가 싫어할까? 현대의 가정에는 분주함과 스트레스가 있지만, 우리 저자들은 독서를 귀하게 여기는 통합적 생활 방식에서 독자가 큰 기쁨을 발견하기를 바란다. 책은 아이들의 정신과 시각을 형성하는 데 결정적 역할을 하기 때문에, 부모가 좋은 책들을 집에 채워 놓고 자녀들에게 꾸준히 읽어 주는 것은 참으로 바람직한 일이다. 이 위대한 독서의 모험을 함께할 마음 맞는 사람들의 공동체가 있다면 이 일이 한층 쉬워질 것이다.

우리 저자들은 이 땅에서는 누구도 이후 줄곧 행복하게 살지 못한다는 것을 깨달을 정도의 현실 감각은 있다. 그리고 좋은 책을 읽는 일이 내세에서 행복하게 살게 해 줄 영적 시각을 형성하는 데 도움이 된다는 것 역시 믿는다.

12

창조적 논픽션 읽기_
진실을 말하기

2006년 1월 26일, 작가 제임스 프라이James Frey는 오프라 윈 프리의 TV 쇼 세트장에 앉아 자신의 회고록《백만 개의 작은 조각들A Million Little Pieces》에 들어 있는 조작된 부분들에 대한 오 프라의 질문에 대답을 시도했다. 불과 몇 달 전에 이 책을 골 라 자신의 북 클럽에서 다루었던 오프라가, 이제는 프라이가 유치장에서 보낸 시간, 여자 친구가 죽게 된 경위, 그가 정말 진통제 없이 치아 신경 치료를 받았는지 등을 캐물으면서 그 의 거짓말을 하나하나 폭로했다. 치과 치료에 관해 프라이는 이렇게 말했다. "그때 이후로 저는 그 일에 대한 견해로 힘 든…." "아뇨, 그 일에 대한 거짓말이지요." 윈프리가 중간에 끼어들었다. "그건 거짓말이에요. 견해가 아니에요, 제임스. 그건 거짓말이에요."[1]

중독의 극복을 다룬 프라이의 책은 2003년에 첫 출간되었을 때도 잘 팔렸지만, 2005년 9월에 오프라의 추천을 받은 후 매출이 급등하여 베스트셀러의 반열에 올랐다. 그런데 2006년 1월 초, 스모킹 건 웹 사이트°에서 프라이 책에 있는 여러 부정확한 부분들을 폭로했다. 우선, 프라이는 경찰에 겨우 몇 시간 구금되었으면서 87일간 유치장에 갇혀 있었다고 썼다.[2] 스모킹 건의 폭로가 있고 나서 3일 후, CNN의 래리 킹이 회고록의 거짓 내용들에 대해 프라이에게 대놓고 묻자, 그가 이렇게 대답했다. "솔직히 말하면, 저는 이 책이 제 인생의 본질적 진실이라는 생각에는 변함이 없습니다. 저는 죽는 날까지 이 생각을 고수할 것입니다." 〈래리 킹 라이브〉가 끝날 무렵, 오프라는 전화를 걸어 본인과 제작진은 프라이를 지지한다며 이렇게 말했다. "저는 제임스 프라이의 회고록에 깔려 있는 구원의 메시지에 여전히 공감합니다. 그리고 이 책을 읽은 사람들과 앞으로 계속 읽게 될 수백만 명의 다른 사람들도 공감할 것임을 저는 압니다."[3]

그로부터 고작 2주 후, (그것도 격분한 팬들의 많은 항의가 있고서야) 오프라는 1월 26일 자신의 쇼에 제임스 프라이를 다시 초대했는데, 쇼show라기보다는 대결showdown이라고 말하는 편이 나을 것이다. 그녀는 프라이를 맹렬하게 비난했

° 미국의 범죄 사건 관련 웹 사이트—옮긴이

잃어버린 독서의 예술 되찾기

고 자신이 〈래리 킹 라이브〉에 전화하여 프라이를 지지한 일에 대해 시청자들에게 사과했다. "제가 실수를 저질렀습니다. 진실이 중요하지 않다는 인상을 남겼습니다. 저는 그 일을 정말 유감스럽게 생각합니다. 저는 진실이 중요하다고 믿기 때문입니다."[4]

오프라 윈프리의 모호한 태도를 보면 그녀가 진실에 대해 정말 믿는 바가 무엇인지 궁금해진다. 그리고 프라이는 어떻게 그토록 많은 거짓이 담긴 책의 "본질적 진실"을 주장할 수 있을까? 이 사건이 잘 보여 주다시피, 창조적 논픽션의 진실에 대한 사람들의 인식은 다양하다. 그러면 독자는 논픽션이 사실일 것이라고 예상해서는 안 되는 것일까? 이번 장에서 우리는 '창조적 논픽션의 진실'이라는 중요한 문제를 살펴볼 것이다. 그에 앞서, 이 장르를 정의하고 특성과 형식을 소개하고자 한다. 이어서 진실의 문제를 탐구하고 '장면 재창조scene recreation'에 대해 살핀 후, 독자들이 저자의 호기심을 어떻게 공유하는지 짚어 볼 것이다. 끝으로, 창조적 논픽션 읽기에 대한 구체적 방안을 제시하며 이번 장을 마무리하고자 한다.

창조적 논픽션이란 무엇인가?

'창조적 논픽션creative nonfiction'이라는 용어는 모순어법처럼 들릴 수 있지만 각 단어를 검토해 보면 이 장르를 정의하는 데 도움이 된다. '창조적'이라는 말은 예술적 기교를 가리키고, '논픽션'은 내용이 사실임을 전달한다. '창조적 논픽션'은 '문학적 저널리즘literary journalism'이라고도 불리지만, 신문이나 잡지 기사와는 다르다. 이 장르를 보다 정확히 묘사하는 용어는 '문학적 산문literary prose'이 될 것이다.

이 장르의 권위자로 인기가 있는 리 거트카인드Lee Gutkind는 '창조적 논픽션'이라는 명칭을 지지하고 이 장르를 "잘 들려준 실화"[5]라고 정의한다. 학계 전문가이자 작가인 필립 로페이트Philip Lopate는 '문학적 논픽션'이라는 용어를 좀 더 선호한다. 그는 이 장르의 구성 원리를 "저자의 의식을 추적하기"로 요약하고, 이 원리와 "문학적 스타일의 적극 활용"이라는 결합을 강조한다. 로페이트에 따르면 "의식consciousness에 스타일을 더한 것이 좋은 논픽션이다." 그의 글 중 기억에 남는 문구를 인용해 보면, 유명한 논픽션 작품들은 "장엄한 생각 여행"이다.[6]

창조적 논픽션은 이야기 및 픽션과 많은 요소를 공유한다. 등장인물들은 일관성 있는 플롯을 거치며 발전하고, 배경과 대화도 갖추고 있다. 그러나 창조적 논픽션은 다른 장르와 구별되는 특성을 지닌 별도의 장르다.

특성과 형식

'창조적 논픽션'에 대한 정의는 이 장르가 가진 두 가지 주된 특성을 강조하는 동시에 다른 특성들도 암시한다. 우선 사실에 기반하는 내용과 예술적 표현의 결합이 창조적 논픽션의 토대를 이루고, 여기에 이 장르의 또 다른 특성인 세 가지 요소가 추가된다. 철저한 조사, 개인적 존재감, 반성적 해석이 그것이다.

예술적 표현은 창조적 논픽션의 특징적 요소다. 저자들은 문학 기법과 문체적 특성을 활용하여 예술적 방식으로 이야기를 전달한다. 두운頭韻이나 유운類韻˚을 구사하면 언어가 노래하고, 직유와 은유는 독자가 세부 내용을 시각화하는 데 도움을 준다. 문장 유형과 길이의 변화는 독자의 흥미를 불러일으키고, 이는 감정적인 대목들과 잘 어우러진다. (시와 픽션에도 나타나는) 이런 기법들이 효과적으로 쓰이면 논픽션에 생동감을 더할 수 있다.

사실에 기반하는 내용 역시 창조적 논픽션의 또 다른 핵심 특징인데, 이 특성을 공유하는 장르는 픽션이나 시가 아니라 저널리즘이다. 신문 보도나 잡지 기사가 실제로 벌어진 일을 다루는(또는 다루어야 마땅한) 것처럼, 창조적 논픽션은 실제 사람들과 사건들을 다룬다(또는 다루어야 마땅하다). 물론 상상력이 들어가는 일부 요소가 필요할 수는 있다. 사람들의 이름이 종종 바뀌고, 대화는 재창조되고, 사건이 압축되어 표현될 수 있다. 하지만 저자가 인물이나 대화, 사건을 지어내지는 않는다. 창조적 논픽션은 과거의 실존 인물이

˚ 한 행이나 일련의 행에서 모음 소리의 반복을 말한다. lake와 fake가 각운이라면, lake와 fate는 유운이다.—옮긴이

나 실제 사건들을 다룰 수 있지만, 역사 소설과는 다르다. 사실을 다룬다는 점에서 저널리즘과 공통점이 있지만, 뉴스 보도와도 다르다.

창조적 논픽션은 충실한 저널리즘처럼 **철저한 조사**를 특징으로 한다. 일부 저자들은 소위 '몰입 조사immersion research'를 실행하는데, 특정 직업의 사람들 또는 특정 상황에 놓인 사람들 곁에서 때로는 몇 달씩 아주 많은 시간을 보낸다. 그들은 벽에 붙은 파리처럼 가만히 상황을 지켜보면서 생생한 묘사와 정확한 대화로 현실을 포착하려 한다. 역사적 주제들을 다루는 데는 좀 더 수고롭고 전통적인 조사가 필요하다. 하지만 신뢰할 만한 저자라면 어떤 주제나 사람을 다루든 자신이 들려주는 이야기가 진실한 것임을 확인하기 위해 최선을 다할 것이다.

창조적 논픽션의 또 다른 특징은 저자 혹은 주인공이 잘 드러나는 **개인적 존재감**personal presence의 부각이다. 저자는 자서전이나 회고록처럼 본인의 인생에 관해 쓸 수 있다. 다른 인물의 삶이나 일반적 주제에 관해 개인의 관점에서 쓸 수도 있다. 후자의 사례로는 음식이나 여행에 관한 책 또는 에세이가 있다. 이런 유형의 책에서는 저자의 사적인 세부 사항이 잘 드러나지 않을 수 있지만, 식당이나 여행지에 대한 인상이나 평가를 들려줄 때 저자의 취향이 드러나게 된다. 창조적 논픽션이 개인의 경험을 주로 다루는 것은 아니지만, 일반적으로 독자는 이 장르에서 실존 인물의 존재감을 더 많이 감지한다.

이렇듯 강한 개인적 존재감은 자연스럽게 **반성적 해석**으로 이어진다. 반성적 해석은 저자의 논평이 될 수도 있는데, 다양한 사건들이 저자에게 끼친 영향을 숙고하는 과정에서 자서전이나 회고록 등에 이런 논평이 전반적으로 나타나곤 한다. 구조적 요소들도 저자가 이야기를 해석하는 방식의 일부이다. 저자는 전형적 대화나 특정 사건들을 선택하여 해결로 가는 논리적 방향을 독자에게 제시하거나 전반적인 주제의 예시로 사용한다. '보여 줄 뿐, 말하지 말라'는 픽션의 격언은 창조적 논픽션의 구체적 장면들 속에서 지배력을 행사한다. 하지만 반성적 말하기도 분명한 자리가 있고 수용할 만하다.

창조적 논픽션은 실화를 예술적 방식으로 들려준다. 이런 작품들에서는 광범위한 조사의 증거가 잘 드러나는데, 그렇다고 사실의 뼈대만 적은 메마른 기록은 아니다. 저자는 사건을 이야기하는 수준을 넘어 그에 대해 숙고하고 그 의미를 해석하여 강한 개인적 존재감을 드러낸다.

진실인가, 대가代價인가?

'창조적 논픽션'이라는 공식 명칭은 1980년대 초부터 비로소 쓰이기 시작했기 때문에 새로운 장르처럼 보일 수 있다. 그러나 이런 유형의 글쓰기는 적어도 기원후 397년과 400년 사이에 집필된 아우구스티누스Aurelius Augustinus의 《고백록

Confessions》만큼이나 오래되었다. 이 장르의 다른 유명한 사례로는 헨리 데이빗 소로*Henry David Thoreau*의 《월든*Walden*》(1854)과 이자크 디네센의 《아웃 오브 아프리카*Out of Africa*》(1937)가 있다. 1990년대에 '회고록 열풍'이 시작되면서 출판사들은 판매를 늘리기 위해 충격적인 이야기들을 갈망하게 되었고, 그런 이야기들은 상이한 진실관을 둘러싼 많은 논쟁을 양산했다. 오프라 윈프리와 제임스 프라이의 실랑이는 사람들이 진실을 다르게 정의하는 모습을 잘 보여 준다. 오프라나 프라이는 공개적 대결 이후에 어떤 대가를 치렀을까?

〈오프라 윈프리 쇼〉는 이후 5년 더 방송되다가 2011년에 종영했다. 프라이는 마지막 회 편에 다시 출연해 오프라와 대체로 우호적인 대화를 나누었다. 《백만 개의 작은 조각들》을 포함해 프라이의 책 중 네 권이 세계적 베스트셀러가 되었다.[7] 세간의 이목을 끈 둘의 실랑이는 두 사람 중 어느 쪽에도 장기적인 피해를 끼치지 않은 것이 분명하다.

일부 저자들은 논픽션으로 홍보한 책에서 거짓을 지어낸 대가로 비싼 값을 치렀다. 한 저자는 대중의 평판을 잃고 난 후 자살했다.[8] 유명한 날조를 저지른 몇 사람은 교도소에 갔다.[9] 때로 출판사는 기만당한 독자들에게 변상을 제안하거나 책을 회수하기도 한다. 회고록 저자가 책에 나온 모습과 전혀 다르다는 사실이 폭로될 때 주로 그런 일이 벌어진다.[10] 이렇듯 일부 작가들은 거짓 때문에 평판이나 지지를 잃지만,[11] 비슷한 일을 한 많은 논픽션 작가들은 아무 뒤탈이 없는 것 같다. 심지어 이익을 보는 경우마저 있다.

존 다가타John D'Agata는 따로 언급할 만한 저자다. 그는 예술의 이름으로 사실을 재량껏 손봐도 된다고 목청껏 주장한다. 다가타의 유명세는 그가 높은 평가를 받는 아이오와대학교 논픽션 글쓰기 과정의 책임자라는 영향력 있는 지위 때문이다.

그는 부정확한 내용의 글을 어느 잡지사에 보냈다가 거절당한 후, 또 다른 잡지사에 보냈다. 그 잡지사는 해당 기고문에 대한 팩트 체크를 짐 핑걸Jim Fingal이라는 무급 인턴에게 맡겼다. 이 첫 과정은 1년이 안 걸렸고, 핑걸은 다가타의 기고문에서 부정확한 내용을 찾아내 100쪽 분량의 보고서를 썼다. 그런데 어느 시점에서 두 사람은 이 과정을 다룬 책을 한 권 쓰기로 의기투합했다. 그들의 상호 작용은 7년에 걸친 협업으로 바뀌어 《사실의 수명Lifespan of a Fact》이라는 책으로 출간되었다. 이 책은 다가타의 원래 기고문을 상당 분량 소개하고 핑걸의 조사 결과로 나온 논평과 질문을 여백에 실은 뒤, 두 사람이 주고받은 이메일들을 곳곳에 배치했다. 그러나 이 책은 두 사람의 실제 상호 작용을 보여 주지는 **않는다**. 핑걸은 책 속의 짐과 존이 "유사한 과정을 재연하는 등장인물들"이라고 설명하고 "그 내용을 다소 극화했"음을 인정한다. 다가타는 이 책을 "과장된 익살극"이라 부르며, 자신과 핑걸은 그 안에서 "일부러 우리들의 논평이 더 적대적으로 보이게 표현했다"라고 썼다.[12] 이 책은 다가타의 견해를 내세우는 무대처럼 보인다.

이런 책이라면 대중의 인식에서 금세 멀어질 거라고 생

각할 수 있을 것이다. 그러나 《사실의 수명》은 2018년 브로드웨이 무대에 올랐고, 해리 포터로 유명한 배우 다니엘 래드클리프가 핑걸 역으로 출연했다. 작가와 팩트 체커 모두가 대중적 성공을 경험하고 있고, 그에 따른 부정적 대가는 거의 없는 듯 보인다.

창조적 논픽션이 지니는 문제의 핵심은 저자들의 마음에 있다. 그들은 진실에 대해 상이한 견해를 갖고 있다. 부정확한 사실은 허위라는 것이 분명해 보일 수 있지만, 일부 논픽션 저자들은 사실의 정확성이 예술적 글쓰기만큼 중요하다고 보지 않는다. 오히려 정확성을 어느 정도 포기하면 이야기의 예술성이 높아진다고 느낀다. 예술 작품을 창조하기 위해서는 사소한 허위 정도는 용인해야 한다고 여기고, 예술 작품이 더 크거나 더 본질적인 진실을 전달한다고 믿는다. 그들의 통상적인 믿음은, 예술에는 제한이 없고 또 실험적이어야 한다는 것이다. 그러나 무제한의 실험이 보이지 않는 선을 넘어 의도적 속임수가 될 때 문제가 생긴다.

다가타에 따르면, "예술의 역할은 우리를 속이고 꾀어 혼란을 안겨 줄 영역, 어쩌면 불편하게 하고 이전에 생각해 보지 못했던 세상의 가능성에 마음을 열게 할 영역으로 들어서게 하는 것"[13]이다. 우리 저자들도 위대한 문학이 새로운 가능성에 마음을 열게 한다는 데 동의하지만, 논픽션이 의도적으로 독자를 조종하거나 혼란스럽게 해야 한다고는 보지 않

<hr>

○ poetic license. 시에서만 특별히 허용되는 언어 규범에 어긋나는 표현으로, 인간의 섬세한 감정을 드러내 보이기 위해 기존의 문법적 질서에서 벗어나는 것을 허용하는 시적 자유—편집자

는다. 창조적 논픽션에는 어느 정도의 '시적 허용'이 필요할 수 있지만 한계는 있다. 실제 사실만 다루어야 한다는 것이다. 다가타는 진실과 예술적 허용 사이에 선을 그어야 하는 확실한 경우가 조작이 해를 끼칠 때뿐이라고 여기는 듯하다. 《사실의 수명》에서 다가타의 캐릭터는 이렇게 주장한다. "나는 에세이 여기저기에서 작가의 재량을 발휘하여 썼지만, 해를 끼치는 내용은 없다."[14]

《뉴요커The New Yorker》에서 팩트 체크를 담당하는 해나 골드필드Hannah Goldfield는 다가타의 주장에 이의를 제기하며 이렇게 썼다.

다가타는 저자의 이런 재량이 실제로 해로울—피해를 입는 쪽이 독자뿐일 수는 있다. 독자는 작가가 실제로 존재하거나 벌어진 일을 정확하게 묘사하고 있으리라 신뢰하기 때문이다—뿐만 아니라 위대한 논픽션 작품을 창조하는 데 전혀 필요하지 않다는 것을 깨닫지 못하고 있다. 사실과 아름다움, '진리'나 참된 '관념'의 이름을 내건 아름다움이라 해도 둘 중 하나를 선택해야 한다는 생각은 터무니없다. 좋은 작가—어쩌면 팩트 체커와 편집자의 도움을 받아—는 그 둘을 결혼시킬 수 있어야 한다. … 세부 내용을 변경하고 취사선택하는 것은 작가에게 쉽고 허망한 표적이다. 작가의 도전과 예술은 사실—마음에 들든 아니든 그 전부—을 직시하고 그것을 아름다운 무엇으로 빚어내는 과정을 통해 이루어진다.[15]

이 책의 공저자인 우리도 그녀의 의견에 동의한다. 논픽션 저자는 사실과 아름다움 중 하나를 선택할 필요가 없다. 신뢰할 만한 논픽션 저자는 참된 사실을 예술적 방식으로 제시함으로써 둘을 결합한다.

기억에는 불명확한 부분이 있고 일상의 대화는 따분하다 보니, 지난 일을 완벽하게 상기하는 것은 대체로 불가능하고 또 바람직하지도 않다. 윌리엄 지랄디William Giraldi는 이렇게 썼다. "회고록을 읽는 독자들은 총체적 정확성이 불가능하다는 사실을 이해한다. 그들이 요구하는 바는 계산된 왜곡을 하지 말라는 것뿐이다. 독자들은 도덕적 고려, 세련된 방식으로 표현된 도덕, 그리고 사실에 위배되지 않는, 상상력 넘치는 주장을 원한다."[16] 작가들은 여러 장면을 창의적으로 재창조할 수 있지만, 가상의 시나리오를 만드는 식으로 독자를 호도해서는 안 된다.

필립 로페이트는 논픽션 작가들이 최대한 정직하려 노력해야 한다고 믿는다. "용기가 허락하는 만큼 정직하고, 우리가 실제로 느끼고 행한 바를 전하는 데 정직하고, 우리 자신 역시 혼란에 대해서도 정직해야 한다." 그가 볼 때, 논픽션 저자의 어려운 도전은 "자신이나 다른 사람에게 실제로 벌어진 일을 최대한 정직하고 설득력 있게 제시하는 것"이다. 그는 이렇게 덧붙인다. "결국, 나는 가능한 순간마다(늘 가능하지는 않다) 논픽션 작품에 실제 사실을 사용해야 한다는 생각이다. 우리에게 주어진 이 세상에는 뭔가 마법적이고 신비로운 것이 있기 때문이다."[17] 창조적 논픽션은 '사실이 허구보다 더 기묘하다'는 오래된 격언의 진실성을 다른 어떤 장르보다 분명히 드러낸다. 우리는 매혹적인 세상에 살고, 이곳에는 믿기지 않는 일을 하는 흥미로운 개인들이 거주한다.

리 거트카인드는 창조적 논픽션에서 진실, 정확성, 사실 확인의 필요성을 강조한다. "정직과 신빙성이 이 장르의 뼈와 힘줄이요, 논픽션을 붙들어 주는 본질적 요소라는 점은 반박의 여지가 없다." 그의 좌우명이기도 한 저서 제목에 핵심이 담겨 있다.《내용을 지어내서는 안 된다*You Can't Make This Stuff Up*》[18]

장면 재창조

흔히 기억은 모든 세부 내용을 완전히 명료하게 떠올리지 못하고, 같은 사건이라도 사람마다 다른 식으로 회상한다. 대화를 녹음하지 않는 한, 과거의 대화를 글자 그대로 기억하는 것은 불가능하다. 이런 이유로, 독자들은 논픽션을 쓴 작가가 장면과 대화를 재창조할 것이라고 예상할 수 있다. 그러나 독자들은 그 재창조가 가능한 한 정확하게 이루어지기를 또한 기대할 것이다.

개인적 사례 하나를 살펴보자. 나(글렌다)는, 부당하게 투옥되었다가 이후 무죄 석방된 유라이어 코트니Uriah Courtney의 회고록 작업을 함께한 적이 있다.[19] 그는 자신의 어린 시절에서 몇 장면을 골라 전반부 여러 장을 여는 도입으로 삼았다. 그 장면들로 유라이어가 자연과 모험을 사랑한다는 점을 드러내고, 일련의 사소한 행동과 스릴을 추구하는 마음에 이끌려 따라간 길에서 그를 기다린 것이 체포와 부당한 유죄 판결이었음을 보여 주고자 한 것이었다.

유라이어는 친구 한 명과 샌디에이고 고속도로 아래의 우수관 터널을 탐험하다가 손전등 배터리가 나갔던 때의 기억을 적었다. 나는 그 일이 어떻게 펼쳐졌을지 상상하면서 그가 제공한 사실 정보에 대화와 묘사를 추가했다. 유라이어는 그 장면을 읽고 나서 이렇게 말했다. "와! 글렌다가 거기 함께 있었는지 몰랐는데요."

실제로 일어난 일을 반영하는 장면과 대화의 재창조는 벌어진 적이 없는 사건과 대화를 들려주는 일과 전혀 다르다.

호기심

픽션 작가는 가상의 이야기를 들려주고 싶은 마음에 이끌리지만, 논픽션 작가는 실화를 들려주고 싶은 충동을 갖고 있다. 이 충동에 기름을 붓는 것이 저자의 호기심이다. 논픽션 저자는 세상에 있는 믿을 수 없는 일들과 놀라운 사람들에 관한 호기심을 타고 났다. 영원한 영혼을 받은 각 개인은 나름의 고유한 이야기를 갖고 있다. 한 사람이 살아온 인생의 단편을 세상과 공유하는 것이 논픽션 저자의 특권이다. 세상에는 너무나 많은 매혹적인 장소, 직업, 사건들이 존재하고, 논픽션 저자에게는 흥미로운 주제가 결코 고갈되지 않는다.

로버트 루트Robert Root는 이렇게 말한다. "작가가 논픽션을 매체로 선택하는 이유는 세상의 한 부분을 이해하고 그 이해를 기록하고 반응하기 위한 욕망, 필요, 충동 때문이다." 그는 이것을 "논픽션의 동기"라고 부르고 "이 동기가 드러나는 지점"이 논픽션의 핵심이라고 믿는다.[20]

필립 로페이트는 논픽션 저자의 호기심이 "집착보다는 미지근하게 들리지만, 장기적으로는 그것이 훨씬 더 믿을 만하다"라고 말한다. 그는 이렇게 덧붙인다.

한 가닥의 호기심을 따라가다 보면 곧 흥미로운 여담, 한 장 전체, 출간 제안서, 책에 이르게 된다. 자아의 온상에 갇히는 문제에 대한 해결책은 회고록이 자기 몰입적 자기 응시라는 반발에 굴복하여 자서전 쓰기를 포기하는 것이 아니다. … 호기심을 가지고 역사와 구체적 세계의 더 많은 부분들과 접촉함으로써 자아를 확장하는 것이 진짜 해결책이다.[21]

여기서 로페이트는 선정적이고 자기 몰입적인 회고록에 대한 해독제를 포착한다. 잘 쓴 논픽션의 저자들은 호기심 어린 흥미를 갖고 자아 너머의 역사와 세계를 바라본다.

그리고 로페이트는 논픽션의 정해진 결론을 드러내는 문제를 다루면서 독자의 호기심에 관한 힌트를 준다. "사실, 결론이 정해진 대목은 최대한 오랫동안 미뤄야 한다. 형식은 열려 있어야 하고, 탐구의 방식은 새로운 호기심을 수용하는 것이어야 한다."[22] 논픽션은 미리 정해진 결론에 이를 것인데, 이때 독자의 호기심을 자극하는 방식으로 쓸 수 있다. 저자와 독자는 호기심을 채우고 싶은 인류의 욕구를 공유한다.

독서 추천

창조적 논픽션, 문학적 논픽션, 문학적 산문 중에서 독자들이 이 장르를 무엇이라고 부르고 싶어 하건 간에, 이제 이 장르와 이것을 둘러싼 논쟁을 더 잘 이해하게 되었기를 바란다. 이 장르는 우리가 이 책에서 다루었던 여느 장르들과 다르기 때문에, 몇 가지 특별한 독서 방안이 필요하다.

* 잘 쓴 실화의 문학적 기술을 즐기자.
* 정확한 사실을 기대하되, 일부 저자들은 자신이 생각하는 더 큰 예술적인 목적을 위해 부정확한 내용을 의도적으로 사용한다는 사실을 알고 있자.
* 기억은 불명확한 부분이 있기 때문에 같은 사건도 사람마다 다르게 회상한다는 사실을 인식하자.
* 대화가 있는 장면들은 재창조될 수 있음을 알고, 과거에 했던 대화가 있는 그대로 기록되기를 기대하지 말자.
* 강한 개인적 존재감과 반성적 해석이 있을 것임을 예상하자.
* 저자의 호기심을 공유하자.
* 중요한 진실이 자신의 삶에 어떻게 적용될 수 있는지 생각하자.

잃어버린 독서의 예술 되찾기

최근 수십 년 간은 선정주의가 출판사들의 회고록 열풍에 기름을 끼얹은 것처럼 보일 수 있다. 저자가 추잡한 세부 내용을 더 많이 털어놓을수록 매출은 더 치솟을 것이다. 진실과 정직에 관한 논쟁들을 듣다 보면 과연 창조적 논픽션이 찾아 읽을 만한 가치가 있는지 의문이 들 수 있다.

그러나 이 장르는 독자들에게 줄 것이 많고, 앞서 말한 대로 풍성한 영적 토양에 뿌리를 두고 있다. 윌리엄 지랄디는 서구의 자서전 전통이 아우구스티누스와 더불어 시작되었다는 사실을 숙고한다. "아우구스티누스의 《고백록》에서, 고백하기가 뜻하는 것은 자기 비하로 교묘하게 가장한 자기 미화—또 다른 정체성 위기를 드러내는, 겸손을 가장한 온갖 자기 자랑—가 아니라, 높으신 분, 절대 타자께 자기를 넘겨 드림, 항복이다. 이것은 뜨거운 은혜를 얻기 위한 노력이다.[23]

창조적 논픽션 읽기는 실화를 탐구하는 매혹적인 여행이 될 수 있다. 독자는 작가와 동행하면서 인류의 타고난 호기심에 대한 답을 발견한다. 창조적 논픽션이라는 명칭이 지독한 모순어법으로 들릴 수 있지만, 이 장르는 하나님의 은혜가 가진 뜨거운 능력에 항복할 매개 또한 될 수 있다.

성경을 문학으로 읽기_
기쁨을 주는 말들

—

C. S. 루이스는 이렇게 진술했다. "성경은 결국 문학이기 때문에 문학으로 읽지 않으면 제대로 이해할 수 없다. 성경의 다양한 부분들은 다양한 종류의 문학으로 읽어야 한다."[1] 자주 인용되는 이 진술은 이번 장의 제사題詞°처럼 주제를 요약해서 말해 준다. '성경을 문학으로 읽기'라는 주제는 자연스럽게 네 부분으로 나누어진다. (1) 문학으로서의 성경이 의미하지 **않는** 바, (2) 문학으로서의 성경이 **의미하는** 바, (3) 성경을 문학으로 읽는 **방법**, (4) 성경을 문학으로 읽어야 하는 **이유**.

○ 책의 첫머리에 그 책과 관계되는 노래나 시 따위를 적은 글—편집자

'문학으로서의 성경'이라는 친숙한 개념을 온전히 받아들이려면, 우리 안에 있을 수 있는 여러 우려를 먼저 떨칠 필요가 있는데, 이 두려움들은 진지하게 생각해 볼 가치가 있다. 이것을 검토해 보면 우리의 우려가 오해라는 것이 드러난다. 그중에서도 내내 등장하는 네 가지 오류가 있다.

성경의 문학적 측면을 고려하는 데 익숙하지 않은 사람들이 많이 갖게 되는 첫 번째 오해는, 이 개념이 근대적이고 자유주의적인 관념이라고 의심하는 것이다. 그러나 이 개념 자체는 근대적인 것이 아니고, 본질상 자유주의적인 것도 아니다. 이 개념은 성경 저자들과 더불어 시작되었다. 그들이 문학 기법에 숙달했다는 것은 성경의 거의 매 쪽마다 드러난다. 그들은 연대기, 노래, 비유, 묵시록, 서신 같은 전문 문학 용어들을 종종 사용한다. 성경을 문학으로 보는 개념의 본질이 자유주의적인 것이라는 오해도 쉽사리 몰아낼 수 있다. 아우구스티누스, 루터, 칼뱅 같은 비범한 신학의 대가들은 성경에 문학적 특성이 있다는 사실을 의심하지 않았다. 성경에 대한 문학적 주석을 읽어 보면, 다른 유형의 성경 주석처럼 자유주의적 경향의 해석과 복음주의적 경향의 해석이 모두 있는 것을 알 수 있다. 성경을 문학으로 읽고 분석하는 일의 출발점은 다른 모든 성경 연구의 출발점과 같다. 성경이 내세우는 하나님 말씀으로서의 독특한 지위에 관한 자기 선포의 내용 전체를 참된 것으로 받아들이는 것이다.

둘째, 성경을 문학으로 묘사하는 것은 성경의 내용이 허구라는 의미가 아니다. 문학에서 허구성이 흔하기는 하지만, 그것이 문학의 본질적 요소는 아니다. 하나의 텍스트를 문학으로 만드는 특성들은 그 자료가 역사적으로 정확한지 허구인지에 영향을 받지 않는다. 하나의 텍스트는 문학적 특성을 드러낼 때마다 문학적 텍스트가 된다. 성경 텍스트에 있는 고도의 정형화와 의식적으로 발휘된 예술성은 그 텍스트가 허구임을 알린다는 생각이 널리 퍼져 있는데, 복음주의권 일부에서도 볼 수 있는 그런 생각은 아무 근거가 없다.

셋째, 성경을 문학으로 읽는다고 해서 독자가 성경의 문학적 특성에만 주목하고 다른 측면들을 외면할 필요는 없다. 성경에는 세 유형의 자료, 즉 역사적, 신학적, 문학적 자료가 다 모여 있다. 이런 조합 탓에 성경을 그중 **하나로만** 읽는 것은 불가능하다. 셋 중 하나라도 소홀히 하는 것은 성경의 본질을 왜곡하는 일이다. 대개 역사와 신학은 하나의 문학적 형식 안에 함께 담겨 있다. 결과적으로 볼 때, 신학과 역사가 구현될 수 있는 문학적 형식 없이는 신학도 역사도 존재할 수 없다. 이런 의미에서, 성경에서 문학적 양식의 우위성을 말하는 것은 적절한 일이다.

끝으로, 성경을 문학으로 생각하는 데 익숙하지 않은 사람들은 그런 접근법이 성경을 우리가 쉽게 접하는 (영미) 문학과 같은 수준에 놓으려는 시도라고 여기고 반대하기도 한다. 그러나 성경이 문학이라는 말은 성경의 형식에 대한 객관적 묘사일 뿐이다. 여기에는 성경을 드높이거나 깎아내리려는 의도가 없다. 우리가 문학적 분석이라는 평범한 방법으로 성경에 접근하면, 성경은 스스로를 높이고 그 독특한 영적 특성과 능력을 드러낸다. 성경이 다른 문학과 여러 특성들을 공유함에도 불구하고, 성경은 그 문학과 같은 것으로 보이지 않는다. 영국의 시인 새뮤얼 테일러 콜리지가 올바르게 진술한 대로, "성경 말씀은" 다른 어떤 책보다 "우리 존재의 더 깊은 곳에서 우리를 발견해 낸다."[2]

이상과 같은 잘못된 오해들 때문에 성경을 문학적으로 연구하고 향유하지 못한다면 참으로 비극일 것이다. 우리는 성경에 부여되는 특별한 지위와 종교적 경의를 포기하지 않고도 얼마든지 성경을 그 문학적 특성에 맞게 읽을 수 있다.

문학으로서의 성경이 의미하는 바

기록된 텍스트가 문학적인 것이 되게 하는 특성을 나열하자면, 아주 길다. 그에 상응하는 많은 요인들이 있어서 성경은 문학 선집이 된다. 그러므로 다음의 논의는 성경의 가장 중요한 문학적 특성 몇 가지를 선별한 목록이라고 이해해야 한다. 성경의 문학적 특성은 그 외에도 많다. 미리 말해 두어야 할 중요한 사항이 있는데, 성경의 이런 문학적 특성들은 문학 일반을 규정하는 특성들과 정확히 일치한다는 것이다. 문학의 형식과 기법을 다루는 모든 표준 안내서는 성경을 문학으로 보게 해 줄 정확한 범주와 정의를 제공한다.[3] 우리는 문학적 특성들을 이 책의 다른 부분에서 다루지만 여기서 그중 일부를 진술할 필요가 있다. 대부분의 사람들은 문학적 특성들이 성경에 어떻게 적용되는지 제대로 이해하지 못하기 때문이다.

내용이나 주제의 차원에서 논의를 시작하는 것이 유익할 수 있다. 문학의 주제는 인간의 경험이고, 독자는 작품이 아주 구체적으로 표현해 낸 인간 경험을 상상 속에서 겪어 보게 된다. 핍진성과 인간 경험은 독자가 성경뿐 아니라 다른 문학 작품에서도 만나는 일차적 수준의 내용이다. 이 지점에서 우리는 플래너리 오코너의 원칙에 주목할 필요가 있다. "텍스트 전체가 의미다. 그것은 추상이 아니라 **경험이기 때문이다.**"[4]

가인의 이야기는 분량이 열여섯 구절에 불과하지만(창 4:1-16), 그 이야기가 구현하는 인식 가능한 인간 경험의 목록은 계속 확장된다. 형제간의 갈등, 가정 폭력, 원한 품기, 거부감, 악행을 들킨 데 대한 분노, 회개의 거부, 잘못된 선택과 그 결과를 안고 살기, 죄책감, 유배 등이 그것이다. 한편, 진리에 대한 동일한 경험적 접근법을 시의 형식으로 보여 주는 좋은 예는 시편 23편이다. 이 시를 읽어 나가다 보면 먼저 머리로 관념을 파악하는 것이 아니라 목자의 일과를 따라가면서 그가 수행하는 일들을 경험하고 일련의 배경을 그려 보게 된다.

문학 작품으로서 성경은 우선 독자가 보편적 인간 경험을 접하게 해 준다. 성경은 신학책처럼 주로 관념을 다룬 책

잃어버린 독서의 예술 되찾기

이 아니다. 물론 우리가 경험적 수준에서 문학 작품을 추체 험한 후, 그 문학 텍스트에서 주제나 관념을 추출하는 것은 언제나 가능한 일이다. 문학은 성육신적incarnational이다. 독자 가 하나의 경험—이를테면 아가서에서는 사랑에 빠진 감 정—을 공유하게 하는 방식으로 내용을 구현한다는 점에서 그렇다. 성경의 얼마나 많은 부분이 "말하기"보다는 "보여 주 기"(추상 대신에 구현 또는 재연)라는 문학의 기준을 채울 까? 앞의 어느 장에선가 우리는 80퍼센트라고 언급했고, 그 원리를 너그럽게 적용한다면 비율은 더 높아질 것이다.

성경의 문학적 성격을 그 안의 경험적 **내용**을 가지고 규 정할 수 있다면, 그 내용을 표현하는 **형식**의 관점에서도 규 정할 수 있다. 수 세기에 걸쳐 하나의 텍스트를 구별하는 가 장 흔한 방식은 장르(문학 유형)의 구분이었다. 오랫동안 인 류는 어떤 장르들은 논증적인 것으로, 다른 장르들은 문학적 인 것으로 인식했다. 논증적 담화는 정보를 직접적이고 추 상적으로 전달한다(이를테면 보고서, 장부, 일부 에세이 등). 문학 장르는 이야기나 서사, 시, 풍자, 묵시록, 잠언, 서신을 포함한다. 세계에서 가장 방대한 선집 중 하나인 성경에는 다양한 문학 장르와 형식이 담겨 있고, 그것들의 존재는 성 경이 문학서라는 사실을 쉽게 입증한다.

성경 속 문학 형식의 두 번째 측면은 예술성이라고 불리 는 폭넓은 특성이다. 우리는 이것을 아름다움과 자동적으로 연결한다. 예술성은 '시작-중간-끝'으로 이루어지는 이야기 구조나 '테마와 변주'의 원리로 신중하게 쌓아 올린 시를 통해 전 세계에서 공통적으로 볼 수 있다. 시편 1편이 '경건한 사람의 복됨'이라는 프리즘을 이리저리 돌려 독자가 그 통합적인 주제가 가지는 다양한 측면들을 숙고하게 하는 과정을 보라. 성경에 두루 퍼져 있는 언어의 아름다움은 성경을 기억에 깊이 남는 진술들로 가득한 가장 경구적警句的인 책으로 만든다. 마태복음 5장 2-10절에서는 '수사적修辭的 정형화'라는 예술성의 한 형식을 볼 수 있는데, 여기서는 모든 복이 다음의 동일한 정형을 따른다. (1) 복이 있음을 선언함, (2) 한 집단을 거명함, (3) 복의 이유를 제시함, (4) 약속된 보상을 진술함. 예를 들면, 다음 말씀을 보자. "복되도다! 마음이 가난한 사람들이여, 하늘나라가 그들의 것이다"(마 5:3, 우리말성경).

성경의 문학적 스타일 또는 형식의 또 다른 측면은 특별한 언어 자원으로 구성된다. 이 언어 자원 때문에 문학 텍스트는 일상의 논증적 산문과 다른 것이 된다. 이미지, 은유, 직유, 암시, 의인화 같은 비유적 표현이 가장 분명한 사례들이다. 이런 표현들은 시의 언어를 구성하지만, 성경에서는 시에 한정되지 않는다. 성경의 거의 모든 쪽에 이런 표현들이 등장하고, 예수님의 말씀과 서신서, 요한계시록에서는 특히 두드러진다.

성경이 문학이라는 말은 무엇을 의미할까? 이 말은 성경이 우리가 숙고할 수 있게 인간의 경험을 제시하고, 다양한 문학 장르가 한데 묶여 있고, 예술성이 가득하고, 언어의 문학적 자원을 사용한다는 뜻이다.

지금까지 성경의 문학적 성격에 관해 짚어 온 내용에 성경 학자들을 포함한 많은 사람이 이론적 차원에서는 동의한다. 그러나 성경을 읽고 가르칠 때는 이론적으로 믿는 내용을 무 시한다. 문학적 분석법을 사용하지 않고 성경을 다루는 관습 적 방식으로 되돌아가는 것이다. 성경의 문학적 성격을 말로 만 인정하고 실제로는 무시한다면 너무나 큰 기회를 놓치는 일이다. 그것은 마치 식사를 준비해 놓고는 앉아서 먹지 않 겠다는 것과 같다.

그렇다면 성경을 문학으로 읽을 방법은 무엇일까? 이 질 문에는 분명하고 단순한 답이 있다. 성경이 갖고 있는 문학 적 특성들을 **제대로 다루어야** 한다는 것이다. 간단한 문제다. 이 논의는 성경을 문학서로 볼 수 있게 하는 구체적 특성들 을 생각할 때 독자에게 어떤 행동이 요구되는지 살펴보는 방 식으로 진행할 것이다.

내용의 차원에서 문학은 진정한 인간 경험을 대변하는 목소리다. 이야기와 시는 실제 경험을 우리 앞에 펼쳐 놓아 그것을 숙고하고 공유할 수 있게 한다. 이 일을 위해서 우리 는 텍스트에 등장하는 인간 경험을 알아보고 거기에 이름을 붙여야 한다. 성경은 영적 실재를 다루는 거룩한 책이기 때 문에, 농사와 집 청소와 강도를 당하는 일과 고기잡이 같은 현실의 경험들은 다루지 않을 것이라는 잘못된 결론을 내리 기 쉽다. 예수님이 비유를 말씀하실 때 흔히 다루시는 주제는 '하나님 나라는 무엇과 같은가' 하는 것이었다. 그러나 예수님은 위에서 말한 인간의 여러 경험을 사용하여 이 진리를 드러내셨다. 성경을 문학으로 읽는 방법은 성경이 명료하게 그리는 인간 경험에 푹 잠기는 것이다. 이것이 문학이 하는 일이고, 문학으로서 성경이 하는 일이다.

문학을 알려면 구별된 장르 또는 글의 종류를 알아야 한다. 그러므로 성경을 문학으로 읽으려면 성경 안의 다양한 장르를 인식하고 주어진 텍스트와 만나야 한다. 이야기를 읽을 때는 플롯, 배경, 인물이라는 통상의 서사적 고려 사항을 염두에 두어야 한다. 시를 읽을 때는 이미지와 비유적 표현을 인식하고 그것이 구현하는 의미를 발견해야 한다. 선지서에 나오는 심판의 신탁은 그것이 풍자의 글이라는 전제 하에서 읽어 나가야 한다. 풍자에는 공격의 대상과 공격을 구현하는 수단이 포함되고, 대상을 정죄하거나 조롱하는 일의 합당함에 대한 규범 또는 표준이 진술되거나 함축되어 있다.[5]

문학의 또 다른 특성은 예술적이라는 것과 우리 삶에 있는 아름다움의 원천이라는 것이다. 문학은 창조성과 전문 기술의 산물이고, 피아노 연주회 관람이나 미술관 방문, 일정한 양식을 따라 가꾼 정원을 산책하는 일과 같은 범주의 경험을 제공한다. 성경을 문학으로 읽는다는 것은 그 예술성과 아름다움을 인정하고, 시간을 들여 텍스트의 그런 측면들을 인식하고, 그 의도된 효과를 향유하는 것이다. 전도서의 기자는 자신의 집필 철학에 '기쁨을 주는 말을 찾으려고 힘썼'(전 12:10, 새번역)다는 진술을 포함한다. 성경을 문학으로 읽는 것은 성경 말씀과 성경을 토대로 만든 더 많은 책들에서 얻는 기쁨에 주목하고 그것을 누리는 일이다.

독자는 이 책의 목차를 보면서 성경을 다룬 장은 여느 장들에서 다룬 문학에 대한 논의와는 다른 말을 할 것이라고 생각했을 수도 있다. 하지만 사실은 정반대다. 우리의 목표는 이 책 전체가 논하는 바를 성경에 적용하는 것이다. 우리가 문학 일반에 관해 이미 아는 내용에 비추어 성경을 읽고 해석한다면, 우리는 성경을 훨씬 잘 다루게 될 것이다. 성경이 우리의 문학적 경험을 포함한 삶의 나머지 부분과 동떨어져 있다고 여기는 관행으로 인해 우리의 성경 이해는 이미 큰 손상을 입었다. 마르틴 루터Martin Luther는 "가능한 한 많은 시인과 수사학자들이 존재하기를" 바랐다. "사람들은 다른 무엇보다 시와 수사학 연구를 통해 신성한 진리를 파악하고 그 진리(성경)를 능숙하고 행복하게 다룰 수 있도록 놀랍게 준비되기 때문이다."[6]

성경을 문학으로 읽어야 하는 이유

왜 성경을 문학으로 읽어야 하느냐는 질문에는 간단한 답변이 있다. 그것 **외에는** 성경을 온전히 읽을 방법이 없기 때문이다. 성경 대부분이 본질상 문학이기 때문에, 우리는 성경의 문학적 특성과 대면하는 일을 피할 수가 없다. 성경의 이야기를 읽으려면 그 안의 플롯, 배경, 인물과 상호 작용을 할 수밖에 없다. 시를 이해하려면 그 의미와 비유적 표현을 마주하지 않을 수가 없다. 성경 텍스트의 이런 문학적인 측면들을 의식하지 못하는 사람은 문학적 분석 없이도 자신이 성경을 잘 이해하고 있다고 **생각**할 수 있지만, 그들은 어쩌면 직관적이고 무의식적으로 문학적 분석을 이미 수행하고 있을 수도 있다. 아니면 성경과 소통하는 것이 아니라 성경의 대체물을 상대하고 있는지도 모른다. 그것은 성경의 상황 또는 배경 정보일 수도 있고, 누군가 성경에서 추출하여 전해 준 관념들의 무더기일 수도 있다. 성경은 직접적으로 진술된 관념들을 모은 책이 아니기 때문에, 문학적 형식에 대한 모종의 분석이 있어야만 비로소 성경이 말하는 바를 파악할 수 있다.

성경을 문학으로 읽어야 하는 두 번째 이유는 그래야 온전한 텍스트를 경험하는 문이 열리고, 흔히 볼 수 있는 갖가지 형태의 환원주의를 피할 수 있기 때문이다. 성경의 한 대목을 읽을 때는 저자가 텍스트에 담은 모든 것이 중요하고 우리가 관심을 갖고 존중할 만한 가치가 여기에 있음을 우선 전제해야 한다. 이야기 속 배경에 세부 사항이 있는 것은 분명한 목적이 있어서다. 성경의 시와 일부 산문의 평행법은 우연히 생겨난 것이 아니라 작가의 설계에 따른 것이다. 문학적 분석의 토대는 텍스트를 꼼꼼히 읽는 것이다. 문학적 분석은 텍스트에 나오는 모든 것이 중요하다고 가정한다. 심지어 그것이 텍스트의 주요 목적과 아주 동떨어진 것처럼 보인다(그러나 아마 그렇지 않을 것이다)고 해도 말이다. 이것은 복음주의권에서 압도적으로 우세한 환원주의, 즉 성경의 모든 대목을 일련의 개념들로 축소하는 접근법에 대한 대안이 된다.

성경을 문학으로 읽으면 성경 전체를 읽고 가르칠 수 있는 기회도 열린다. 우리가 개념 중심의 논증적 산문을 읽는 데만 특화되어 있다면, 문학적 대목들 특히 익숙하지 않은 장르에 속하는 대목들을 어떻게 이해해야 하는지 모르게 된다. 이 문제의 해결책은 성경의 다양한 문학적 장르들에 익숙해지는 것인데, 이 장르들은 고등학교와 대학교의 문학 수업에서 다루는 것들과 대체로 겹친다.[7]

성경을 문학으로 읽어야 하는 또 다른 이유는 이 접근법이 저자의 의도를 존중한다는 데 있다. 복음주의 성경 해석학은 저자의 의도를 핵심 개념으로 옹호했지만, 아직까지 이 개념을 충분히 널리 적용하지는 않고 있다. 어느 성경 저자가 자신의 메시지를 어떤 문학 형식에 담아 표현할 때는, 그 결과물을 독자가 문학적 방식으로 읽는 것이 저자의 의도였다고 충분히 짐작할 수 있다. 저자의 의도에 맞게 읽는다는 것은 텍스트를 그 문학적 특성에 비추어 읽고 해석하는 것을 의미한다.

'왜'라는 질문에 더 많은 답변을 추가할 수 있지만, 이제 한 가지 답변을 더 다룰 지면밖에 남지 않았다. 마지막 답변은 성경을 문학으로 읽으면 성경을 새롭게 경험하게 된다는 것이다. 여가 시간에 하는 독서를 즐거움의 원천으로 만드는 요소들은 성경 읽기에도 그대로 적용될 수 있다. 성경에 문학적으로 접근하자는 비전을 받아들인 사람들은 대부분 그로 인해 성경 읽기에 대한 흥미와 기쁨이 되살아나고 새로운 시각을 갖게 되었다고 말한다. 성경 읽기에 문학적 차원을 더하면 더 정확하게 읽을 수 있을 뿐 아니라 성경 읽기가 의무를 넘어 즐거운 일이 된다.

3
—

독서라는
예술의
회복

—

Recovering
the Lost Art
of Reading

14

발견을 통한 회복

많은 영어 단어가 그렇듯, 'recover'에도 여러 의미가 있다. 우선, 아팠다가 건강이 좋아지는 '회복'의 의미가 있다. 또 다른 의미는 잃어버린 보물을 '되찾는' 것이다. 독서의 recovering은 이 두 측면을 다 아우른다. 지난 수십 년 동안 독서의 건강 상태가 전반적으로 악화되었다. 여러 즐거움을 제공해 주는 지속적인 가치를 갖고 있는 독서는 반드시 되찾아야 할 보물이다.

이 책의 1부는 독서가 잃어버린 예술이 되는 과정을 보여 주었다. 2부는 문학을 읽어야 할 이유를 제시했고, 문학의 다양한 장르 또는 범주를 즐기는 법을 안내했다. 이번 장과 함께 시작되는 마지막 3부는 독서라는 예술을 회복하고 되찾는 법을 다룬다. 이후의 장들에서 이 원정의 구체적인 측면들을 심도 있게 탐구하기 때문에 여기서는 예술적 독서를 회복하고 되찾을 전략에 대한 논리정연한 개관을 제시하고자 한다.

독서의 '회복'에 대한 우리의 구상은 사람이 병들었거나 귀중한 것을 잃어버렸을 때와 똑같은 방식으로 진행된다. 우선 우리는 건강이 안 좋거나 보물을 잃어버렸다는 사실을 인식해야 한다. 그러고 나서야 적극적 태도로 전환하여 뭔가 조치를 취할 수 있다. 그럴 때 우리는 위대한 의사이자 잃어버린 자들을 찾으시는 선한 목자를 믿고 회복과 되찾음으로 나아가는 유용한 전략들을 실행에 옮기게 된다.

독서를 회복하고 되찾기 위한 첫걸음은 건강이나 보물의 경우와 유사하게 문제를 발견하는 것이다. 그다음은 예술적 독서를 촉진하는 개인적 관점을 발견하는 것이다. 우리는 문학에서 진선미를 발견함으로써 예술적 독서를 하게 되는데, 이것은 우리가 좋은 책을 찾도록 돕는다. 예술적 독서는 우리의 영적인 삶을 향상하거나 심지어 복음을 발견하도록 이끌 수 있다. 회복으로 가는 길은 발견을 따라 이어진다.

문제 발견하기

이 책의 1장에서 우리는 좋은 책을 숙고하며 읽는 일이 줄어

드는 듯한 상황을 보았다. 사람들이 전자 기기 화면을 훑어보는 데 더 많은 시간을 보내면서 문학 독서에 쓰는 시간이 줄어든 것이다.

인터넷 사용이 뇌에 미치는 영향과 이용자들을 조작하는 기술적 방법들에 관해 많은 사람이 우려를 표명했다. 전자 기기의 사용은 모든 연령대의 사람에게 해로울 수 있고 중독의 가능성이 있지만, 특히 십 대들은 조작과 중독에 취약하다. 소년들은 게임에 사로잡히는 경향이 있는 반면, 소녀들은 흔히 소셜 미디어에서 인기를 얻으려고 경쟁한다. 전자 기기의 유혹에 넘어간 사람들은 어른이든 젊은이든 종종 가족을 소홀히 하고 독서처럼 유익한 활동들을 무시한다.

우리의 손실은 시간 낭비와 뇌의 위축에 그치지 않는다. 우리는 깊이와 지혜를 잃고 있고, 어쩌면 자신의 일부조차 잃어버려 영혼이 위험한 처지에 있는지도 모른다. 숙고하는 독서를 잃어버리면 우리 문화와 각 개인에게도 여러 가지 손실이 초래된다. 하지만 문제의 존재를 발견하고 인정하면, 예술적 독서를 회복하고 되찾는 데 필요한 시각을 채택하고 조치를 취할 수 있다.

관점 발견하기

우리는 독서를 회복하고 되찾는 과정의 시작을, 우리 자신과 자녀들 안에 긍정적 관점을 만드는 데서 출발한다. 구체적

잃어버린 독서의 예술 되찾기

태도들은 다른 여러 장에서 좀 더 자세히 논하기로 하고 이번 장에서는 관점의 세 가지 일반적 범주를 파악하여 종합적으로 요약해 보자. 개인 독자들은 자신을 정독자, 동반자, 참여자로 생각할 수 있다.

가장 단순한 수준에서 **정독자**peruser는 읽는 사람이다. 독서라는 잃어버린 예술을 회복하고 되찾는 데는 읽는 행위가 필수적이다. 더 많이 읽을수록 더 나은 독자가 된다. 우리는 스스로를 비문학적인 사람이 아닌 독자로 생각할 수 있다.

정독은 신중하고 주의 깊게 읽는 것을 의미한다. 정독자는 누군가의 명작 문학 목록에 오른 산더미 같은 책들을 정복하려 드는 대신, 마음을 열고 눈을 크게 뜨고 앞에 놓인 이야기에 몰입한다. 주의 깊게 읽을 때 작품의 예술성을 더욱 인식하게 되고 독자의 기쁨도 커진다.

예술적 독서는 훑어 읽기보다 시간이 더 걸린다. 그러나 읽을 시간이 모자란다고 스트레스를 받을 것이 아니라, 읽을 자유가 있다는 관점에서 생각해 볼 수 있다. 정독자는 의미 없는 활동에 소중한 시간을 허비하는 대신, 지각 있는 선택을 내릴 수 있는 자신의 능력을 상기한다. 우리는 독서가 주는 즐거움과 기분 전환을 선택할 자유가 있다.

독자는 또한 **동반자**partner이다. 주로 저자에 대해 그렇다. 서재에 꽂힌 책은 불활성 상태다. 작가는 독자의 유익을 위해 많은 시간과 노력을 쏟아부어 예술성과 의미를 창조했지만, 그것이 가진 힘과 의미는 누군가 책을 펼쳐 읽을 때만 흘러나온다.

작가와 독자는 책을 통한 대화로 동반자가 된다. 애니 머피 폴에 따르면, 독자는 "저자와 친밀한 관계를 형성하고, 둘은 사랑에 빠지는 이들처럼 오랫동안 열렬한 대화를 나눈다."[1]

대부분의 독자들은 자신이 즐기는 책의 저자를 만나지 못하겠지만, 그들은 동료 독자들과 보다 구체적인 공동체 안에서 동반자가 될 수 있다. 우리는 교회, 동네 도서관, 서점에서 마음이 맞는 사람들을 찾을 수 있다. 북 클럽 또는 온라인 토론장을 열거나 기존의 조직에 합류할 수 있다.

여기에 더해 독자는 **참여자**participant이다. 이 책의 다른 장들에서는 독자가 문학 작품을 수용하고 거기에 반응함으로써 문학 작품이 펼치는 예술에 참여하는 모습을 길게 다룬다. 또한 독자는 문명의 지속적 대화에도 참여한다.

문학 전체는 역사 내내 펼쳐진 인류의 소망, 목표, 사상을 반영한다. 문학 작품들에는 문명의 심장 박동이 울려 퍼져 있다. 기록된 역사의 여명기부터 시작된 그 박동은 중세에 이르러 희미해졌다가 현대에는 불규칙하게 뛰고 있다.

문학은 대대로 축적된 지혜와 아름다움을 모든 독자가 이해할 수 있는 형식으로 증류해 낸다. 톨킨의 《두 개의 탑》에서 샘 갬지는 "정말 중요했고 … 머리에서 떠나지 않는 … 오래된 노래와 이야기들"[2]에 관해 말한다. 독자들은 이 지속적인 대화에 참여하고 기여한다.

어떤 개인도 한 번의 생애로 모든 일을 접하거나 이해할 수 없지만, 문학 안의 여러 삶을 통해 많은 것을 배울 수 있다. 진 에드워드 비스 2세는 이렇게 썼다.

> 관념들과 경험들이 기록되는 순간, 그것들은 사실상 영
> 구히 저장된다. 그로 인해 사람들은 더 이상 자신의 제한
> 된 통찰과 경험에 매이지 않고, 다른 사람들의 통찰과 경
> 험을 활용할 수 있다. 계속 처음부터 다시 시작하는 대신,
> 다른 이들이 발견하고 적어 놓은 것 위에 쌓아 올릴 수
> 있다.[3]

문학은 경험적 지식을 몇 배로 늘려 주고 시대를 초월한 의
미를 공유하게 한다. 독자에게는 인류의 지속적인 대화에 참
여할 수 있는 놀라운 기회가 주어진다.

좋은 책 발견하기

앞 장들에서는 구체적 문학 장르의 특성을 설명했고, 이후의
장들에서는 문학적 탁월성과 좋은 책 읽기를 탐구할 것이다.
이 지점에서는 좋은 책을 발견하거나 선택하는 문제에 초점
을 맞추고 싶다.

왜 우리는 책을 다 읽고 나면 큰 숨을 내쉬며 '좋은 책이
었어!'라고 생각하게 될까? 왜 그 책을 계속 읽을 수 있으면
좋겠다고 바라게 될까? 일상적 의무를 수행하는 와중에도
등장인물들이 머리에 박혀 떠나지 않는다. 좋은 책은 우리로

생각하게 한다. 이런 말이 있다. "독자 대신 생각해 주는 책이 아니라 독자가 생각하게 만드는 책을 읽어야 한다. 그런 면에서 성경에 비길 만한 책은 세상에 없다."[4]

좋은 책은 다시 읽고 싶어진다. 좋은 책은 다시 읽을 때마다 더 큰 즐거움을 준다. C. S. 루이스는 다시 읽고 싶은 마음이야말로 "모든 종류의 책을 읽는 모든 독자를 위한 좋은 시금석"[5]이라고 말했다.

그러나 다시 읽고 싶은 마음이 책을 선택하는 유일한 기준이 되어서는 안 된다. 우리는 새로운 장르와 저자에게로 지평을 넓혀야 한다. 안전하다고 여기는 책들만 읽는 독자들이 있다. 놀라거나 불편해질 일이 없는 책, 교회 도서관이나 기독교 북 카페에 있을 만한 책 말이다. 기독교 시장 안에서 영적 치밀함과 문학적 역량을 보여 주는 작품들이 점점 늘어나고 있기는 하지만, 노골적인 전도용 내용에 미학적으로 빈약한 작품들이 더 많다.

독자는 각각 자신의 한계를 인식해야 한다. 특정한 유혹이나 불안, 우울증에 시달리는 사람은 이런 문제를 촉발할 수 있는 책들을 피하는 것이 낫다. 어려운 시기를 지나고 있다면 더욱 그렇다. 그러나 일반적 상황에 있는 독자라면 전혀 불편하지 않고 정신을 넓혀 주지도 못하는 뻔한 책만 읽어서는 안 된다. 그런 소설들은 인생의 고통도 아름다움도 담아내지 못한다. 따스한 포근함만 안겨 주는 오락물을 읽는 것은 솜사탕을 먹는 일과 같다. 솜사탕을 꾸준히 먹는 일이 몸에 좋을 리 없다.

일부 그리스도인들은 이와 정반대 방향으로 멀리 나가는 오류를 범한다. 거북한 이미지와 언어로 가득한 소설이 현실을 그대로 반영하는 사실주의라고 옹호하는 것이다. 하지만, 아무리 구속적 가치를 주장한다 해도 포르노와 노골적 폭력은 피해야 한다. 우리는 균형을 잡아야 한다.

예술적 독자는 성경이 가르치는 현실, 즉 타락한 세상에 사는 깨어진 사람들을 묘사하는 어두운 소설을 읽을 수 있다. 하지만 진정한 사실주의 픽션이라면 한 줄기 구속의 빛이 작품을 관통해야 한다. 저자는 믿을 수 없을 만큼 완벽하지도, 불필요하게 저속하지도 않은 등장인물들을 묘사한다. 독자는 소설 속에 불완전한 모습들과 죄가 나타날 것을 예상하지만, 구속적 측면들을 알아본다. 픽션은 천박하지 않으면서 사실적일 수 있고, 설교하는 방식이 아니지만 복음을 전할 수 있고, 외설적이지 않으면서도 아름다울 수 있다.

진선미 발견하기

우리는 문학 독서의 관점을 형성하는 토대로 참된 것, 선한 것, 아름다운 것을 제시했다. 플라톤은 진선미를 처음 제시한 사람으로 인정받지만, 우리는 진선미가 더 오래된 근원이신 '옛적부터 항상 계신 이'[6]를 반영한다고 믿는다. 플라톤이 철학으로 학생들을 가르치기 오래전부터 하나님은 그분의 백성에게 그분의 진리, 선함, 아름다움을 가르치셨다. 하나님과 그분의 말씀이 참된 것, 선한 것, 아름다운 것을 아우르는 미학의 기초이다.

이 세 요소는 서로 이어져 있고 하나님의 특성을 반영한다. 클라이드 킬비Clyde Kilby는 이렇게 썼다.

> 아름다움, 진리, 선은 하나의 실체가 아니기에 완전히 동일시할 수 없지만, 사상사 전체가 이 셋이 서로 긴밀히 연결되어 있음을 말해 준다. 신자는 이 세 가지가 삼각뿔의 밑변 삼각형처럼 연결되어 있고, 서로만이 아니라 그 삼각뿔의 정상에 있는 궁극적 아름다움, 진리, 선, 즉 전능하신 주 하나님과도 이어져 있음을 보게 될 것이다.[7]

장 칼뱅은 "모든 진리는 하나님에게서 나온다"[8]라고 썼다. 하나님은 진리를 말씀하시고(사 45:19 참조), 그분의 모든 말씀은 진리다(시 119:160 참조). 예수님은 당신이 진리라고 밝히셨고(요 14:6 참조), 아버지께 그분의 말씀인 진리로 백성을 거룩하게 해 달라고 청하셨다(요 17:17 참조). 우리는 문학을 읽을 때 이렇게 묻고 싶어진다. "이것은 얼마나 옳은가?"

예수님은 하나님을 제외한 그 누구도 선하지 않다고 선언하셨다(막 10:18, 눅 18:19 참조). 하나님의 이름은 선하고(시 52:9 참조) 하나님이 창조하신 모든 것은 선하다(딤전 4:4 참조). 엿새에 걸쳐 하나님은 말씀으로 빛, 하늘, 땅, 식물, 천체, 물고기, 새, 짐승이 생겨나게 하셨다. 그 엿새 동안 매일매일 그분은 창조 세계의 모든 요소가 창조하신 목적대로 행하는 것을 보셨고,

그 모두를 좋다고 여기셨다. 그다음에 하나님은 최초의 남자와 여자를 그분의 형상을 지닌 자들로, 영원한 영혼, 지성, 언어, 도덕적 책임감을 타고난 자들로 빚으셨다. 이 최고의 시점이 지난 후, 하나님은 모든 것이 "매우 좋다"라고 여기심으로써 창조가 완성되고 완전해졌음을 밝히셨다(창 1장 참조). 우리 창조주 하나님은 좋음(선함), 매우 좋음을 예술의 기준으로 정하신다. 문학을 평가하는 두 번째 방법은 이렇게 묻는 것이다. "이것은 얼마나 선한가(좋은가)?"

그러나 진리와 선만으로는 예술적 탁월함의 기준으로 충분하지 않다. 킬비가 쓴 대로, "하나님을 믿는 것에는 그분이 진리와 선뿐만 아니라 아름다움에 대해서도 완전한 주권자이심을 받아들여 가능한 한 최고의 탁월성 개념을 확립하는 것도 들어 있다."[9] 주권자 하나님에 대한 믿음만이 올바르고 명예롭고 존중할 만한 예술적 패러다임을 형성하게 한다.

성경에는 하나님의 아름다움에 대한 묘사, 아름다운 예배 용품들의 세부 내용, 그리고 창조의 아름다움이 가득하다. 하나님의 온전한 아름다움은 눈부신 광채를 발하고(시 50:2 참조), 시편 저자는 평생 주님의 아름다움을 바라보며 살기를 갈망한다(시 27:4 참조). 예배를 돕는 용품들은 귀중하고 화려한 재료를 써서 능숙한 기술로 '영화롭고 아름답게'(출 28:2, 40) 제작되었다. 여러 시편(예를 들면 시편 8, 19, 95, 96편)이 하나님의 영광과 주권을 선포하는 창조 세계를 극찬한다. 로마서 1장 20절은 온 우주가 하나님의 영광을 매우 효과적으로 선포하기 때문에 누구도 그것을 몰랐다고 핑계할 수 없다고 확언한다.《벨직 신앙 고백》은 창조 세계를 "더없이 아름다운 책"[10]이라고 일컫는다. 우리 세계의 아름다움은 하나님 그분의 아름다움을 반영한다. 문학을 읽을 때 우리는 세 번째 질문을 던질 수 있다. "이것은 얼마나 아름다운가?"

복음 발견하기

진선미를 판단하는 성경의 기준은 하나님과 그분의 말씀을 인정하는지 여부를 떠나, 모든 문화의 모든 사람에게 적용된다. 지난 수십 년간, 문학 선집들은 그 범위를 확장하여 서구 전통 바깥의 많은 문학 작품들도 포함하게 되었다. 그 작품들은 우리와는 다른 역사와 경험을 가진 사람들에게 공감하는 데 도움이 된다. 문화는 왜 그렇게 다양한 방식으로 발전했을까?

성경은 하나님의 율법을 존중하고 인간의 생명과 존엄을 귀하게 여기는 관점을 형성하는 데 주된 요소이다. 비샬 망갈와디Vishal Mangalwadi는《세상을 만든 책The Book That Made Your World: How the Bible Created the Soul of Western Civilization》에서 이 주장을 포괄적으로 지지한다. 그는 자신이 가치에 대한 성경적 이해에 도달하게 된 경위를 매혹적으로 설명한다. 전기가 나간 어느날 밤, 그는 어둠 속에 혼자 있으면서 이런 생각을 한다. "아름다움의 기준은 도덕의 기준처럼 문화와 시대마다 달랐다. 그렇게 해서 모든 가치가 주관적인 것이 되었을까? 인도에는 도둑질이 사회적으로 용인되는 계층이 있었다. 심지어 20세기에도 말이다. 그렇다면 도둑질은 문화적 취향의 문제일 뿐일까, 아니면 그 자체로 나쁜 행위일까?"

그의 말은 이렇게 이어진다. "그때 그 어두운 방에 앉아 있던 나의 마음을 밝혀 준 짧은 구절이 있었다. '그 빛이 하나님이 보시기에 좋았더라.' 그것은 우리가 가치 판단을 내리는 이유에 대한 신뢰할 만한 설명을 제공하는 말씀이었다.

도덕적 판단: 이것은 선하다, 저것은 악하다.
미학적 판단: 이것은 아름답다, 저것은 추하다.
인식론적 판단: 이것은 옳다, 저것은 그르다.

망갈와디는 창세기가 보기 좋은 나무들이 있는 정원(에덴동산)의 "아름다움을 설명"하는 것과 "하나님이 선하지 않다고 하신 인간의 선택과 행위들을 묘사하는" 내용을 숙고한다. "우리가 가치 판단을 내리는 것은 가치 판단이 그저 짐승이 아닌 (하나님을 닮은) 인간이 된다는 것의 의미의 본질이라서가 아닐까?"

그는 이렇게 결론을 내린다. "나는 성경에 대해 마음이 들뜨기 시작했다. 성경이 내게 설명을 제시했기 때문이다. 성경은 내가 누구인지 잘 이해하게 해 주었다. 나는 진선미를 알고 경험하고 누릴 능력을 가진 하나님을 닮은 인격체다."[11] 성경의 진리는 인간의 가치를 말해 주는 좋은 소식과 시대를 초월한 성경의 가치 판단 기준에 망갈와디로 하여금 눈뜨게 해 주었다.

성경은 하나님의 무오無誤한 말씀이지만 문학이기도 하다. 많은 문학 작품은 독자들이 복음을 발견하는 것을 도울 수 있다. 시나 소설이나 판타지나 논픽션을 읽으면 영적 요소들을 포함한 우리 삶이 풍성해진다. 독서는 우리를 하나님께로 이끌 수 있고, 하나님은 독서를 수단으로 사용하셔서 그분을 믿어 구원에 이르는 자리로 우리를 이끄실 수 있다.

독서를 회복하고 되찾기 위한 우리의 여행은 문제를 인정하고 긍정적 관점을 구사하는 일로 시작된다. 그 여행은 좋은 책을 발견함으로써 진행되는데, 좋은 책은 성경의 기준을 반영하는(또는 상기시켜 주는) 책이다. 성경은 각 사람의 가치를 받아들이고 올바른 가치 판단을 내리는 문화를 만든다. 좋은 문학을 예술적으로 읽을 때 우리의 영적 생명도 풍성해진다.

15

문학 속 진리

빌라도는 예수님에게 '진리가 무엇이냐'(요 18:38)라고 물었다. 철학자들은 이 유명한 질문을 가지고 역사상 줄곧 논쟁을 벌였고, 빌라도는 자기 앞에 선 육화된 진리를 알아보지 못했다. 그리스도인들은 진리를 성경에 근거한 객관적 실재로 인식한다. 그러나 창조적 논픽션을 다룬 12장에서 논의한 대로, '문학 속 진리'라는 주제는 다소 복잡하다.

우리는 관념적 또는 개념적 진리가 유일한 진리 범주가 아니라는 것을 깨달아야 한다. 진리는 관념 이외의 형태로도 찾아온다. 앞으로의 논의에서 살펴보겠지만, **지식**과 **이해** 같은 단어들은 **진리**라는 단어를 보충하는 데 도움이 된다. 그런데 진리의 여러 형태를 살피고 문학의 진리 주장을 평가하기에 앞서, 몇 가지 오류를 인식하고 있어야 한다.

문학 속 진리에 대한 네 가지 오류

네 가지 흔한 오류를 정리하는 일로 논의를 시작하는 것이 유용할 것이다. 네 가지 오류는 다음과 같다.

1. 문학은 정의상 진리를 말한다.
2. 모든 문학은 진리를 말한다.
3. 문학의 유용성은 관념적 진리에 달려 있다.
4. 문학 작품은 진리 주장을 하지 않는다.

오류 1. 문학은 정의상 진리를 말한다. 이 오류는 문학 작품들이 주제나 관념을 구현한다는 사실에서 비롯된 것이다. 많은 사람들이 관념과 진리를 동일시하는 잘못을 저지르는데, 관념은 참일 수도 있고 거짓일 수도 있다. 이 오류는 범주를 혼동하여 문학 속의 관념적 **내용**(관념의 존재)을 지적 **진리**와 동일시한다. 이런 혼동은 널리 퍼져 있고, 많은 문학 연구자들이 자신들이 아끼는 분야인 문학을 내세우려다 혼동을 부추겼다.

오류 2. 모든 문학은 진리를 말한다. 여기서의 전제는 모든 문학이 공통의 진리를 주장한다는 것이다. 이를테면, 한 문학 연구자는 이렇게 말한다. "우리는 가장 위대한 이교도 시인들과 기독교 시인들이 한 무리에 속한다고 말할 수 있을 것이다."[1] 종교를 뛰어넘는 이런 포괄성은 흔히 많은 사랑을 받는 저자나 작품을 비판하지 않으려는 시도의 산물이다. 그러나 이런 식의 보호주의는 불필요하다. 작품의 한 측면은 거부하더라도 다른 측면들은 얼마든지 수용할 수 있기 때문이다.

모든 문학이 진리를 말한다는 개념이 틀렸음을 증명하는 두 가지 사실이 있다. 첫째, 진리 자체는 모순되지 않으므로 문학의 모든 관념이 참일 수는 없다. 많은 문학 작품을 읽지 않더라도 여러 저자의 인생관, 도덕관, 세계관이 서로 모순된다는 것을 감지할 수 있다. 둘째, 지난 수 세기 동안 기독교 세계관과 가치 구조를 옹호하지 않는 많은 문학이 집필되었다. 그러므로 우리는 문학 전체가 진리를 말한다는 전면적 진술을 할 수 없다.

오류 3. 문학의 유용성은 관념적 진리에 달려 있다. 문학 속 진리에 관한 많은 과장된 주장들이 문학에 반대하는 실용주의적 논증을 반박하려는 시도에서 나온다. 로마인 작가 호라티우스Horatius가 남긴 이중 기준이 수 세기 동안 문학 옹호론을 지배했다. 사람마다 구체적 표현은 다를 수 있지만, 이중 기준의 내용은 문학이 즐겁고(여기에서 문학에 대한 쾌락주의적 옹호론이 나온다) 유용하다(여기서 문학에 대한 공리주의적 옹호론이 나온다)는 것이다. 현대에는 두 번째 기준이 첫 번째 기준을 압도하기 때문에, 문학 옹호자들은 문학이 유용하다는 것을 힘써 증명하느라 바쁘다. 이런 전술을 채택하면 금세 진리 개념이 논의에 들어오게 된다. 문학의 유용성은 독자가 거기서 발견하는 진리에 달려 있다는 생각이 존재하기 때문이다.

그러나 험담꾼에 맞서 문학을 옹호하고 싶은 마음이 지나쳐 문학에 관한 부정확한 진술로 나아가서는 안 되고 그럴 필요도 없다. 앞선 여러 장에서 증명한 것처럼, 문학을 옹호하는 다양하고 좋은 논거들은 있다. 여러 고려 사항이 있지만, 그중에서도 진리는 다양한 범주에서 나타난다는 점을 지적해야겠다. 문학이 그리스도인들이 이해하는 진리를 고취하는 경우에도, 그 유용성은 관념적 진리에만 의존하지 않는다.

오류 4. 문학 작품은 진리 주장을 하지 않는다. 이것은 위의 오류들과 정반대의 오류인데, 이 주장은 철학적 회의주의의 산물이다. '예술을 위한 예술'이라는 이름으로 알려진 미학이 종종 이런 입장을 보이는데, 문학 작품은 진리가 아니라 아름다움의 영역에만 속하는 순수한 예술적 대상이라고 주장한다.

이 관점을 반박하는 몇 가지 고려 사항이 있다. 첫째는 저자들 자신이 작품에서 진리를 옹호한다고 주장한다는 점이다. 윌리엄 워즈워스는 시의 "목적이 진리"[2]라고 말했다. 소설가 조이스 캐리는 "위대한 작가들은 자신들의 주제에 집착하고" 그 주제는 "무엇이 옳고 그른가"에 대한 확고한 개념으로 정의된다고 주장했다.[3] 플래너리 오코너는 "예술의 기초는 진리"[4]라고 믿었다.

주요한 문학 비평가들이 여기에 동의한다. 그들 중 한 사람은 "의미의 통치"가 문학의 주된 관례라고 믿는다. 이 말로 그가 나타내고자 하는 것은, 독자가 책을 "인간과 관련된 문제, 그리고 인간과 우주의 관계에 관한 문제를 대하는 의미심장한 사고방식을 표현한 것"으로 이해해야 한다는 것이다.[5] 그리고 문학 연구자 제럴드 그라프Gerald Graff는 "문학 작품이 주장을 내세운다"라는 견해를 받아들이는 두 가지 좋은 이유를 진술한다. "간단히 말해, 문장 속의 주장은 저자가 의도한 것이고, 독자는 별다른 도움이 없이도 저자의 주장을 대체로 찾을 수 있다는 것이다."[6]

문학의 재현적 진리

문학은 혼합 형식으로 이루어진다. 문학은 회화와 음악이라는 자매 예술과 아름다움과 예술적 형식을 공유한다. 그런가 하면 문학은 글로 이루어져 있기 때문에 철학에도 한 발을 딛고 있다. 대부분의 사람들은 문학을 철학의 영역에 배정하고 문학적 진리는 관념적인 것이라고 생각한다. 물론 문학은 관념을 구현하고 주장하지만, 문학이 진리 영역에 독특하게 기여하는 바는 이것이 아니다.

　　문학과 비언어적 예술 형식인 회화 사이의 유사성을 살펴보는 것으로 논의를 시작하는 것이 유익할 듯하다. 존 콘스터블John Constable°의 풍경화에는 어떤 유형의 진리가 있을

○ 19세기 영국의 대표적인 낭만주의 풍경 화가―옮긴이

까? 관념적ideational 진리가 아니라 재현적representational 진리다. 재현적 진리는 현실과 인간 경험에 충실하다. 하나의 문학 작품이나 예술 작품이 삶을 정확하게 제시하거나 **묘사**할 때 인간 경험과 외부 세계에 대한 **참된** 재현이라고 말할 수 있다. 그것은 세상의 상황을 구현한 것이고 우리가 경험하는 삶에 관한 진리를 말해 준다고 할 수 있다.

재현적 진리는 진리의 개념을 생각할 때 흔히 연상하게 되는 범주가 아니다. 그러므로 재현적 진리라는 주제로 가르치고 글을 쓰는 이들의 주된 과제는 이 문제에 대해 대중을 교육하는 것이라고 할 수 있다. 문학의 특기는 관념적 진리가 아니라 재현적 진리다. 문학 작가들이 함축된 관념의 형태로 삶을 해석하려면 그에 앞서 삶을 **묘사**할 필요가 있다.

문학에서 재현적 진리의 우위성을 내세우는 논거의 여러 측면을 펼쳐 놓으면 훨씬 더 설득력 있게 보일 것이다. 문학 작가가 가진 주된 재능은 삶을 정확하게 관찰하는 능력이고, 여기서의 삶은 사람들, 행동들, 대상들 같은 외부 세계뿐 아니라 감정과 영적 경험 같은 내부 세계도 포함한다. 이야기 작가들과 시인들은 이런 관찰의 수준에서 진리를 들려주는 데 탁월하다. 고전 전통°은 문학을 삶의 **모방**이라고 보았고, 이십 세기가 지나 그 용어의 유행이 사라진 후에도 그 개념은 여전히 남아 있다.

독자는 문학의 재현적 진리를 어떻게 받아들일까? 우리

° 고대 그리스 로마의 전통─옮긴이

는 삶을 관조하는 저자의 시선에 합류한다. 저자는 삶을 직접적으로 응시했고 그것을 글로 묘사했다. 독자는 이야기나 시를 읽으면서 저자와 함께 세계를 바라보고 간접적으로 경험한다. 우리는 이 세계 안에 생각과 감정이라는 내면세계도 있다는 사실을 계속 상기해야 한다. 삶을 정확하게 보는 것은 지식의 한 형태이고, 우리는 그것에 '올바르게 보고 느끼기'라는 이름을 붙일 수 있다. 유용한 동의어로는 **이해**와 **인식**이 있다. 문학은 삶과 외부 세계의 다양한 측면에 대한 **인식을 높이기**에 우리는 **인식함**이라는 관점에서 진리를 생각할 수 있다. 사물을 정확히게 보는 것은 값진 지식의 목록 상위에 자리 잡는다. 반면에 사물을 정확하게 보지 **못하는** 것은 삶을 헤쳐 나가는 데 있어 심각한 장애물이다.

예수님이 들려주신 '선한 사마리아인 비유'(눅 10:30-37)를 생각해 보면 이것을 명확하게 이해할 수 있다. 이 이야기 자체가 추상적 또는 관념적 진리를 거부한다. 율법사는 예수님에게 '그러면 내 이웃이 누구입니까?'(눅 10:29)라고 물으며 **이웃**을 정의해 달라고 요청했는데, 예수님은 그 직접적인 초대에 응하기를 거부하셨다. 대신에 그분은 등장인물과 사건이 모든 의미를 구현하고 있는 이야기를 들려주셨다. 이 비유를 읽거나 들을 때 우리는 이웃 사랑의 행위가 무엇인지 **보게** 되고 그 다양한 측면을 **느끼게** 된다. 이웃이 된다는 것의 의미와 이웃이 되기를 피하는 것의 의미를 **인식**하게 된다. 예수님의 이야기에는 진리가 풍부하지만, 그 진리는 추상적 또는 는 개념적으로 전달되지 않는다.

문학 속 관념적 진리

관념은 문학 속에 있고 문학 경험의 중요한 부분이다. 문학을 읽을 때 처음부터 관념을 의식하지는 않지만, 문학 작품을 숙고할 때는 관념에 적절한 관심을 기울여야 한다. 즐거움만 선사하는 문학 작품을 즐기는 것도 가능하겠지만, 그런 책들은 우리를 생각하게 하는 작품들에 비해 얄팍해 보인다. 영국의 픽션 작가 그레이엄 그린Graham Greene은 자신의 이야기들을 '오락물'과 '소설'로 나누었는데, 이 구분은 우리의 문학 경험 일반에도 유효하다. 두 범주 모두 우리의 독서에서 한 자리를 차지할 수 있다.

문학에 구현된 관념들은 관념 자체로 진술되지 않는다. 문학 작품은 관념들을 직접적으로 말하지 않고 간접적으로 보여 준다. 저자가 보여 주기가 아닌 말하기로 방향을 잡으면, 독자는 작품의 문학적 성격이 희석됨을 본능적으로 느낀다. 독자인 우리의 과제는 작품에 내장된 관념을 추론하는 것이다. 이야기나 시를 지적으로 이해하는 일은 작품 자체에서 의미로 이동하는 것이라고 생각할 수 있다. 이 해석의 과제는 독자의 몫이다. 작가는 관념들을 목록으로 만들어 넘겨 주지 않기 때문이다.

몇 가지 단순한 지침을 따라가기만 하면 텍스트에서 주제로 확실하게 이동할 수 있다. 이 작업을 이야기나 시로 시작할 필요가 있는데, 이야기나 시는 인간 경험을 구체적으로 제시하기 때문이다. 먼저 작품이 무엇을 다루는지 살핀다. 내용이 풍부한 작품일수록 이 목록이 길어진다. 그리고 저자들은 **재현**에 더해서 함축된 **해석**을 제시한다. 그러므로 제시된 경험에 관해 작품이 무엇을 전달하는지 생각해 본다. 독자의 두 가지 임무는 (1) 작품이 제시하는 경험과 (2) 작품이 그 경험에 관해 암묵적으로 말하는 내용을 알아내는 것이라고 볼 수 있다. 이 두 요소를 가리키는 일반적 용어가 **소재**와 **주제**다.

다음의 유용한 조언들을 숙고해 보자. 첫째, 우리가 이야기나 시의 텍스트와 철저하게 상호 작용하지 않으면 위에서 설명한 과정이 엉뚱한 방향으로 진행될 것이다. 올바른 해석은 텍스트의 내용을 추체험하여 우리가 해석해야 할 내용을 제대로 파악해야만 가능하다. 둘째, 대부분의 경우에 독자가 찾아야 하는 것은 소재와 주제에 대한 **한 가지 명확한** 어구가 아니다. 문학의 전체 경향은 현실의 다양성과 모호성을 제대로 보여 주는 것이다. 그러므로 독자는 다양한 소재와 해석적 각도를 보는 성향을 길러야 한다. 셋째, 저자들은 여행 가이드로서 작품 전체를 주관한다. 그들은 여러 가지 폭로 장치를 써서 독자들을 올바른 해석의 방향으로 이끈다.

문학의 진리 주장 평가하기

문학 작품의 아름다움과 재현적 진리는 액면 그대로 즐길 수 있다. 그러나 관념의 경우에는 작품이 주장하는 진리를 평가하는 추가적 단계가 있어야 한다. 신자들은 성경적 확신에 비추어 작품의 진리 주장을 평가하는데, 그리스도인 비평가들과 학파들은 이 과정을 '문학과 기독교 신앙의 통합'이라고 부른다.

학문적 맥락에서 이 통합은 기독교 신앙이 진리의 표준 역할을 한다는 깊은 이해를 바탕으로 하여 특정 학문의 자료와 기독교 신앙의 대화를 이끌어 내는 것이다. 문학적 분석의 출발점은 모든 독자에게 동일한데, 텍스트의 내용을 가능한 한 온전히 추체험하는 것이다. 먼저 우리는 저자가 작품 속에 무엇을 담아내고 무엇을 의도했는지 알아낸 다음, 그 주장들을 우리의 진리 체계와 비교하여 통합의 과제를 완성한다. 시인이자 평론가인 T. S. 엘리엇은 이 주제를 다룰 때 참고할 만한 확실한 권위자다. 자주 인용되는 그의 진술을 소개한다. "문학 비평은 분명한 윤리적, 신학적 관점에서의 비평으로 완성되어야 한다. … 그리스도인 독자들은 자신의 독서, 특히 상상 문학 작품에 대한 독서를 분명한 윤리적, 신학적 기준에 의거하여 면밀히 살펴야 한다."[7] 이 비교 과정에서 우리는 문학 작품의 진리 주장을 동일한 주제에 대한 성경과 기독교 교리의 입장 옆에 나란히 놓게 된다.

이런 문학 외적 훈련은 문학을 넘어 기독교 신앙이라는 별도의 영역으로 우리를 데려간다. 세속적 관점 또는 뒤틀린 가르침은 우리의 영적 견해를 왜곡할 때가 너무나 많다. 베뢰아 사람들처럼, 우리는 성경을 살펴서 문학에서 제시된 관념들과 우리 자신의 생각이 옳은지 알아보아야 한다(행 17:11 참조). 이런 지성적 과정을 위해서는 온라인 검색을 하거나 신학

잃어버린 독서의 예술 되찾기

서적 또는 경건 서적에서 개념들을 찾아서 기독교 교리를 더 깊이 이해해야 할 수도 있다. 그 과정에서 성경과 기독교 교리가 주장하는 바를 겸허하게 받아들이는 결과가 나온다면 가장 유익할 것이다. 그러면 우리는 기독교가 말하는 진리와 한 문학 작품(또는 저자의 저작들)이 주장하는 진리를 비교하여 작가가 어느 지점에서 진리의 과녁에 명중했는지 또는 과녁을 완전히 빗나갔는지 알 수 있을 것이다.

우리는 저자가 과녁을 완전히 놓쳤다고 판단하게 되는 상황에 부담감을 느낄 필요가 없다. 프란시스 쉐퍼는 이렇게 말했다. "우리 그리스도인들은 위대한 예술가가 글이나 캔버스에서 하나의 세계관을 그려 낸다는 이유로 … 우리가 그 세계관을 자동적으로 받아들여야 하는 것은 아님을 알아야 한다."[8]

하나의 작품 속에 들어 있는 일부의 진리 주장에 우리가 동의하지 않는 것에 당당해야 할 이유는 또 있다. 한 작품 안에는 우리가 동의할 수 있는 다른 요소들이 거의 틀림없이 있기 때문이다. 우리는 창작 기술, 예술적 아름다움, 삶에 대한 정확하고 명료한 묘사를 인정할 수 있고, 심지어 저자의 사상 중 일부도 인정할 수 있다. 한 가지 덧붙이자면, 우리는 그리스도인 저자들에 대해서도 성경적, 교리적 관점에서 면밀히 살필 필요가 있다. 그들 역시 오류가 있을 수 있고 늘 모든 것을 제대로 제시하는 것이 아니기 때문이다.

문학은 관념적 수준에서 진실을 말할 수도 있고 그렇지 않을 수도 있다. 그러나 진리와 오류의 문제에 관해 우리의 생각을 자극하는 역할을 문학은 분명히 한다. 문학을 성경적 교리와 비교하며 읽는 독자들은 시간이 갈수록 기독교 진리에 대한 지식이 크게 확장되는 발견을 하게 될 것이다.

기독교 진리의 관점에서 문학의 전체 풍경을 바라보면, 우리는 그것이 큰 연속체를 이루며 존재한다는 것을 알아볼 수 있다. 한쪽 끝에는 명백한 기독교 문학이 있고, 반대쪽 끝에는 불신의 문학이 있다. 공통적인 인간 경험의 문학(명료화의 문학이라고도 볼 수 있다)은 그 연속체의 중간을 이룬다. 인류의 공통 지혜인 이 문학은 인간이 처한 조건을 명료하게 드러내고, 기독교 신앙은 그 조건에 대해 해결책을 제시한다. 이 문학은 명시적으로 기독교적이지는 않지만, 기독교와 조화를 이룬다. 어쩌면 그리스도인이 썼을 수도 있다.

일부분이 겹치는 두 개의 동그라미를 떠올려 보면 이해에 도움이 될 것이다. 왼쪽 동그라미는 기독교의 믿음을 나타낸다. 오른쪽 동그라미는 다른 종교와 윤리 체계가 내세우는 진리를 표현한다. 둘이 겹치는 중간 부분의 진리를 '포용하는 기독교적 진리'라고 부를 수 있는데, 이것은 기독교뿐 아니라 기타 신념 체계까지 포함한다는 뜻이다. 왼쪽 동그라미의 겹치지 않는 부분은 기독교의 배타적인 믿음으로 다른 체계와 공유하지 않는 내용이고, 오른쪽 동그라미의 겹치지 않는 부분은 반기독교적 진리 주장을 나타낸다.

단순한 결론

우리는 이번 장을 시작하면서 '문학 속 진리'라는 주제가 다소 복잡하다고 말했다. 이번 장을 마무리하는 이 지점에서는 문학에서 구현되는 관념들이 단순하다고 단언함으로써 균형을 맞추고자 한다. 그 관념들은 인간이 공통적으로 갖고 있는 생각을 전한다. 순수 예술인 소네트에서 셰익스피어는 시간이 너무나 빠르게 흐른다고 말한다. 윌리엄 워즈워스의 시들은 자연이 아름답고 인간 정신을 치유해 준다는 것을 보여준다. 호메로스의 《오디세이아》는 집과 가족이 우리가 헌신할 가치가 있는 귀한 것임을 그려 낸다.

르네상스 시대의 시인 필립 시드니 경이 문학 작가를 "제대로 된 대중 철학자"라고 부른 것은 당연한 일이다. 그 말은 인류가 상황을 판단해 온 기준이었던 단순하고 기반이 되는 관념들을 문학이 제시한다는 뜻이다.[9] 소설가 워커 퍼시Walker Percy는 문학이 "독자가 이미 알고 있지만 자신이 안다는 사실을 잘 모르는 어떤 내용"을 말해 주고, "사람들이 무의식적으로 이미 아는 인간의 심오한 진리들"을 보여 준다고 주장했다.[10] 문학을 숙고하며 읽을 때 우리는 고향과 같은 진리에 이르렀다는 느낌을 종종 받는다.

16
—

문학 속
도덕적 비전

—

오스카 와일드Oscar Wilde는 이렇게 선언한 적이 있다. "도덕적인 책이나 비도덕적인 책 같은 것은 없다. 잘 쓴 책과 못 쓴 책이 있을 뿐이다."[1] 그의 진술은 문학 속 도덕에 대한 현대의 견해를 압축해서 보여 준다.

20세기 이전에는 문학의 도덕적 측면을 보편적으로 받아들였고 그것을 문학의 중요성에 기여하는 요소로 보았다. 사람들은 한 작품이 보여 주는 도덕적 비전의 정확성이 작품의 위대함 중 일부라고 여겼고, 문학이 지닌 한 가지 주요 목표는 독자를 더 나은 행동으로 이끄는 것이라고 이해했다. 그러나 19세기 말에 나타난 현대적 견해는 이전의 견해와 커다

잃어버린 독서의 예술 되찾기

란 차이를 보였다. C. S. 루이스는 전통적 시각을 반영하여 이렇게 말했다. "윤리적인 것이 곧 **탁월하게 미학적인** 것이다."[2] 다시 말해, 도덕이 최고의 예술적인 표현이라는 것이다. 진정한 기독교 신앙은 도덕적 책임과 판단의 대상으로 삶의 어떤 측면도 배제하지 않는다. 심지어 독서도 예외가 아니다.

문학과 도덕적 삶을 올바로 이해하기 위해서는 구체적 사안들에 세심한 주의를 기울여야 하지만, 전반적인 전략은 단순하다. 우리가 하는 문학 독서가 도덕적인지 비도덕적인지 판단할 수 있는 세 가지 요소가 있다. 문학 작품의 소재, 그 안에 구현된 도덕적 관점, 작품이 독자에게 미치는 도덕적 영향이 그것이다. 이 삼중 전략을 이해하면, 그 원리들을 적용하여 도덕적인 독자가 될 수 있다.

우리의 중심 주제들을 탐구하기 전에, 도덕을 정의하고 독서 생활에서 도덕이 어떻게 작용하는지 논할 필요가 있다. 도덕은 인간 행동, 특히 사람과 사람 사이의 행동을 다룬다. 서사(드라마를 포함하여)라는 장르가 인간의 행동을 가장 온전히 묘사하기 때문에, 이번 장은 이야기와 가장 관련이 깊다. 서정시에서 도덕적 비전을 끌어내는 데는 더 적극적인 해석의 손길이 필요하지만, 이번 장의 내용 중 일부는 시詩에도 해당한다.

독자가 무엇을 도덕적 또는 비도덕적이라고 여기게 되는 토대는 그가 개인으로서 옳다고 받아들이는 윤리 체계다. 그리스도인들에게는 성경이 도덕과 비도덕을 결정한다. '진선미'라는 근본적 세 원리 중에서 도덕은 선을 자기 영역으로

주장한다. 한 서사가 내세우는 미덕과 악덕의 체계를 파악하
면 문학 작품의 도덕적 비전을 판단하는 데 도움이 된다.

소재

문학이 보여 주는 도덕적 비전은 소재의 수준에서 시작된다.
문학은 본질상 여러 가지 행동의 모델을 우리 앞에 제시한
다. 한 작품이 도덕적 행위를 묘사하기도 하고, 비도덕적 행
위의 사례들을 제시하기도 한다. 여기서는 신중한 태도를 보
일 필요가 있는데, 나쁜 행동을 묘사한다고 해서 반드시 비
도덕적인 문학이 되는 것은 아니기 때문이다. 그 최고의 사
례가 성경이다. 성경은 비도덕적인 사례들을 끊임없이 제시
하지만, 성경은 비도덕적인 책이 아니다.

　하지만 비도덕적 행위에 대한 문학적 묘사에 도덕적 함
의가 전혀 **없다**고 여기는 반대의 함정도 피해야 한다. 플라
톤은 문학이 비도덕적 행위를 묘사할 때 이야기 속 등장인물
들에서 독자에게로 "전염이 이루어지기 마련"이라고 주장하
여 그 영향이 자동적이라고 암시했는데, 이것은 부분적으로
틀린 주장이다.[3] 그러나 저자인 우리는 등장인물의 비도덕적
행위가 독자의 생각과 행동에 전염**될 수 있고** 종종 **전염된다**
는 점에 대해서는 플라톤에게 동의한다. 이런 전염이 어떻게
이루어지는지 주의 깊게 생각해 볼 가치가 있다.

　우리는 문학을 읽고 영화를 볼 때 여러 이미지(행위와 등

장인물을 아우르는 넓은 뜻으로 정의된)를 만나고 그것을 지성과 감성으로 흡수한다. 이런 이미지들은 우리가 지닌 상상의 내용을 이룬다. 상상력을 자연스럽게 순화하고 구원하고 거룩하게 만드는 이미지들이 있다. 르네상스 시인 필립 시드니 경은 문학 이론에 대한 품격 있는 논문에서 문학이 "사람들이 선하다고 부르고 그렇게 인정할 만한 일을 행할" 의지를 격려한다는 점에 주목했다.[4] 그런가 하면 음탕하고 격을 낮추고 저속하게 만드는 이미지들도 있다. 시드니의 말을 인용하면, 그런 작품들은 "무가치한 대상들을 이용하여 공상(fancy, 상상력을 의미하던 옛 단어)에 영향을 미친다."[5]

시간이 지남에 따라 우리는 읽는 책과 보는 영화를 포함해 우리가 즐기는 것들의 총합이 된다. 우리의 정신을 습관적으로 섹스의 이미지들로 채우면 섹스에 집착하게 되고 사람들을 성적 대상으로 여기기 시작한다. 폭력적 내용을 끊임없이 읽고 시청하면 잔혹한 행위들에 둔감해진다. 등장인물들이나 배우들이 관대함 또는 긍휼에 대한 긍정적인 본보기를 제공하면, 우리는 그 덕목들을 본받고 싶은 마음이 든다. 문학이 지니는 전략은 독자의 감정과 충동에 형태를 부여하는 것이다. 우리의 감정과 충동에는 선한 것과 악한 것이 섞여 있고, 외부의 자극으로 고무되거나 억제되기를 기다리고 있다. 문학적 소재 중에는 잘못된 충동들을 일깨우는 것들, 즉 모든 형태의 자기표현, 무절제, 성적 방종을 용인하거나 전통적 도덕 기준을 거부하도록 부추기는 것들이 있다. 그런가 하면 정직이나 용기, 자기 절제나 긍휼 같은 좋은 충동을 장려하는 소재도 있다. 비도덕적 태도와 행동의 묘사에 많이 노출될수록 그런 태도와 행동이 정상적인 것으로 보인다. 반면에 이야기나 드라마에서 덕행을 보면 덕스러워지고 싶은 마음이 더 강해지는 것을 느낀다.

문학의 소재는 큰 영향력을 발휘할 수 있지만, 인간의 부패성을 묘사하느냐 덕을 묘사하느냐가 작품의 도덕성을 결정하는 유일한 요인은 아니다. 문학의 도덕성은 작품이 부패나 덕목을 **가지고** 무엇을 하느냐에 달려 있다.

도덕적 관점

문학 작품에 내재된 관점은 작품의 도덕적 비전을 판단하는 데 있어 소재보다 대체로 더 신뢰할 만한 가이드다. 작가는 행동의 본보기들을 묘사하면서 그런 행동을 대하는 자신의 태도를 드러낸다. 한 사건에 대한 저자의 침묵—이를테면, 부정직함이나 간음을 직접적으로 서술할 뿐 그 행동에 다른 어떤 결과도 제시하지 않는 경우—도 저자가 그 행동을 괜찮다고 생각한다는 의미가 될 수 있다. 작가들은 계산된 전략을 구사하여 독자들이 어떤 일은 좋게 여기고 다른 일은 못마땅하게 여기도록 영향을 미친다. 그뿐 아니라, 여러 폭로 장치를 써서 독자의 반응 패턴을 만들어 간다.

T. S. 엘리엇은 이렇게 썼다. "독자들은 등장인물이 특정한 방식으로 행동하고 저자의 인정을 받는 것을 보면서, 그

와 동일한 방식으로 행동하려 하는 영향을 받을 수 있다. 저자는 그 행동으로 인해 등장인물이 맞이하도록 자신이 설정한 결과를 좋게 평가하면서 그 행동을 축복한다.[6] 문학 작가들은 독자 앞에 제시하는 행동 모델을 통해, 행동의 결과를 설정하는 방식을 통해, 행동과 그 결과를 대하는 내재된 태도를 통해 독자의 도덕적 사고와 행동에 영향을 끼칠 수 있다. 또 다른 문학 연구자는 이와 비슷하게, "소설가는 자신이 대변하는 내용과 대변하는 방식 모두를 엄선한다"라고 밝혔다.[7]

문학 작품이 소재에 대한 관점을 어떻게 구현하는지 이해하면, 도덕적 문학과 비도덕적 문학을 파악할 수 있다. 도덕적 문학은 "비도덕적 행동을 거부하고 도덕적 행동을 권한다."[8] 하나의 이야기나 시는 다양한 방식으로 도덕적 관점을 구체화할 수 있다.

* 선을 매력적이거나 궁극적 만족을 주는 것으로 보이게 만든다 (올바른 일을 함으로써 치러야 할 대가가 있을 수 있지만).
* 비도덕적 행동은 궁극적 만족을 주지 못한다는 것을 보인다.
* 도덕적 행동의 모델들을 독자가 본받고 싶어지는 방식으로 제시한다.
* 도덕적 인물들에게 결국 공감하도록 만든다.
* 악의 자기 파괴적 성격을 폭로한다.
* 비도덕적 행동을 저지하게 만드는 요소를 포함하여 악에 맞서는 선택의 힘을 보여 준다.
* 악이 개인적 또는 사회적으로 만들어 내는 파괴적 결과를 드러

낸다.

도덕적 문학은 악이라는 주제를 피하지 않지만 그것을 의심
스럽게 만들 방법을 찾아낸다.

비도덕적 문학은 이와 정반대다. 독자가 비도덕적 행동을
괜찮게 여기도록 부추긴다. 비도덕적 문학은 다음과 같은 방
식으로 그 일을 한다.

* 비도덕적 행동을 매력적으로 보이게 만든다.
* 비도덕적 등장인물을 용맹한 모습으로 그린다.
* 도덕적 등장인물과 행동들을 폄하한다.
* 악을 만족스러운 것으로 묘사한다.
* 비도덕적 인물과 행동을 돋보이게 하는 도구로 도덕적 인물과
  행동을 사용한다.
* 비도덕적 행동들을 농담조로 다루어 독자가 그것을 묵인하도
  록 유도한다.
* 비도덕적 행위들을 저항할 수 없는 일로 묘사한다.
* 비도덕적 행위를 정상적인 것으로 다룬다.

작가들은 자신의 작품 속에 관점을 담아낸다. 그 관점은 그
들이 선택하는 본보기들의 성격과 작품 속에 그려지는 등장
인물들과 행위들에 대해 넌지시 나타내는 태도로 드러난다.
도덕적 어조에 대한 새뮤얼 테일러 콜리지의 논평은 이 부분
을 잘 요약해 준다. "셰익스피어는 언제나 악덕은 혐오스럽

고 미덕은 흠모할 만하게 만드는 반면, 보몬트Francis Beaumont와 플레처John Fletcher°는 정반대의 일을 한다. 그들은 미덕을 조롱하고 악덕을 권장한다. 그들은 우리 본성의 가장 저속하고 야비한 열정에 영합한다."[9]

문제의 핵심: 독자의 반응

우리는 소재와 그것에 대한 관점이라는 이중의 형식으로 문학 작품 속 도덕적 성향을 살펴봤다. 그러나 문학의 이 두 측면이 작품의 도덕성이나 비도덕성을 결정하는 가장 중대한 요인은 아니다. 이 대목에서 우리의 주장이 놀랍게 보일 수도 있으나, 저자가 묘사한 경험들과 그에 대한 저자의 태도가 자동적 결과로 이어지지는 않는다. 책이 사람을 죽이거나 책이 간음을 하는 것은 아니다. 마찬가지로 책이 물건을 훔치거나 거짓말을 하는 것도 아니다. 책은 정직이나 긍휼이나 사랑처럼 도덕적으로 훌륭한 일을 수행한 적도 없다. 문학은 독자가 그 내용을 자기 생각으로 받아들이거나 행동으로 옮길 때에만 도덕적 또는 비도덕적이 된다. 성경 읽기조차도 도덕적 행동을 자동적으로 낳지는 않는다.

이 책의 공저자인 우리는 문학 작품에 도덕, 비도덕의 딱지를 붙이기보다는 독자와 독서 경험이 도덕적이거나 비도

° 영국의 극작가인 프랜시스 보몬트와 존 플레처는 합작 희비극으로 만년의 셰익스피어에 필적하는 인기를 끌었다.—옮긴이

덕적이라고 생각할 것을 권한다. 독자의 반응이 도덕의 궁극적 결정 요인임을 깨닫고 있는 한, 책, 희곡, 시가 도덕적 성향이나 비도덕적 성향을 구현한다는 말은 틀린 말이 아니다. 도덕적 독자들은 그들을 비도덕성으로 몰아가는 자극에 저항하여 독서 경험을 도덕적 경험으로 만들 수 있다. 중세의 이야기 작가 보카치오Boccaccio에 따르면, 문학 작가들은 "도덕을 타락시키는 이들이 아니다. 오히려, 독자가 병든 정신이 아닌 건강한 정신에 자극을 받는다면, 문학 작가들은 미덕을 자극하는 존재로 드러날 것이다."[10] 우리는 이 핵심 기준을 짚어 두고 싶다. "독자가 병든 정신이 아닌 건강한 정신에 자극을 받는다면."

비도덕적 행동을 묘사하고 비도덕적 태도를 권장하는 문학에 몰입해야 할 합당한 이유는 존재하지 않는다. 그런 문학에 물릴 줄 모르고 갈망하는 독자들을 우리가 우려하는 데는 합당한 이유가 있다. 하지만 독자가 특정한 문학 작품을 어떻게 소화하고 있는지 알지 못한다면, 우리는 판단을 서둘러서는 안 된다. 친구나 가족이 비도덕적 태도나 행동을 칭찬하는 문학을 읽는다면, 그 내용을 어떻게 또는 왜 받아들이고 있는지 자상하게 살펴야 한다.

도덕적 독자가 되기

이상의 전제들을 받아들인다면, 문학과 도덕에서 가장 중요한 요소는 개별 독자임을 인정하게 된다. 우리의 생각은 이제 독서 경험으로 향한다. 어떻게 하면 도덕적 독자가 될 수 있을까?

첫 단계는 문학과 도덕에 대한 현대 사회의 주장에 겁을 먹지 않는 것이다. 현재 세속 학계에서 흔히 이루어지는 선언은 '문학에는 도덕적 차원이 없다'는 것이다. 평범한 독자들은 대체로 도덕적 차원을 배제하고 문학을 읽는다. 그러나 문학이 도덕적 판단 너머에 있다는 주장은 쉽사리 반박할 수 있다. 《문학의 도덕적 척도*The Moral Measure of Literature*》라는 책을 지은 저자가 올바르게 지적한 대로, 도덕적 기준은 "삶 자체에 유의미한 것만큼이나 문학에도 의미가 있다. … 문학의 소재가 인간 가치관의 전 범위라면, 윤리적 원리들은 문학에 항상 유의미하다."[11] 이와 비슷한 맥락에서 셰익스피어를 연구하는 어떤 학자는 이렇게 주장한다. "만약 모든 의도적인 행동이 도덕과 관련이 있다면, 셰익스피어의 작품집 전체에 '셰익스피어의 도덕 세계 묘사'라는 제목을 붙일 수 있을 것이다."[12]

책과 영화는 언제나 그 안에 제시된 자료에 대한 찬성이나 반대의 반응을 불러일으킨다. 개인적 반응은 도덕적인 또는 비도덕적인 것이 될 잠재력이 있다. 문학 독서는 풍경을 보는 것 같은 외부적 사건에 그치지 않는다. 문학 독서는 음식을 먹고 소화하는 것 같은 내부적 사건이다. 우리가 삼키는 음식이 좋은 쪽으로든 나쁜 쪽으로든 몸의 건강에 영향을 미치는 것처럼, 우리가 도덕적으로 뭔가를 받아들이면 그것이 우리의 도덕성에 영향을 준다. 현대 사회가 문학의 도덕성에 무관심한 현상은 윤리적 기준 전반에 대한 무관심이 확장된 결과일 뿐이다. 대부분의 비그리스도인들은 작품의 도덕성을 전혀 고려하지 않고 최신 영화를 보거나 유행하는 베스트셀러를 읽는다. 하지만 그리스도인들은 문학의 효과에 대한 플라톤의 다음 진술에 공감한다. "여기에는 사람이 선해질지 악해질지를 좌우하는, 보기보다 훨씬 큰 문제가 있다."[13]

우리 삶에 도덕적 영향이나 비도덕적 영향을 끼칠 수 있는 문학의 잠재력을 믿는다면, 우리가 읽거나 시청하는 내용의 도덕적 효과를 면밀히 살피고 검토할 필요가 있다. 그리스도인들에게 최고의 검열은 자기 검열이다. 자기 검열은 우리의 문학적인 경험이 우리의 생각과 행동에 어떻게 영향을 끼치는지 인식하는 데서 시작된다. 어떤 문학 작품이 비도덕적 생각이나 행동을 하도록 우리를 자극한다면, 그 책을 내려놓거나 그 영향력에 대해 더 강한 통제력을 발휘해야 한다. 문학 작품은 도덕적 방향으로나 비도덕적 방향으로 우리를 설득하지만, 독자인 우리로서는 억지로 설득될 필요가 없다. 자신의 도덕적 자제력이 느슨해지는 것을 느낀다면 결의를 굳세게 다져야 한다.

이 주제를 문학의 비도덕적 영향에 저항한다는 관점에서만 볼 것이 아니라, 긍정적 측면도 잊지 말고 고려해야 한다. 우리는 문학의 도덕적 영향력을 높이는 방식으로 반응할 수 있다. 캐런 스왈로우 프라이어Karen Swallow Prior는 도덕에 대한 문학의 잠재력에 관해 이렇게 썼다. "문학이 덕을 구현하는 방식은 첫째, 행동하는 덕의 이미지를 제시하는 것이고, 둘째, 덕을 발휘하는 대리적 실천을 독자에게 제시하는 것이다."[14] 대리적 경험은 일상생활에서 행동으로 나타날 수 있다.

대부분의 독자들은 문학을 도덕적 삶을 위한 잠재적 동지로 인식하지 않는다. 우리 사회의 교육과 문화는 우리가 문학의 도덕적 차원을 찾도록 훈련하지 않기 때문이다. 문학의 도덕적 구성 요소를 인식하는 것이 이를 위한 첫걸음이다. 우리는 도덕적 문학과 비도덕적 문학의 사례에 있는 모두의 본질을 알 필요가 있다. 한 작품에 드러난 미덕과 악덕을 확인한 후에는 미덕을 본받고 악덕을 거부하기로 결심해야 한다. 이것은 가끔 들려오는 주장처럼 문학에 대한 지나치게 단순한 접근 방식이 아니다. 이것이 문학이 가진 명백한 작동 방식이다.

그러나 무엇이 도덕적 행동이고 비도덕적 행동인지 어떻게 알까? 이 책 15장에는 문학의 진리 주장에 대한 평가를 다룬 항목이 있는데, 우리는 거기서 문학 작품 속 관념들을, 같은 주제들에 대한 성경의 가르침과 비교하는 과정을 다룬다. 독자는 이런 비교 과정을 활용해서 문학 작품 속 도덕적 주장들을 평가해야 한다. 문학으로 떠나는 여행 중에 성경을 자주 찾을수록 우리는 기독교 윤리를 더욱 잘 파악하게 된다.

"도덕적인 책이나 비도덕적인 책 같은 것은 없다"라는 오스카 와일드의 주장은 문학의 본질이라는 면에서 그리고 독자가 독서하는 과정에서 벌어지는 일이라는 면에서 모두와 맞지 않는다. 문학은 작품에 담긴 관점에 따라 인간의 선한 행동과 악한 행동을 모두 묘사한다. 소재와 관점이 문학의 도덕적 효과에서 일정한 역할을 하지만, 궁극적 결정 요인은 독자에게 있다. 독자는 이런 식으로 독서를 통해 도덕적 분별력을 기르고 실천할 수 있다.

어머니와 나(글렌다)는 식탁에 앉아 출애굽기 28장에 나오는 제사장의 의복을 제작하는 지시를 다룬 대목을 읽은 적이 있다. 금실과 모시실을 청색, 자색, 홍색 실과 함께 "정교하게 짜서" 다채로운 예복으로 만들었다. 이스라엘 아들들의 여섯 이름이 각각 새겨진 호마노를 대제사장의 에봇 양 어깨에 금테로 박았다. 이 두 보석에는 노끈처럼 꼰 순금 사슬을 하나씩 이어 놓았다. 금 고리와 꼰 사슬로 에봇의 어깨에 연결한 가슴받이는 열두 보석으로 빛났는데, 각 보석에는 이스라엘의 아들들 이름이 하나씩 새겨져 있었다. 노란 토파즈, 붉은 석류석, 푸른 에메랄드, 파란 사파이어, 하얀 다이아몬드, 자줏빛 자수정, 남청색 남주석 등 보석 색깔은 다채로웠다. 제사장이 입는 파란 의복의 단에는 청색, 자색, 홍색 실로 석류 모양의 술을 짜고 그 사이사이에 금방울을 달았다. 각 제사장의 겉옷과 관은 고운 모시로 짰고 그 위에 띠를 수놓았다. 아론의 관 앞에는 순금 패를 매달았는데, 패에는 이런 글자가 새겨져 있었다. '여호와께 성결'(출 28:36).

이런 생생한 묘사를 읽은 후, 어머니와 나는 잠시 멈추고 생각에 잠겼다. 어머니가 말했다. "주일에 제일 좋은 옷을 입고 교회에 간다는 생각이 어디서 나왔는지 쉽게 알 수 있겠구나." 과연 그러했다.

아름다움은 하나님께 중요하다. 하나님은 성막 및 예배에 쓸 물건들을 제조하는 법을 지시하실 때 최고의 재료들과 전문 기술을 쓰게 하셨다. 그분의 지시는 제사장 의복을 정교하고 다채롭게 제작하도록 이르시는 대목에서 절정을 이루었다. 하나님은 제사장 의복에 관한 세부 사항을 알리시기 전에 이 거룩한 옷의 목적이 '영화롭고 아름답게'(출 28:2) 하는 것이라고 선언하셨다. 자세한 디자인을 지시하신 후, 하나님은 그 이중의 목적, 즉 '영화롭고 아름답게'를 반복하여 말씀하셨다(출 28:40).

우리 유한한 인간은 거기에 쓰인 귀중한 물자들과 구체적인 디자인이 상징하는 바를 온전히 이해할 수 없겠지만, 제사장의 예복이 하나님의 영광뿐 아니라 아름다움을 드러내기 위해 의도된 것이라는 사실 하나만큼은 확실히 알 수 있다. 우리는 하나님이 영광을 받기에 합당하신 분이라는 것은 안다. 그런데 아름다움에 대한 성경의 관점은 얼마나 자주 고려할까?

앞서 두 장에서는 참된 것과 선한 것을 검토했다. 이번 장에서는 기본이 되는 세 원리의 세 번째 측면인 아름다움을 탐구한다. 진리가 지적 영역에 속하고 선이 도덕적 영역에 속한다면 아름다움은 미학적 영역에 속한다. 아름다움은 예술의 아주 중요한 특성이다. 아름다움은 문학을 포함한 어떤 대상들을 예술로 만드는 요인이다. 글로 쓴 작품이 선하고 참되다고 해도 아름답지 않다면 예술이 아니다.

예술을 정의하기는 쉽지 않지만, 하나님이 아름다움에 대해 하신 말씀을 논의의 출발점으로 삼을 수 있다. 성경적 토대는 우리가 균형 잡힌 관점을 형성하고 아름다움의 중요성을 제대로 인식하는 데 도움이 될 것이고, 그것은 다시 예술적 경험과 아름다움의 표현을 탐구하도록 이끌어 줄 것이다.

하나님의 아름다움

'영광과 아름다움'이라는 제사장 예복이 지닌 이중의 목적을 어떻게 이해해야 할까? 하나님은 우리가 인간의 영광이나 의복의 아름다움에 초점을 맞추어 예배하도록 의도하지 않으셨다. 이 점은 분명하다. 유일하게 적절한 예배의 초점은 하나님 그분이다. 제사장 예복의 탁월함과 예술성은 하나님의 완전함과 아름다움을 상징하는 것이었다. 제사장 옷의 화려함은 하나님의 아름다움에 대한 인식을 만들어 냈고, 그 인식은 하나님께 영광을 돌리게 했다. 사람들은 시각적 아름다움 또한 하나님이 세상에서 인류에게 주시는 선물로 향유했다.

하나님은 모든 아름다움의 근원이시고 그분 자체가 아름다움이다. 스가랴 9장 17절은 주님의 이런 속성을 드높인다. '그의 선하심이 어찌 그리 크며 그의 아름다움이 어찌 그리 큰가!'(한글KJV). 최고의 선함은 상상할 수 있지만, '썩지 아니하고 보이지 아니하는'(딤전 1:17) 하나님의 아름다움은 어떻게 이해할 수 있을까?

다윗은 여호와의 집에 살면서 '여호와의 아름다움을 바라보'(시 27:4)기를 원했다. 그가 갈망했던 것은 하나님 그분을 뵙는 일이었다. 성막을 구성하는 아름다운 것들은 그 자체로 예배할 대상이 아니라 시온에서 '빛을 비추'시는 하나님의 '온전한 아름다움'(시 50:2)을 가리키는 것들이었다. 하나님의 '능력과 아름다움'이 '그 성소'에 분명히 있고, 신자들은 "아름답고 거룩한 것으로" 여호와를 경배해야 한다(시 96:6-9, 개역한글).

하나님의 아름다움에 대한 성경의 언급은 표현할 수 없는 것을 표현하려는 시도로 보인다. 이런 본문들에는 우리의 '눈이 그 아름다운 왕을 보고 멀리까지 뻗은 땅을 바라보게 될'(사 33:17, 우리말성경) 그때에 비로소 온전히 드러날 신비가 가득하다. 아름다움은 하나님을 정의하지 못하지만, 하나님은 아름다움을 정의하시는 듯하다.

불신자들과 그리스도인들은 아름다움의 많은 측면에 동의할 수 있겠지만, 세속 철학자들은 결국 우리를 잘못된 방향으로 이끌 뿐이다. 같은 맥락에서 클라이드 킬비는 이렇게 말한다.

"숲속 길이 훤히 뚫린 것처럼 보여도 엉뚱한 방향으로 길이 났다면 무가치하다. 나는 아름다움이 궁극의 아름다움과 분리될 때 이런 일을 피할 수 없다고 생각한다."[1] 아름다움에 대한 우리 저자들의 개념은 하나님을 아름다운 분이자 아름다움의 원천이라고 보는 성경의 견해에 근거한다.

역사상 여러 문화는 아름다움을 각기 다르게 보았다. 아름다움에 대한 현대의 정의들은 과거와 다르거나 그 의미를 개인의 견해나 취향 정도로 단순화한다. 그러나 하나님은 그분의 말씀을 통해 아름다움에 관한 영원한 진리를 전달하시므로, 아름다운 것들은 문화와 역사적 시기를 초월하는 절대적 측면을 갖고 있다. 그리스도인들은 과거나 현대의 세속적 개념들을 받아들일 필요가 없다. 아름다움이란 특정 시기의 특정 문화가 아름답다고 여기는 대중적 생각도 여기에 포함된다. 우리는 아름다움에 대한 균형 잡히고 시대를 뛰어넘는 성경적 관점을 받아들일 수 있다.

아름다움은 예술의 너무나 중요한 요소이기 때문에, 아름다움에 대한 우리의 이해는 우리의 예술적 관점과 분리될 수 없다. 킬비는 유용한 지침을 제공한다. "물론, 아름다움이 하나님은 아닌 것처럼 미학은 기독교가 아니다. 진정한 기독교는 비기독교인들이 때때로 저지르는 실수, 하나님을 예술로 대체하는 실수를 결코 범하지 않는다. 아름다움은 왕King이 아니라 수상prime minister일 뿐이다. 아름다움은 종이 아니지만, 왕 및 왕국 전체와의 조화concinnity 때문에 기쁘게 섬긴다."[2] 나(글렌다)는 'concinnity'의 의미를 알기 위해 사전을 뒤져야 했지만, 이 단어가 우리 논의와 완벽하게 들어맞기 때문에 이 인용문을 쓰고 싶었다. 미리엄-웹스터 사전은 concinnity를 '부분들이 전체 또는 서로와 잘 들어맞아 생겨나는 형태(그중에서도 특히 문체)의 조화나 우아함'[3]으로 정의한다. 아름다움은 예술적 창조물과 문학 작품 안에 조화와 우아함을 만들어 냄으로써 명예롭고 고결한 모습으로 하나님과 그분의 나라를 섬긴다.

킬비는 더 나아가 기독교적 관점이 어떻게 "부당한 양극단을 모두 피하는지" 밝힌다. "한 극단은 아름다움을 하나님과 동급으로 드높이는 일이요, 다른 극단은 아름다움을 본질적 가치가 없는 예쁜 장식 정도로 비하하는 일이다."[4] 지상의 아름다움은 하나님도 아니고 장식에 불과한 것도 아니다.

전체 스펙트럼의 이 양극단 사이에서 아름다움에 관한 명확한 관점을 진술할 수 있는 그리스도인은 너무나 적다. 일부 그리스도인들은 아름다움을 순수 예술 마니아들의 비밀스러운 영역, 따라서 평범한 사람들은 닿을 수 없는 분야라고 여긴다. 아마 독자는 이런 말을 들어 보았을(아니면 해 보았을) 것이다. "예술에 관해서는 아무것도 모르지만, 내가 뭘 좋아하는지는 알아." 취향과 전문 지식은 각기 달라도, 예술 작품에 있는 아름다움은 누구나 알아보고 즐길 수 있다. 하나님이 그분의 말씀에서 아름다움을 강조하신다는 것을 알면, 아름다움에 대한 균형 잡힌 성경적 관점을 개발하는 일의 중요성을 확신하게 된다.

아름다움의 중요성

'아름다움은 보는 사람의 눈에 달렸다'는 널리 퍼진 속담이 어느 정도는 사실인 것 같다. 결국, 사람마다 사물을 다르게 보고 미술, 음악, 문학에서도 취향이 다르다. 어떤 이들은 인상주의의 강렬한 색상과 대담한 붓질을 가장 매력적으로 여기지만, 다른 이들은 사실주의 초상화나 멋들어진 풍경화를 선호한다. 고전 음악을 듣는 이들이 있고 현대 록 음악을 청취하는 이들이 있다. 문학으로 말하자면, 어떤 독자들은 애거서 크리스티Agatha Christie의 편안한 미스터리를 소비하는 반면, 플래너리 오코너의 충격적인 이야기들을 숙고하며 읽는 이들도 있다.

사람마다 취향은 다르지만, 참된 아름다움은 시대를 초월한 불후의 의의를 갖는다. 존 키츠는 "아름다운 것은 영원한 기쁨"이라는 시구로 유명한데, 그의 시는 거기서 끝나지 않았다. 그는 아름다운 것의 "사랑스러움은 증가하고", 미의 형상이 "우리의 어두운 영혼들" 위에 놓인 관 덮개를 치워 버린다고 썼다. 그는 자연의 아름다움에 대해 말한 다음, 이런 말로 문학을 언급했다.

> 우리가 듣거나 읽은 모든 사랑스러운 이야기들:
> 천국의 가장자리에서 우리에게 불멸의 물을
> 부어 주는 영원한 샘물도 그렇다네.

이어서 그는 아름다움의 정수들이 "우리 영혼 위에서 / 환호하는 빛이 될 때까지 우리를 뒤쫓는다"라고 노래하다가 "그것들이 우리와 항상 함께 있어야 하고, 그렇지 않으면 우리는 죽지"라고 끝맺는다.[5]

키츠는 아름다움이 기쁨을 만들어 내고 영원한 의의를 가진다고 보았다. 아름다운 것이 갖는 의미는 시간이 지날수록 우리 마음속에서 커지고 우리 영혼을 일으켜 세운다. 아름다운 문학은 천국의 양식을 끝없이 공급한다. 아름다움의 정수가 우리 영혼에 말하고 우리와 함께하면서 기쁨을 증가시킨다. 참으로, 키츠는 아름다움이 삶의 중대한 측면이라고 보았고, 우리가 아름다움을 항상 인식하지 못한다면 죽은 것과 같다고 여겼다.

우리는 하나님과 아름다움 사이의 성경적 연결 고리를 보았다. 키츠의 시는 인간 영혼을 향한 아름다움의 의미심장함을 제대로 전달한다. 아름다움은 보는 사람의 눈뿐만 아니라 영혼까지 기쁘게 한다.

잃어버린 독서의 예술 되찾기

하나님은 궁극적인 예술가시다. 태초에 하나님은 그분 입의 말씀으로 우주를 창조하셨고 그분의 손길로 친히 두 인간을 창조하셨다. 남자와 여자는 동산에 살았고, 하나님은 그곳에 "보기에 아름답고 먹기에 좋은 나무"들이 자라게 하셨다(창 2:9). 창조주께서는 창조 세계와 피조물들을 아주 좋게 여기셨는데, 이것은 그분의 도덕적 판단뿐 아니라 미적 판단도 전달한다. 예술가이자 관찰자로서 하나님은 아름다움을 만드시고 즐기신다.

킬비는 영적 시각과 예술적 시각을 연결한다. "예술에서의 시각과 종교에서의 시각은 모두 바깥과 위로 향한다. 그리스도인은 창조의 본능 자체가 위대한 창조주 예술가로부터 나왔다고 믿는다. 그분은 먼저 혼란에서 형식을 끌어내셨고, 인간을 그분의 형상대로 만드셨다. 하나님은 아름다움 그 자체이시다."[6]

탁월한 문학은 하나님이 우주에 두신 아름다움을 반영한다. 윌리엄 워즈워스는 저자가 독자의 즐거움을 위해 작품 속에 아름다움을 만들어 넣은 것은 "우주의 아름다움을 인정한 일"이라고 설명했다.[7] 하나님은 그분의 말씀 속에 있는 아름다움뿐 아니라 그분의 세상 속 아름다움도 강조하신다.

하나님의 형상을 지닌 인간은 예술 작품을 만들 때 그분의 창조성을 반영한다. 그리고 기독교 신앙에서 기록된 말의 중요성은 아름다움에 대한 성경의 관점을 우리가 읽는 문학에 적용할 필요가 있음을 강조한다.

예술적 경험

예술가와 관람자 모두 예술을 경험한다. 그리스도인이든 비그리스도인이든 모든 사람이 예술을 경험하고 즐거움의 기본이 되는 측면을 공유한다. 그러나 그리스도인들은 아름다움을 한층 깊이 있게 경험한다.

예술가는 예술품을 만들어 낼 때 무엇을 경험할까? 모든 작가는 글이 흘러나와 제대로 된 텍스트로 형성될 때 찾아오는 기쁨을 증언할 것이다. 우리 대부분에게 그런 글은 쉽게 찾아오지도 자주 찾아오지도 않는다. 그러나 글쓰기가 주는 만족감과 즐거움은 작품이 제대로 진행되고 있다는 확신을 주고, 작품이 완성된 시점을 인식하는 데 도움이 된다. 올림픽 금메달리스트 에릭 리델Eric Liddell은 하나님이 자신을 빠르게 움직이도록 지으셨다는 유명한 고백을 했고, "나는 달릴 때 그분이 기뻐하심을 느낀다"라고 말했다. 하나님이 주신 재능을 그분의 영광을 위해 쓰는 모든 사람은 즐거움을 느낀다. 하나님이 자신을 창조하신 목적을 행하고 있음을 아는 데서 오는 기쁨이다.

우리가 아름다움을 볼 때 어떤 일이 벌어질까? 관람자는 폭넓은 감정을 경험할 수 있지만, 가장 기본적인 것은 예술가와 마찬가지로 즐거움이다. 이런 즐거움은 석양이 비칠 때 선명한 주황빛과 자줏빛으로 일렁이는 호수, 산봉우리를 핑크빛으로 물들이는 동틀 녘의 불그레한 빛 같은 자연의 아름다움을 볼 때 찾아온다. 그런데 이런 기쁨은 예술가들의 창조적 작품을 볼 때도 찾아온다. 앨버트 비어슈타트Albert Bierstadt 의 풍경화에 나오는 숭고한 산봉우리들, 프레데릭 레밍턴Frederic Remington 의 청동 조각에 포착된 강력한 활기, 찰스 디킨스의 소설에 나오는 잊지 못할 등장인물들, 윌리엄 셰익스피어가 시적 천재성으로 포착해 여러 희곡에 반영한 인간 본성에 대한 깊은 이해. 이런 작품들은 모든 사람 안에서 즐거움을 일으킨다. 그런데 그리스도인들은 아름다움을 눈으로만이 아니라 영혼으로도 보기 때문에 예술을 더욱 깊이 경험한다. 신자는 에덴동산의 메아리도 들을 수 있다.

아자리아스 형제Brother Azarias라는 필명으로 글을 쓰는 패트릭 프랜시스 멀러니Patrick Francis Mullany는 이런 독특한 기독교적 현상을 효과적으로 표현한다. 그의 설명에 따르면, 우리가 아름다운 것을 지각할 때 갖게 되는 즐거운 느낌이 "우리 영혼을 사로잡는다." 그는 이 지각을 "살짝 깨어난 기억"이라고 부르고 "오랫동안 만나지 못한 옛 친구를 알아볼 때 찾아오는" 감정에 비유한다. 우리는 하나님의 창조 행위로 "우리 본성에 심긴 완전한" 원형을 기억해 내고 "우리 안에 있는" 독특한 "문장紋章의 희미한 그림자"를 인식한다. 이 그림자가 우리의 미적 감각을 일깨운다.[8] 이런 식으로 그는 아름다움 안

<hr />

○ 1830-1902, 독일계 미국인 화가─옮긴이
○○ 1861-1909, 미국의 화가, 조각가─옮긴이

에서 **기억**과 **인식** 모두를 발견한다.

킬비도 그리스도인들이 예술을 보다 깊이 있게 경험한다고 믿는다. 그에 따르면 아름다움은 "불신자보다 기독교 신자에게 더 스릴 넘치는 경험이 될 수 있다. 신자가 볼 때 터너William Turner의 풍경화나 렘브란트Rembrandt의 정물화가 주는 아름다움은 예술가의 손과 인격적이고 사랑 많으신 하나님의 손이라는 이중의 아름다움을 담고 있다."[9] 모든 이가 예술가의 솜씨에 감탄할 수 있지만, 신자는 거기에 더해 예술가의 솜씨와 관람자의 즐거움 모두를 허락하신 분을 알아본다. 예술가가 하나님을 인정하든 아니든, 재능을 주시고 창조적인 사람에게 예술 작품을 완성할 힘을 주시는 분은 하나님이다. 그리스도인 관람자는 아름다움을, 사람을 속속들이 아시고 그 영혼에 즐거움을 선사하기를 기뻐하시는 하나님의 선물로 받아들인다.

그리스도인의 미적 감각에는 존경심도 들어 있는데, 이 용어는 로저 스크러턴Roger Scruton이 숨 막히는 작품들을 묘사할 때 사용하는 용어다. "이를테면 보티첼리의 〈비너스의 탄생Birth of Venus〉, 키츠의 〈나이팅게일에 바치는 송가Ode to a Nightingale〉, 모차르트의 〈피가로의 결혼Marriage of Figaro〉 속 수잔나가 정원에서 부르는 아리아 등의 작품 말이다. 이런 작품들은 때로 '넋을 잃게 만든다'라고 묘사되는데, 이 말은 경이감과 존경심을 부르고, 편안함과 위로를 주는 기쁨으로 마음을 채운다는 뜻이다."[10] 경이감과 존경심은 어디로 향하는 것이 가장 적절할까? 누가 우리 영혼을 진정시키고 기쁨으

잃어버린 독서의 예술 되찾기

로 우리를 위로할까? 스크러턴은 이 질문들에 답하지 않지만, 그리스도인에게 존경의 대상은 궁극의 예술가이신 하나님이다. 그분 한 분만이 진정한 위안을 안겨 주는 기쁨의 원천, 참으로 놀라운 원천이시다.

예술적 표현

예술가와 관람자 모두가 예술에서 즐거움을 경험하는 것처럼, 예술의 표현에도 함께 참여한다. 레프 톨스토이는 이렇게 썼다. "어떤 감정을 경험한 사람은 예술이라는 활동으로 그 경험을 의도적으로 다른 사람에게 전달한다."[11]

아자리아스 형제는 아름다움에는 표현력이 대단히 중요하다고 믿는다. 왜냐하면 "모든 아름다운 대상 안에 있는 표현만이 … 영혼에 아름다움의 감각을 일깨울 힘을 갖고 있기"때문이다. 예술가의 성공은 "작품 안에 표현을 불어넣는 힘에 달려 있는"반면, "그의 작품에 감탄할 때 관람자가 느끼는 즐거움의 비밀"은 그 작품이 "하나님의 마음에 있는 영원하고, 스스로 존재하는 이상을 구현하는"것이라는 데 있다.

아자리아스는 고린도전서 13장 12절을 떠올리게 하는 비유로 말을 잇는다. "신적 예술가"는 "우주를 만드셨고, 그 안에 자신이 지닌 아름다움의 흔적을 불어넣으셨다. 그분이 비친 그 흔적은 한때 맑고 잔잔한 호수처럼 고요하고 깨끗했으나, 타락 이후로는 금이 가고 부서지고 흐려진 거울이 되었다.”

그는 하나님이 물리적 아름다움을 통해 인류와 어떻게 소통하시는지 묘사한다.

> 언덕과 골짜기와 별이 빛나는 하늘 배후의 그 무엇이 우리에게 말을 건네고, 우리는 거기에 시선을 고정한다. 이것이 바로 우주가 실현하는 이상이다. 신적 본질 안에 간직하신 원형에 따라 물리계, 그리고 우리를 창조하신 그분이 우리와 물리계 사이에 이 조화와 동조를 수립하셨다.

하나님은 창조 세계에 자신을 비추시고 아름다움을 이용하여 신성과 인성의 조화를 도모하신다. 이 긴밀한 연결 고리 때문에 아자리아스는 아름다움을 “말씀의 표현”이라고 정의한다. 그는 《그리스도를 본받아*The Imitation of Christ*》의 토머스 아 켐피스Thomas à Kempis의 말을 바꾸어 이렇게 썼다. “한 말씀에서 만물이 나왔고, 만물이 이 말씀을 이야기한다.”[12]

스크러턴은 아름다움을 주제로 한 권의 책을 썼지만, 미학적 맥락에서 글의 역할은 “문자적 묘사보다는 은유에 더 가깝다”라고 인정한다. 그 이유는 우리가 어떤 대상을 묘사하기만 하는 것이 아니기 때문이다. “우리는 하나의 **조우** 즉, 주체와 객체의 만남에 목소리를 부여하고 있고, 그 만남 안에서 주체의 반응은 객체의 특성만큼이나 모든 면에서 중요하다.” 여기서 스크러턴은 예술가와 관람자가 공유하는 작품의 표현적 측면을 전달하고, 지성의 작용이 정서적 반응에 어떻게 기여하는지에 주목한다. 그는 아름다움에 대해 판단을 내리는 논리적 행위가 "판단을 내리는 사람들의 감정과 욕망을 규제한다"라고 믿는다. 그는 이렇게 쓴다. "논리적 판단은 그들의 즐거움과 취향을 표현하는 것일 수도 있다. 그러나 그것은 그들의 진정한 이상 때문에 그들이 귀하게 여기고 맛보는 즐거움이다."[13] 우리는 특정한 예술 작품이나 책이 마음에 드는 이유를 명확하게 설명할 수는 없어도 얼마든지 좋아할 수 있다. 그러나 아름다움에서 얻는 즐거움이 진리 및 선과 분리되어서는 안 되듯, 아름다움에 대한 가치 판단과도 분리되면 안 된다.

예술가 마코토 후지무라Makoto Fujimura는 예술이 하나님과 인류의 관계를 적절히 표현해야 한다고 믿는다. "예술은 하나님이 우리를 정의하시는 방식을 표현하는 수단이 되어야지, 우리가 하나님을 규정하는 표현 수단이어서는 안 된다. 우리는 그리스도 안에서 자신의 정체성을 추구하고 표현해야 하며, 우리 자신 안에서 우리 정체성을 표현해서는 안 된다." 그리스도인 예술가들이 성경의 척도 안에서 하나님의 부르심을 더 많이 성취할수록 자신의 예술을 더욱 자유롭게 표현하게 된다. 후지무라는 이렇게 덧붙인다. "우리는 창조적인 존재가 되도록 만들어졌고 창조성이라는 선물과 함께 주어지는 청지기의 책임을 맡고 있다. 하나님이 주신 책임 안에서 자신에게 맞는 자리를 발견하면 할수록 우리의 표현은 더욱 더 자유로워질 것이다."[14]

그리스도인에게 아름다움의 진정한 이상은 영광스럽고

아름다우신 우리 하나님으로부터 비쳐 나온다. 아름다움의 근원이신 하나님이 인류에게 이 선물을 주시는 것은 즐거움과 영혼의 각성을 선사하기 위함이다.

영화롭고 아름다운

예수님은 마리아가 그분의 발에 기름 부은 것을 '아름다운 일'(마 26:10, 막 14:6, 새번역)이라고 선언하셨다. 성경은 그녀가 한 행동의 특징이 겸손한 흠모와 아낌없이 내놓는 헌신임을 보여준다.

후지무라는 마리아를 "본질적 예술가"라고 부르고 이렇게 말한다. "예술은 값비싼 향유를 쏟아붓는 마리아의 행위와 유사하다." 예술가 후지무라는 준보석을 부수어 물감 재료를 얻는 고대 일본 기법°의 전수자이고 값비싼 재료에 익숙하다.

"재료의 낭비와 대조될 수 있는 것은 마음의 가난함뿐이다." 비용과 관련된 질문들은 '왜'라는 관점이 아니라 '누구에게'라는 관점에서 던져야 한다. 후지무라는 이렇게 말한다. "우리는 자신을 영화롭게 하든지 하나님을 영화롭게 한다. 낭비가 정당화될 수 있는 경우는 흠모하는 대상의 가치가 낭비의 비용보다 더 높을 때뿐이다."

○ Kintsugi, 금빛 보수, 즉 깨진 도자기를 송진으로 보수하는 일본 기술로, 이 기술은 '물건은 가치가 크고 아름답다'는 믿음에 뿌리를 둔다.—편집자

후지무라의 물감 재료에 있는 준보석 가루들은 "프리즘처럼" 작용하여 "반사뿐 아니라 굴절도 일으킨다. 내가 준보석 가루들을 재료로 쓰는 것은 아름답기 때문만이 아니라 거기에 있는 놀라운 계보 때문이다. 그것들은 하나님이 사람들에게 주시는 영적 은사들을 상징하고, 대제사장의 예복에 ⋯ 박혀 있었다."[15] 후지무라의 예술은 이번 장의 서두에서 묘사한 제사장 예복처럼 하나님의 영광과 아름다움을 위한 것이다.

아름다운 글

이번 장에서는 '아름다움'이라는 규정하기 어려운 개념에 관한 많은 생각을 논했다. 하나님의 아름다움에서 출발하여 그 궁극의 아름다움이 아름다움의 의의에 관한 우리의 관점을 어떻게 인도하는지 탐험했다. 하나님이 궁극의 예술가라는 점은 우리의 예술적 경험과 예술적 표현을 이해하는 데 보탬이 된다. 영화롭고 아름다운 제사장 예복을 위한 하나님의 지시는 이번 장의 서두와 말미를 모두 장식했다. 이 지점에서 우리 저자들은 독자가 문학에서 아름다움을 발견할 수 있는 방법들을 구체적으로 밝히고 싶다.

그래서 다음과 같은 폭넓은 지침을 제시하고자 한다.

* 아름다움이라는 개념은 하나님과 그분의 말씀에서 직접적으로 나오기 때문에, 순수 예술 애호가들만의 영역이 아니다. 모든

독자는 문학에서 아름다움을 찾고 즐겨야 한다.

* 문학적 아름다움은 하나님의 아름다움을 반영하고, 인간의 원래 상태 및 미래의 상태와 하나님의 완전함을 상기해 준다.

* 문학의 예술성을 인식하고 즐거움을 경험할 때 문학의 아름다움을 깨닫게 된다.

* 모든 독자가 문학의 예술성을 즐길 수 있지만, 그리스도인들은 한층 깊은 차원의 의미를 깨달을 수 있다.

* 가장 아름다운 문학은 인간보다 하나님께 영광을 돌린다.

어떤 문학 작품을 읽든 독자는 문학의 아름다움이 자신에게 즐거움을 주는 방식을 즐길 수 있다. 하지만 그리스도인 독자는 하나님을 가리키는 영적 수준에서도 아름다움을 경험한다. 종종 우리는 글에서 말씀으로 만물을 창조하신 분과 살아 있는 말씀인 예수 그리스도의 희미한 그림자를 본다.

잃어버린 독서의 예술 되찾기

18
—

문학적 탁월성
발견하기

—

이 책의 공저자인 우리는 고향 아이오와주 펠라를 좋아한다. 우리는 펠라의 경찰차에 적힌 '탁월성 추구'라는 슬로건도 좋아한다. 글을 쓸 때 탁월성을 추구하고, 책을 읽을 때 문학적 탁월함을 발견하는 것이 너무나 좋다. 우리는 잘 읽고 잘 쓰는 것이 성경의 가르침을 실제로 적용하는 일이라고 생각한다.

빌립보서 4장 8-9절은 신자들에게 온갖 탁월함에 관해 **생각**하고 탁월한 것들을 **실천**하라고 권한다. 하나님은 우리에게 탁월한 것을 숙고하고 만들어 내라고 말씀하신다. 모든 그리스도인은 펠라의 경찰처럼 탁월성을 추구해야 하지 않을까? 그렇다면 문학적 탁월성이란 무엇이며 우리는 그것을 어떻게 발견할 수 있을까?

좋은 글에는 다양한 기법과 요소들이 들어 있다. 이번 장에서 그 모두를 설명하는 것은 풀코스의 많은 요리에 들어간 전 재료와 조리법을 말하려 드는 꼴일 것이다. 그러므로 여기서는 그중 몇 가지를 선별한 문학적 애피타이저만 제시하고자 한다.

우리는 독자들이 몇 가지 기법을 말하고 정의하는 것보다 탁월한 글을 알아보고 즐기는 것이 더 중요하다고 믿는다. 그래서 문학의 전문 용어를 장황하게 늘어놓기보다는 서사 문학과 주로 관련된 일반적 주제 아래서 문학적 조언들과 간략한 논평을 제시할 것이다. 잘 구축된 모든 플롯의 형식을 따라, 우리는 시작에서 출발하여 중간을 지나 끝에 이를 것이다. 이번 장에서는 구체적인 목소리들과 시적 요소들을 간략히 살펴보는 일도 들어 있다.

시작

잘 쓴 시작부는 등장인물들을 소개하고 독자가 배경에 익숙해지게 하고 등장인물들이 직면한 갈등을 보여 준다. 글쓰기 방식은 다양하지만, 저자들은 처음부터 독자의 관심을 사로잡으려고 시도한다. 이 부분에서 다른 이들보다 더 크게 성공한 몇몇 저자들이 있다.

제인 오스틴(1775-1817)과 월터 스콧Walter Scott 경(1771-

1832)은 같은 시기에 글을 썼지만, 두 사람의 스타일은 거의 정반대이다. 스콧은《미들로디언의 중심부*The Heart of Midlothian*》의 실제 이야기를 2장에 가서야 시작하는데, 2장의 괴로운 첫 단락은 모호하고 반복적인 말이 길게 늘어지는 178개 단어가 들어간 복잡한 다섯 문장으로 이루어진다. 이 단락을 통해 모든 독자는 이야기의 줄거리에 계급 차별과 에든버러의 공개 처형이 포함되리라는 것을 알게 된다.

이런 길고 묵직한 단락을《오만과 편견*Pride and Prejudice*》의 짧고 분명한 첫 문장과 비교해 보라.

> 재력 있는 독신 남자에게 아내가 꼭 있어야 한다는 것은 누구나 인정하는 진리다.[1]

한 문장으로 된 오스틴의 첫 단락은 간결하고 정보가 압축된 풍자의 걸작이다. 모든 부유한 미혼 남자에게 아내가 있어야 한다는 것이 누구나 인정하는 진리라고 말하기는 어렵다. 우리는 이 소설이 배우자 선정에서 재정적 고려가 어떤 작용을 하는지를 그 시대와 문화에서 다루는 활기차고 아이러니한 이야기가 될 것이라고 추측할 수 있다.

그런가 하면 잭 런던*Jack London*의《화이트 팽*White Fang*》이 이와 전혀 다른 종류의 책일 것임을 깨닫는 데는 별다른 상상력이 필요하지 않다.

> 얼어붙은*frozen* 물길 양쪽에서 시커먼 가문비나무 숲*forest*

이 인상을 쓰고frowned 있다. 나무들은 얼마 전 불어온 바람에 하얀 서리frost를 털어 냈고, 희미해지는fading 빛 속에서 어둡고 불길한 모습으로 서로에게 기대어 서 있다. 거대한 침묵이 온 땅을 뒤덮었다. 살아 있는 것도, 움직이는 것도 없는 황무지는 몹시도 춥고 외로워서 슬픔조차 찾아볼 수 없었다. 그런 땅에 웃음의 기색이라 할 만한 것이 있었다. 그것은 그 어떤 슬픔보다 끔찍한 웃음이었다. 스핑크스의 미소처럼 우울했고, 서리frost처럼 차갑고 틀림없이 으스스하게 느껴지는 웃음이었다. 그것은 생명의 헛됨futility과 생명의 노력을 비웃는, 말로 표현할 수 없는 원숙하고 영원한 지혜였다. 그곳은 황야, 그것도 야만적이고 마음이 얼어붙은frozen-hearted 북쪽 나라의 황야였다.[2]

이 글은 가혹한 환경에서의 힘겨운 생존을 다루는 어두운 이야기가 될 것이 분명하다. 독자들은 추운 장면과 불길한 이미지에 몸을 떨면서도 이 단락의 예술성을 감상할 수 있다. 얼마나 많은 단어가 'f'로 시작하는지(두운법), 단어 중간 또는 끝(itself, lifeless, laughter[4회], sphinx, laughing, infallibility, masterful, effort, life)에서 'f' 소리가 내내 반복되는지(자음운)를 보라. 부드러운 'f'음은 고요하고 얼어붙은 풍경 속에서 들리는 숨 가쁘고 끈질긴 속삭임처럼 느껴지고, 이것은 아이러니한 웃음의 기색을 강화한다. "서로에게 기대어 서 있다seemed to lean toward each other"와 "춥고 외로워서lone and cold" 같은 구절에서 반복되는 모음(모음운)에도 주목하라.

잃어버린 독서의 예술 되찾기

단모음의 소리들은 텍스트의 속도를 높이고 분위기를 가볍게 하지만, 장모음(여기에 쓰인 것 같은)들은 글의 속도를 늦추고 분위기를 더 심각하게 만든다.[3] 잭 런던은 이런 음성 장치들을 충분한 분량의 텍스트 중간중간에 아껴 가며 배치하여 독자들이 암울한 배경에서 주의를 돌리지 못하게 한다.

배경 자체가 어떤 감정도 없는, 냉혹한 악의 대리자로 보인다. 조용한 웃음, 틀림없는 으스스함, 헛된 생명 같은 아이러니한 이미지들은 절망을 전달한다. 인상 쓰는 숲, 기대는 나무들, 미소 짓는 스핑크스는 불길한 북쪽 나라 황야를 전반적으로 의인화하는 데 기여한다. 마지막 문장은 황야의 얼어붙은 마음에 담긴 황량함과 야만성을 한껏 드러낸다.

이 차갑고 냉혹한 황야의 마음과 정반대로, 《미스 프림의 각성The Awakening of Miss Prim》은 따뜻하고 활기찬 마을에서 일어나는 일을 다룬다. 이 책의 두 번째 단락은 마을을 이렇게 묘사한다.

> 방문객들에게 샌 이레네오 데 아르노이스San Ireneo de Arnois는 과거에 단단히 뿌리를 내린 장소로 보였다. 장미가 만발한 정원이 딸린 오래된 돌집들이 당당하게 늘어선 몇 안 되는 거리를 따라가다 보면 작은 상점과 가게들이 가득한 광장이 나오는데, 그곳에서는 건강한 심장heart이 내는 규칙적인 속도로 사고파는 일이 이루어진다.[4]

독자는 생기 있게 움직이는 다채롭고 분주한 마을을 쉽게 떠

올리게 된다. 마지막 구절은 이 그림 같은 풍경을 배경으로
지역 사회의 건강함을 폭넓게 그려 낸다. 이것은 재정적 번
영과 안정에 대한 놀라운 은유이면서, 그보다 더 깊이 들어
가 지역 사회의 평화가 인간 마음heart의 영적 상태와 관련될
수 있음을 함축한다.

좋은 시작부는 독자를 이야기 속으로 끌어들인다. 처음에
는 등장인물들이 훌륭하지는 않아도 진짜처럼 보여야 하고,
있을 법한 말과 행동을 해야 한다. 그래야 독자는 그들에게 관
심을 갖기 시작하고 그들의 갈등이 어떻게 풀려나갈지 알고
싶어진다.

목소리 듣기

문학 작품을 읽기 시작할 때 우리는 이야기를 들려주는 목소
리와 만난다. 논픽션의 화자는 보통 저자이다. 시와 관련된
페르소나는 저자일 수도 있지만 가상의 화자인 경우도 종종
있다. 픽션에서는 화자가 실제 저자인 경우가 드물다.

사춘기의 탐정이자 화학 천재 플라비아 들루스(Flavia
de Luce)가 등장하는 앨런 브래들리Alan Bradley의 소설들은 저
자와 화자가 다른 두드러진 사례이다. 가상의 열한 살 소녀
가 주인공인 첫 책이 출간되었을 때 브래들리는 예순아홉 살
이었다. 그는 화학에 흥미가 없고 화학 공부를 제대로 한 적
도 없지만, 플라비아는 개인 실험실까지 갖춘 유능한 화학자

잃어버린 독서의 예술 되찾기

이다. 브래들리는 살인 사건을 섬뜩해하지만, 플라비아는 시체를 발견하고 나서 흥분한다. 이런 차이점에도 불구하고, 브래들리는 그녀의 건방진 (때로는 불손한) 태도와 실감나는 사춘기의 생각들을 포착해 냈다. 독자들은 플라비아가 자매들과 어울리는 모습이 부담스러울지 모르지만, 그녀의 강렬한 감정들은 범상치 않은 가족 안에 깊이 묻혀 있는 유대감을 드러낸다.

플라비아의 그림 같은 직유는 첫 번째 책의 첫 문장부터 독자의 관심을 자극한다.

"벽장 속 그것은 오래된 피처럼 검었다It was as black in the closet as old blood."5

이 문장으로 독자는 벽장 속으로 끌려들어 가고 계속 읽고 싶은 마음이 생긴다. 반복되는 자음과 모음의 소리가 무서운 이미지에 예술성을 더하고, '피'는 에너지가 집중되는 문장 마지막에 나온다.

나중에 플라비아는 아버지의 질문에 대답하고 나서 이렇게 이야기한다.

아버지에게 환한 미소를 보냈다. 내 이를 가둔 치아 교정용 와이어가 잘 보이도록 활짝 웃어 보였다. 와이어 때문에 내 모습이 외피 없는 비행선처럼 보이긴 하지만, 아버지는 언제나 돈 쓴 보람을 느끼는 것을 좋아한다. 하지만

이번에 아버지는 너무 정신이 팔린 나머지 와이어를 보지 못했다.[6]

이 단락은 유쾌한 비행선 이미지를 떠올리게 하는 것보다 더 많은 문학적 역할을 한다. 플라비아의 목소리와 나이를 전하는 것이다. 이 단락은 이 소녀에게 (보통은 이해하기 힘든 살인 사건을 해결하는 데 필요한 정보를 얻기 위해) 어른들의 환심을 사는 성향이 있음을 처음으로 엿보게 한다. '가둔'이라는 강한 동사는 교정 장치를 쓰는 데 대한 그 나이다운 거부감을 표현한다. '외피 없는 비행선'이라는 눈에 띄는 이미지는 소설의 배경이 1950년대에 안착하게 하는 데 도움이 되고, 플라비아의 다소 엽기적인 관심사를 넌지시 드러낸다. 이 이미지의 놀라움은 아버지가 돈 쓴 보람을 말하는 일상적 관찰이 더해지면서 균형을 이룬다. 아버지는 정신이 팔린 나머지 플라비아를 주목하지 못하는데, 이것은 독자가 이 소설에서 자주 보게 될 슬픈 현실이다.

플라비아가 나오는 열 번째 소설이 출간되었을 때, 브래들리는 여든 살이었고 플라비아는 탐정 사무소의 열두 살짜리 파트너로 나온다. 그녀는 여러 면에서 성숙해졌지만 가끔씩 아이다운 생각과 행동을 드러낸다. 플라비아와 가족은 여러 큰 변화를 겪었지만, 그녀의 목소리는 여전히 친숙하다. 언니의 결혼식에서 들은 독창곡에 깊은 감동을 받았을 때, 그녀는 호흡 곤란을 겪는다. 그리고 이런 생각을 한다.

훌륭한 음악은 사람에게 청산가리와 비슷한 영향을 미친다는 생각을 했다. 그런 음악은 호흡기를 마비시킨다.[7]

독자는 플라비아가 과장해서 말한다는 것을 인식하고 어린 나이의 그녀는 이해하지 못하는 몇 가지 일을 이해하기 때문에, 그녀는 가끔 신뢰할 수 없는 화자가 된다. 하지만 문학 속 다른 화자들 중에는 한결같이 신뢰할 수 없는 이들도 있다. 《남아 있는 나날*The Remains of the Day*》의 나이 든 집사 스티븐스는 전문가적 헌신을 갖춘 분별력의 화신 같은 존재이지만, 독자는 그가 하는 선별적 설명에 빠진 부분들이 있다는 것을 곧 감지한다. 그의 기억들은 신중하게 안무된 춤처럼 억압된 감정들 주위를 오간다. 저자 가즈오 이시구로Kazuo Ishiguro는 스티븐스가 자기 주위에 만들어 놓은 보호와 부인의 막들을 하나하나 벗겨 내면서 독자 앞에 진실을 멋지게 드러낸다.

보통은 일인칭 시점이 가장 친밀하게 여겨지지만, 솜씨 좋은 저자는 삼인칭 전지적 작가 시점을 통해 독자를 여러 등장인물의 마음속으로 데려간다. 다양한 등장인물들의 생각을 드러내는 일에서 레프 톨스토이를 능가하는 저자는 거의 없다. 그는 신경외과 의사가 지닌 정밀함으로 얄팍한 사람의 자기만족적 생각들이나 큰 괴로움에 빠진 사람의 복잡한 고뇌를 열어 보여 준다. 아래의 한 단락에서 그는 안나 카레니나의 관점에서 그녀의 연인의 관점으로 자연스럽게 옮겨 간다.

그녀는 그를 바라보며 자신의 비참함을 육체적으로 느꼈

고 한 마디도 할 수 없었다. 그는 살인자가 생명을 빼앗은 육체를 볼 때 틀림없이 느낄 만한 감정을 느꼈다.[8]

이탤릭체나 인용 부호 없이 등장인물의 생각을 공유하는 것은 삼인칭 서술을 방해하지 않으면서 일인칭의 직접성을 느끼게 해 준다.[9] 제인 오스틴은 이런 비개입적 구성 기법의 개척자였다. 다음 대목에서 해리엇 스미스°에 대해 의도를 품는 인물은 화자가 아니라 에마°° 본인임이 분명해 보인다.

그녀가 이 아이를 알아보고 더 나은 사람으로 만들어 줄 것이며 안 좋은 친분 관계에서 떼어 내어 훌륭한 사람들과 사귀게 해 주고 적절한 의견과 예절을 갖추게 해 주리라. 이는 흥미롭고 또 분명 아주 친절한 일거리가 될 터였다. 그녀의 위상으로 보나 시간적 여유로 보나 능력으로 보나 딱 맞는 일이었다.[10]

독자는 에마의 오만한 간섭에 불운이 임박했음을 감지한다.

솜씨 좋은 저자는 특정한 시점을 의도적으로 사용하거나 시점 사이를 오가면서 독자의 관심을 사로잡고 이야기를 효과적으로 들려준다. 다음번에 책을 읽을 때는 그 목소리에 귀를 기울여 보자.

° 제인 오스틴의 소설 《에마Emma》에 나오는 인물―편집자
°° 제인 오스틴의 소설 《에마Emma》에 나오는 주인공―편집자

잃어버린 독서의 예술 되찾기

중간이 중요하다

잘 쓴 플롯의 중간부는 등장인물들이 발전하고 사건들이 진행되면서 독자가 계속 페이지를 넘기게 만든다. 종종 장애물이나 좌절을 만나 진행이 저지되기도 하는데, 이때 사소한 갈등들은 해결될 수 있지만 여러 문학적인 암시로 플롯이 특정 방향으로 진행되고 그럴 듯한 해결로 가는 길이 닦이면서 주된 갈등 상황에서는 긴장감이 고조된다.

　문학에서 가장 사랑받는 젊은 여인 중 한 명인 제인 에어는 유년기부터 결혼할 때까지 인생을 바꿀 만한 여러 갈등을 헤쳐 나간다. 많은 사람들이 이 책의 첫 문장을 알아본다. "그날 산책을 나갈 가능성은 전혀 없었다." 그리고 마지막 문장은 "아멘. 오시옵소서. 주 예수여!"이다. 아, 잠깐! 어쩌면 당신은 이 책이 "독자여, 나는 그와 결혼했다"로 끝난다고 생각하고 있을지도 모르겠다.[11] 거의 끝부분인 것은 맞다! 그러나 이 유명한 인용문은 마지막 장의 **첫 문장**일 뿐이다. 마지막 문장은 세인트 존 리버스가 제인에게 쓴 편지에 나온다. 첫 번째 문장과 마지막 문장은 제인의 전진을 아우르는 북엔드의 역할을 한다. 그 사이에서 그녀는 자기중심적인 아이에서 신의 간섭으로 이루어진 결혼에 만족하는 성숙한 여인으로 성장한다.

　많은 현대 로맨스 소설(기독교 작가들이 쓴 소설들조차)이 남성의 외모에 첫눈에 반해 그를 쫓아다니는 젊은 여성들을 묘사하는 상황에서, 로체스터와 제인의 관계 발전은 더 나은 이상을 반영하며 신선하게 대조된다. 두 사람의 친분은 상쾌한 대화라는 정신적 자극을 통해 두터워진다. 로체스터가 제인을 처음 인정하게 된 것은 그녀의 지성 때문이다. "여학교를 갓 졸업한 가정 교사 삼천 명 중 당신처럼 대답하는 사람은 세 명도 안 될 거요."[12] 제인은 이런 인정에 격려를 받는다. "사람을 편안하게 대해 주는 그의 태도에 나는 스스로를 고통스럽게 억제하는 데서 벗어날 수 있었다. 그는 적절한 환대와 친근한 솔직함으로 나를 대했고, 나는 그런 그에게 끌렸다."[13] 지적인 대화와 편안한 우정에 제인의 행복감이 깨어나고, 그녀는 로체스터에게 육체적 매력도 느끼게 된다. 그녀는 이렇게 말한다. "… 내 몸의 건강은 나아졌다. 몸에 살이 붙고 힘이 생겼다. … 그리고 이제 로체스터 씨가 내 눈에 추하게 보일까? 아니다. 독자여, 감사하는 마음과 기분 좋고 따뜻한 수많은 만남으로 인해 그의 얼굴은 내가 가장 보고 싶어 하는 대상이 되었다."[14] 로체스터의 태도와 그와 나눈 대화는 제인이 지적으로, 육체적으로 피어나는 데 도움을 주었다.

이와 반대로, 세인트 존 리버스는 그녀를 억누른다. 제인은 이렇게 털어놓는다. "나는 얼어붙는 주문에 걸렸다."[15] 사랑 없는 결혼을 요구하는 리버스의 압박에 무너지기 일보 직전, 그녀는 인도를 구하는 기도를 한다. 하나님은 초자연적 경험을 통해 개입하셔서 제인이 집처럼 편안하게 느꼈던 유일한 곳으로 그녀를 보내신다. 그녀는 보기 드문 동등한 결혼에 기뻐한다. "세상에서 가장 사랑하는 상대만을 위해 살고 그와 함께 사는 것이 무엇인지 나는 안다. 남편이 나의 생명인 것처럼 나 역시 온전히 그이의 생명이기 때문에 ··· 나는 내 자신이 최고로 복 받은 사람이라고 생각한다. ··· 나의 에드워드와 나는 ··· 행복하다."[16] 제인이 비참함에서 행복으로 전진하는 과정을 들려주는 작가의 문학적 기술에 독자는 즐거움을 맛본다.

시적 요소

이 책의 공저자인 우리는 시를 사랑한다. 시의 기법에 조금만 익숙해지면 누구라도 더 나은 작가와 독자가 될 수 있다고 믿는다. 뛰어난 저자들은 산문 작품 전반에 걸쳐 시적 장치들을 구사한다. 감각적 조화와 함축성(함축된 의미)을 감지하는 귀를 훈련한 저자는 문학 기법을 의식적으로 고려하지 않더라도 어감이 더 좋거나 문학적으로 더 의미 있게 다가오는 특정 단어를 다른 단어 대신에 선택한다.

시에는 이미지들이 약동한다. 그리고 시적 언어가 가진 경제성 때문에 시는 힘을 발휘한다. 시는 독자의 마음에 구체적인 그림들을 만들어 내고 몇 마디 단어로 많은 내용을 전달한다. 탁월한 산문도 이와 같은 일을 할 수 있다.《안나 카레니나》의 보석 같은 대목을 보라. "그는 그녀가 태양이라도 되는 양 쳐다보지 않으려 애쓰며 아래로 내려갔다. 그러나 사람이 태양을 느끼는 것처럼, 쳐다보지 않을 뿐이지 생생히 느끼고 있었다."[17] 문맥에서 떼어 놓고 보더라도, 독자는 이 여자(키티)가 남자(레빈)에게 얼마나 큰 의미가 있는지 알 수 있다.

효과적인 비유 언어는 저자가 선택한 단어를 독자의 심상 및 정서에 연결한다. 로저 스크러턴은 이렇게 쓴다. "비유 언어를 사용하는 목표는 사물들을 묘사하는 것이 아니라 연결하는 것이고, 이 연결은 지각하는 사람의 감정을 통해 만들어진다." 그는 이런 연결을 만들어 내는 다양한 문학적 장치들을 나열한 후 이렇게 말한다. "때로는 작가가 두 사물을 나란히 놓고는 어떤 비유적 표현도 쓰지 않고 하나에 대한 경험이 다른 것에 대한 경험으로 스며들어 가게 한다." 스크러턴은 이런 결론을 내린다. "은유의 목표는 바로 이런 종류의 변화이다. 죽은 은유는 아무것도 이루어 내지 못한다. 그러나 살아 있는 은유는 사물이 인식되는 방식을 바꿔 놓는다."[18]

앤터니 트롤럽Anthony Trollope은 이런 생생한 은유를 썼다. "그는 바체스터가 이제껏 그녀의 거미줄로 잡을 수 있었던 것 중 가장 근사한 파리였다. 이 귀부인은 놀라운 거미줄을 만드는 강력한 거미였고 파리들을 잡지 않고는 살 수 없었다."[19] '거미와 파리' 은유는 이 장면의 역학 관계에 즉시 생명력을 부여한다.

〈J. 앨프레드 프루프록의 연가戀歌〉는 적절한 환유(전체를 나타내는 어떤 것의 일부)를 담고 있다. "나는 차라리 고요한 바다 밑바닥을 어기적거리는 / 한 쌍의 엉성한 게 다리나 되었어야 하는데."[20] "한 쌍의 엉성한 게 다리"는 게 전체를 나타낸다. 이 이미지는 자신을 쓸모없는 외톨이로 여기는 프루

잃어버린 독서의 예술 되찾기

프록의 심정을 강력하게 전달한다.

이번에는 찰스 디킨스가 차가운 아침의 도착을 묘사하는 대목이다. "아침이 찾아왔다. 누덕누덕 기운 구름 조각과 안개의 넝마를 걸친 채 머뭇거리며 훌쩍이며 벌벌 떨며 느릿느릿 기어왔다. 마치 거지처럼."[21] 그는 의인화로 시작해서 설명하는 직유로 마친다. 디킨스는 분위기와 이야기에 강력하게 기여하는 구체적 이미지를 독자로 하여금 확실히 떠올리게 하고 싶어 하는 것이 분명하다.

어떤 문학 장치든 효과적이고 아름다우려면 **적절**하고 **신선**해야 한다. 문체, 주제, 이야기의 화자에 적합해야 한다. 독창적 방식이면서 말이 되고 이야기의 흐름을 방해하지 않는 방식으로 이미지나 관념을 전달해야 한다. 최고의 기법은 이중의 역할을 수행하는데, 곧 독자의 초점을 예리하게 하고 다층적 의미를 전달한다. 독자들은 그것에 주목하고 즐거움을 얻게 될 때 효과적인 기법이라는 것을 인식하게 된다.

끝

상투적인 말일 수도 있지만, 이 세상의 모든 좋은 것들은 언젠가 끝나기 마련이라는 것을 모두가 안다. 가장 즐겁고 매력적인 책이라도 예외는 아니다. 저자들은 거듭거듭 글을 고칠 수 있지만, 결국에는 마법의 단어인 '끝'을 입력할 때가 왔음을 아는 지점에 이른다.

그러나 그것이 진짜로 끝은 아니다. 좋은 결말은 독자로 이야기를 곰곰이 생각하게 만든다. 한동안 등장인물들은 출근길 차 안에서 우리와 함께하고 저녁 식사를 준비하는 우리 곁에 서 있다. 우리는 그들에게 다음에 무슨 일이 벌어질지 궁금해한다. 만약 그 사건들이 벌어지지 않았다면, 등장인물들이 다른 선택을 내렸다면, 이야기가 어떻게 끝났을지 상상한다. 심지어 우리는 자신의 삶에서 무엇을 바꾸어야 하는지 생각하기도 한다. 모든 이야기에서 모든 갈등이 완전히 해결되어야 하는 것은 아니지만, 좋은 결말은 충분한 해결을 제시하여 독자에게 속았다는 느낌이 아니라 만족감을 안겨 준다.

어린이책에서는 명확한 결말이 흔하고 또 선호되지만, 장편 소설과 단편 소설의 결말은 종종 모호하다. 가능한 해결책을 궁리하는 것은 독자의 몫이 된다. 최고의 사례가 캐서린 맨스필드Katherine Mansfield의 단편 〈희열〉이다. 이야기의 끝부분에서 충격적 사실이 드러난 후, 독자는 소설 속 젊은 아내와 함께 궁금해하게 된다. "오, 이제 무슨 일이 벌어질까?"[22] 모호한 결말은 많은 질문을 남긴다.

일부 훌륭한 결말은 이야기의 시작과 이어진다. 이런 순환 구조에서 저자의 기교는 유쾌한 놀라움을 선사한다. 래리 와이우디Larry Woiwode는 이것을 "시작부에 다시 머리를 부딪치는 것"이라고 불렀고, 찰스 존슨Charles Johnson의 《중간 항로Middle Passage》를 좋은 사례로 인용했다.[23] "남자들을 바다로 내모는 온갖 재난 중에서도 가장 흔한 것은 여자임을 나는 알게 되었다."[24] 이 소설의 결말은 놀라운 상황과 반전으로 시작부를 떠올리게 한다. 달라진 등장인물들과 예상치 못한 사건들 때문에 순환 구조는 지루하거나 뻔하지 않고, 즐겁고 만족스러운 이야기를 만든다.

탁월성 알아보기

하나님 그분이 탁월함의 전형이시다. 하나님은 그분의 형상을 지닌 이들에게 탁월한 것을 생각하고 창조하라고 명하신다.

우리는 솜씨 좋은 글의 요소들을 보면서 문학적 탁월함을 느낀다. 잘 쓴 플롯은 시작부터 관심을 사로잡고, 중간 내내 진전을 보여 주고, 만족스러운 결말로 마무리를 짓는다. 솜씨 좋은 저자는 이야기를 들려주는 최고의 목소리를 만들어 내고 비유적 표현을 예술적으로 사용한다.

문학적 탁월성을 개괄하려면 이 짧은 장에서 다룬 내용보다 훨씬 많은 것을 포함해야 하는데, 우리는 다른 장들에서 이에 관한 많은 추가적 측면들을 다루었다. 문학적 요소들에 관해 더 많은 내용을 알고 싶다면 전문 서적을 찾아보거나 온라인 검색을 이용하는 방법이 있다. 이 주제에 이미 친숙한 독자들에게도 이 짧은 복습 코스가 즐거웠기를 바란다. 무엇보다 문학의 즐거움을 맛보고 싶은 모든 독자의 식욕을 자극했기를 바란다.

19

책 읽을 자유

독서라는 잃어버린 예술을 회복하기 위한 우리의 여정이 끝나가는 이 지점에서, 우리는 독자가 이 책을 집어 든 이후로 아마 줄곧 품었을 한 가지 질문을 다루고자 한다. "책 읽을 시간을 도대체 어떻게 내지?"

정당한 우려다. 대부분의 사람은 너무 바쁘다고, 자신이 원하는 것 이상으로 바쁘다고 느낀다. 케빈 드영Kevin DeYoung의 생각을 들어 보자.

우리 모두가 어쩌다 이렇게 되었을까? "어떻게 지내세요?"라는 질문에 "글쎄요, 우선, 별로 안 바빠요"라고 대답하는 사람을 나는 미국에서 한 명도 만나 보지 못했다. '할 일이 전혀' 없는 여섯 살배기가 어딘가에 있을 것이고, 요양원의 어르신들 중에는 말을 걸어 줄 이가 아쉬운 분들도 있겠지만, 그 중간에 있는 거의 모든 사람에게는 일정이 꽉 차 있고 스트레스가 쌓여 있다는 느낌이 만연하다.[1]

책을 더 읽고 싶을 수 있지만, 뭔가 한 가지를 더한다는 생각만으로도 기가 질린다. 우리 대부분은 아마 시간을 더 잘 관리하거나 독서 능력을 개선할 수 있을 것이다. 그러나 특정한 시간 관리법을 실행하고 속독 과정에 등록한다고 해서 궁극적 해답을 찾을 수는 없을 것이다. 질문을 다르게 보아야 비로소 해결책을 찾는 과정이 시작될 수 있다. 우리는 시간의 독재와 뭔가를 더 해야 한다는 압박으로 스트레스를 받는 대신, 성경의 안식(휴식)관을 받아들이며 책 읽을 자유를 누릴 수 있다.

성경이 말하는 안식

네덜란드 교회 전통에서 자란 우리 공저자는 '개신교 노동 윤리'에 친숙하다. 우리는 열심히 일하고 시간을 낭비하지 말라고 배웠다. 비슷한 배경에서 자랐거나 시간과 품이 많이 드는 일을 해 온 사람들은 휴식을 게으르거나 비생산적인 것이라고 여길 수 있다. 그러나 성경의 안식은 모든 사람에게 적용되는, 온전하고 풍성한 삶을 위한 하나님의 선물이다.

하나님은 세상을 창조하실 때 신적 규례로 안식을 정하셨고, 그리스도께서 재림하신 후에 영원한 안식을 주겠다고 약속하신다. 우주적 역사의 이 거대한 북엔드 사이에서 하나님은 안식을 매주의 **실천이자 일상의 태도로** 지시하신다.

창세기부터 요한계시록까지, 창조부터 재창조까지, 하나님은 안식에 대해 우리에게 품으신 뜻을 계시하신다. 역사의 여명기에 하나님은 노동과 안식을 일정하게 오가는 패턴을 세우셨다. 하나님은 일곱째 날을 복되게 하시고 그 날을 거룩하게 하셨는데, 이날에 그분이 '창조하시던 모든 일에서 손을 떼'(창 2:1-3, 새번역)고 쉬셨기 때문이다. 하나님은 창조의 일을 그치셨지만, 그분의 안식은 게으르거나 무의미한 것이 아니었다. 하나님은 그분의 '매우 좋고' 아름다운 세상을 보고 기뻐하셨다(창 1:31). 안식에는 하나님과 그분의 백성이 원기를 회복하게 하는 요소가 들어 있었다(출 23:12, 31:17 참조). 하나님은 일곱째 날뿐만이 아니라 매일 저녁 서늘한 시간에 아담과 하와와 교제를 나누셨다(창 3:8 참조).

전도서의 시는 인생의 밀물과 썰물에 찬사를 보내며 모든 것은 때에 맞게 아름답다는 사실을 상기해 준다. 시편과 선지서는 '주 안에서 안식하라'(시편 37:7, KJV)라는 말씀 같이, 안식을 명하는 말씀으로 가득하다. 성경의 관점은 노동과 원기 회복의 균형을 장려한다.

때가 차고 그리스도께서 오셨을 때, 그분은 환전상들의 탁자뿐 아니라 안식일에 대한 바리새인들의 견해도 뒤집어

엎으셨다. 그 종교인들이 아우성을 치자, 예수님은 '안식일이 사람을 위하여 있는 것이요 사람이 안식일을 위하여 있는 것이 아니'(막 2:27)라고 말씀하셨다. 안식일에 쉬는 것은 인류에게 주어진 선물이지, 외적 규칙을 지우는 짐이 아니다. 예수님은 수고하고 무거운 짐 진 모든 사람을 초대하셔서 그분께 나아와 영혼의 안식을 찾게 하신다. 어떻게 하시는가? 그분의 멍에와 짐을 짊어지는 반反직관적 행위를 통해서다. 그러나 그 짐은 쉽고 가벼우며, 그분 옆에서 쟁기질을 할 때 우리는 그분의 온유하고 겸손한 마음을 본받는 법을 배운다(마 11:28-30 참조). 우리가 목을 굽혀 그리스도의 멍에를 메지 않으면 우리는 죄의 사슬에 여전히 매여 있게 된다. 갈라디아서 5장 1절은 이렇게 말한다. "그리스도께서 우리를 자유롭게 하려고 자유를 주셨으니 그러므로 굳건하게 서서 다시는 종의 멍에를 메지 말라." 매일 우리는 우리를 노예로 삼고 숨 막히게 하는 죄의 멍에를 메든지, 아니면 그리스도의 쉽고 자유로운 멍에를 멘다.

예수님은 자주 따로 가서 홀로 기도하고 쉼으로써 정기적으로 쉬는 휴식의 본을 보이셨다. 그리고 제자들에게 그와 같이 하라고 권하셨다. "그 때에 예수께서 그들에게 말씀하셨다. '너희는 따로 외딴 곳으로 와서 좀 쉬어라.' 거기에는 오고가는 사람이 하도 많아서 음식을 먹을 겨를조차 없었기 때문이다"(막 6:31, 새번역).

히브리서 저자는 이스라엘 민족이 약속의 땅에 들어가는 것과 모든 신자가 영원한 안식에 들어가는 것이 유사하다고 말한다. 히브리서 4장 9-10절은 이렇게 말한다. "그런즉 안식할 때가 하나님의 백성에게 남아 있도다 이미 그의 안식에 들어간 자는 하나님이 자기의 일을 쉬심과 같이 그도 자기의 일을 쉬느니라" 이 본문은 하나님의 창조 규례, 우리의 정기적인 휴식의 실천, 영원한 안식의 소망을 연결한다.

우리는 하나님을 떠나서는 진정한 안식을 찾을 수 없다. "당신은 내 안에 당신을 찬양하는 기쁨을 일깨우십니다. 당신은 우리를 당신 자신을 위해 지으셨기에, 당신 안에서 안식처를 찾기 전까지 우리 마음은 쉼을 얻지 못합니다."[2]

그리스도인들은 안식일 준수가 마음에 대한 문제라는 것을 인식해야만 율법주의의 틀에 갇히지 않을 수 있다. 마크 뷰캐넌Mark Buchanan은 안식이 의미하는 바를 이렇게 설명한다. "내가 말하는 것은 하나의 태도이다. 하나의 관점, 지향이다. 내가 말하는 것은 안식일만이 아니라 안식하는 마음이다. 안식하는 마음은 사회적 불안과 격변 한복판에서도 평화롭다. 엄청난 왕래와 부침浮沈 가운데서도 하나님과 다른 이들의 존재에 주목한다. 산이 무너져 바다로 빠질 때도 잠잠하고 하나님을 의식한다."[3]

성경의 안식관은 안식일을 거룩하게 지키라는 하나님의 명령을 존중하고, 매일 안식하는 마음을 기르고, 우리의 영원한 안식을 기대하는 것이다. 하이델베르크 교리 문답 103번 질문의 답은 안식일 준수가 지닌 여러 측면을 아름답게 묶어 내고, 주일을 "안식하는 축제의 날"로 묘사하며 "매일" 죄로부터 안식하여 "이생에서 영원한 안식을 시작하라"고 촉

구한다.[4]

이 책의 공저자인 우리는 안식 개념과 여가 시간의 중요성에 관해 폭넓게 강연하고 글을 써 왔기 때문에, 이번 장의 내용을 확장하여 또 다른 책으로 쉽게 엮어 낼 수 있다! 그러나 이 주제에 대한 우리의 생각을 다른 곳에서 더 찾아보는 일은 독자의 몫으로 맡기고,[5] 여기서는 독서의 주제에 좀 더 집중하고자 한다.

성경적 안식은 타당하고 또한 필요하다. 우리는 하나님의 첫 안식을 본받아 자연의 아름다움을 감상하거나 좋은 책 같은 뛰어난 예술 작품을 기뻐하면서 안식할 수 있다. 성경적 안식은 작은 틈을 이용하여 의미 있는 휴식으로 생기를 되찾는 일을 그리스도 안에서 누리는 자유로 이해한다. 이 의미 있는 휴식에는 '책 읽을 자유'도 분명히 포함된다.

선택의 자유

우리는 분주하고 빠듯한 일정 속에서도 시간에 관한 선택을 내릴 자유가 있다. 여가를 불필요한 게으름으로 보기보다는 꼭 필요한 원기 회복의 기회로 보는 쪽을 선택할 수 있다. 여가 활동recreation을 무의미한 놀이로 생각하지 않고, 재창조recreation라는 그 원래의 의미를 기억할 수 있다. 정신없이 바쁜 일정에 독서를 어떻게 욱여넣을지 고민하느라 스트레스를 받는 대신에 이렇게 생각할 수 있다. "하나님은 내게 책 읽을 자유를 주신다."

머릿속 기어를 이런 식으로 바꾸면 즉시 긴장이 줄고 생각이 차분해진다. 독서를, 그동안 소홀했던 많은 의무 중 하나가 아니라 즐거운 기회로 보게 된다. 책을 읽지 못했다고 괴로워하는 대신, 원기 회복이라는 독서의 숨은 보물을 찾아 여행에 나서게 된다.

우리 문화에서는 시간 관리에 대한 이야기를 많이 하는데, 사실 시간 자체를 관리할 수는 없다. 순간순간을 보내는 방법을 선택할 수 있을 뿐이다. 우리는 하루 24시간의 대부분을 일, 수면, 가사와 육아에 쓰게 된다. 그러나 비교적 유동적인 순간들이 많이 있고 우리는 그 시간에 무엇을 할지 선택할 수 있다. 페이스북 포스트를 빠르게 넘겨 보거나 비디오 게임을 하거나 TV쇼를 볼 수도 있다. 다가오는 치과 예약 시간을 초조하게 기다리거나 차량 관리국의 긴 줄 사이에서 답답하게 있을 수도 있다. 아니면 그 시간에 책을 읽기로 선택할 수도 있다. 우리에게는 짧은 시간들을 보낼 방법을 선택할 자유가 있다.

하나님은 우리에게 매일 정확히 1440분의 시간을 주신다. 그 시간은 늘릴 수도 줄일 수도 없다. 해변에서의 느긋한 하루를 연장할 수 없고 병원에서의 고통스러운 하루를 줄일 수도 없다. 우리 각 사람은 지상에서 단 한 번의 유한한 인생을 보낸다. 시인 메리 올리버Mary Oliver가 말한 "한 번뿐인 거칠고 소중한 삶"의 매 순간을 어떻게 보낼 것인가?[6]

잃어버린 독서의 예술 되찾기

시간 도둑들

시간을 훔쳐 가는 것들은 사람마다 다르다. 그러나 가장 은밀하고 흔한 시간 도둑은 전자 기기다. 디지털 매체에 얼마나 많은 시간을 쓰고 있는지 인식하는 것이 시간 도둑에 맞서는 첫걸음이다. 자료 조사나 소통을 위해 일정 시간 동안 온라인에서 보내는 것은 필요한 일이지만, 중요한 일을 하다가도 어느새 소셜 미디어 훑어보기나 정신 산란한 하이퍼링크 따라가기로 빠져 버릴 수 있다. 자기도 모르게 한 시간이 홀쩍 지나가 버린다.

무의미한 일에 쓰는 시간을 추적하는 것이 시간 도둑을 잡는 데 도움이 된다. 어떤 사람들은 데스크톱 컴퓨터에 도표를 열어 놓고 오락이나 휴식 시간의 시작과 끝을 표시한다. 시간 측정 앱을 쓰거나 폰에 스크린 타임 앱을 설치하는 경우도 있다. 그런가 하면 플래너나 탁상 달력에 표시하거나 알람 또는 타이머를 설정하는 등의 옛 방식을 선호하는 이들도 있다. 매시간을 알리는 괘종시계는 시간이 얼마나 빨리 가는지 알려 주고 이용자의 수고를 요구하지 않는다(가끔 태엽을 감아 줘야 한다는 것을 빼면). 한 사람에게 통하는 방법이 모든 이에게 효과적인 것은 아니지만, 각 사람은 시간을 훔치는 무의미한 활동을 알아내려는 시도를 해야 한다.

시간 도둑들을 잡아내면 그것들이 삶에 미치는 영향을 막는 데 도움이 된다. 우리는 이렇게 자문해 볼 수 있다. "나는 정말 이 일에 시간을 쓰고 싶은가?" 그리고 그 시간에 하고 싶은 다른 일들을 생각해 볼 수 있다. 이를테면 독서 같은 것 말이다.

시간 도둑을 잡으라. 얼마 안 되는 소중한 토막 시간을 독서에 쓰고 싶다면 의지와 자유를 발휘하여 그 일을 이루라.

집을 나설 때는 책을 꼭 챙기자

매일의 많은 순간들이 유연한 시간으로 이루어져 있다. 비행기나 약속 시간을 기다리는 동안, 대중교통으로 출퇴근하는 동안에 상당한 분량의 글을 읽을 수 있다. 스포츠 경기 중간중간에도 시간이 꽤 난다.

일부 야구팬들은 미국에서 가장 수입이 많은 작가 중 한 명인 스티븐 킹Stephen King이 레드삭스 경기 이닝 사이에 책 읽는 모습을 카메라에 담았다. 이 정도로 유명한 작가가 책을 들고 야구장에 간다면, 우리도 언제 어디서나 책을 읽는 것을 부끄러워할 필요가 없을 것이다. 차 키를 집어 드는 일은 책을 떠올리게 하는 시각적 알람이 될 수 있다. 언제 기다려야 하는 일이 생기고 시간이 남게 될지 모른다. 독서를 위한 토막 시간을 포착하는 일은 인기 있는 '포켓몬 GO' 만큼이나 신나는 게임이 될 수 있다.

습관의 힘

우리 모두 습관의 힘을 안다. 나쁜 습관은 끊기 어렵고, 좋은 습관은 기르기 힘들다. 독서를 일과에 포함하면 좋은 습관으로 자리 잡는 데 도움이 될 수 있다. 트와일라 타프Twyla Tharp 는 이렇게 썼다. "시간이 지나면 일과는 제2의 천성이 되고, 훈련은 습관으로 바뀐다."[7]

일어난 직후나 잠자기 전 같은 때를 독서 시간으로 정하면 좋다. TV 쇼를 몰아 보는 시간 중 한 시간을 떼어 독서에 할애하는 방법도 괜찮을 것이다. 매일 일정한 분량이나 일정한 시간 동안 책을 읽기로 결심하는 것은 유용한 전략이 된다. 이 전략은 작은 규모로 시작해야 성공 확률이 높아진다. 목표를 낮춰 잡으면 언제든 높일 수 있지만 너무 높게 잡으면 실패하기 쉽다. 달성 가능한 목표를 설정하면 결심이 습관으로 자리 잡을 가능성이 높아진다.

하루 일과를 확인하여 책을 읽을 수 있는 약간의 시간을 확보할 수 있는지 보라. 이를테면 커피를 내리는 시간이나 저녁거리가 익는 시간 말이다. 짧은 시간의 독서라도 쌓이면 만만치 않다. 평균 독서 속도가 분당 250단어이고 보통 책의 한 면 분량이 250-300단어라면, 대부분의 사람들이 1분에 한 페이지를 읽을 수 있다. 책의 한 장章은 평균 3000 단어에서 5000 단어이니, 10분에서 15분이면 한 장 전체를 읽을 수 있다는 말이다. 습관의 힘을 활용해 우리가 앞서 언급한 스카웃 핀치(《앵무새 죽이기》의 주인공)처럼 독서를 호흡

만큼이나 인생의 필수적이고 자연스러운 일부로 여기는 태도를 기를 방법을 고민해 보자.

독서 챌린지와 공동체

독서 챌린지에 참여하는 것이 독서 습관의 시동을 걸 좋은 방법이 될 수 있다. 팀 챌리스Tim Challies는 성인을 위한 독서 챌린지를, Redeemed Reader 웹 사이트는 어린이를 위한 독서 챌린지를 매년 제공한다.[8] 독자들은 목표 수준을 선택하고 차트를 이용해 진행 상황을 확인한다. 이 챌린지들은 다양한 장르의 선택지로 독서의 흥미를 넓히는 반면, 개방형 선택지로 개인의 취향을 반영해 줄 여지가 있다. 두 웹 사이트 모두 독서 습관을 기를 수 있는 조언과 제안을 제시한다.

수천 명의 사람들이 굿리즈Goodreads나 핀터레스트Pinterest 같은 온라인 공동체를 사용하여 1년 독서 목표를 세우거나 자신이 어떤 책을 읽고 있는지 공유한다.[9] 어떤 사람들은 개인용 챌린지를 만들고 일기장이나 인덱스카드에 진행 상황을 적어 나가는 것을 선호한다. 챌린지는 사람마다 원하는 대로 비공개나 공개로 진행할 수 있다.

온라인 독서 네트워크에 더해, 독자들은 지역 사회 안에서 독서로 우정을 나누고 상호 점검을 해 줄 사람들을 찾을 수 있다. 거의 모든 공공 도서관은 북 클럽이나 독서 권장 프로그램을 연다. 북 클럽 결성은 간단하다. 관심 있는 두세 사람을 찾고, 다음 한 달간 특정한 책을 읽기로 정하고, 때가 되면 만나서 그 책으로 토론한다. 간단한 온라인 검색만으로도 북 클럽이 어떻게 돌아가는지 많은 조언을 접할 수 있을 것이다. 독자들은 가능한 선택지를 알아보고 첫 번째 시도가 여의치 않다면 다른 선택지로 넘어가면 된다. 자신의 순간들을 어떻게 보낼지 선택할 수 있고 어떤 식으로 공동체와 함께 읽는 것이 좋은지도 선택할 수 있다.

오디오북

오디오북은 많은 상황에서 적절한 '책 읽기' 방법이다. 긴 출퇴근 시간이나 출장길에 책에 귀를 기울이면 먼 거리도 금세 도착한다. 장거리 가족 여행 때는 아이들의 입에서 "아직 멀었어요?"라는 무서운 질문이 사라질 수도 있다. 같이 오디오북을 듣다 보면 "더 들으면 안 돼요?"라는 간절한 요청이 나올 수도 있다.

오디오북은 집에서도 사용할 수 있다. 테이핑 작업이나 페인트칠처럼 시간이 많이 걸리는 작업도 재미있는 이야기와 함께하면 더 빨리 끝난다. 흥미진진한 미스터리는 뜨개질이나 단순한 패턴의 코바늘뜨기 같은 단조로운 수작업을 훨씬 즐겁게 만들어 준다. 일립티컬이나 트레드밀과 같은 머신으로 운동할 때는 흔들리는 책보다는 오디오 쪽이 더 편하다. 오디오 파일은 앞에서 자주 언급했던 《전쟁과 평화》처럼,

종이책으로는 다 읽기 힘들 것 같은 두꺼운 분량의 작품들을 상대할 좋은 방법이기도 하다.

낭독자나 녹음 상태는 다 다르니 알아듣기 힘든 시원찮은 녹음이나 낭독자를 만나거든, 다른 낭독본을 찾으라. 괜찮은 낭독자를 찾았다면, 그가 작업한 다른 작품도 구해 보라. 제인 엔트위슬Jayne Entwistle은 랜덤하우스 오디오에서 나온 《플라비아 들루스》 시리즈를 탁월하게 낭독한다.

오디오북은 CD로 구매하거나 오더블 북스Audible Books처럼 매달 이용료를 내는 공급 업체를 통해 내려받기 할 수 있다. 대부분의 도서관은 서가에 꽂힌 책들의 CD를 제공하는데, 디지털 앱을 통해서 더 많은 오디오북을 무료로 대여해 준다. 최근에 제작된 기기로 쉽게 이용할 수 있을 것이다.

원작을 읽는 대신 책을 각색한 영화를 시청하는 것은 (다음 날 과제를 내야 하는 학생의 경우에는 특히) 솔깃한 일일 수 있다. 영화로 탁월하게 각색해 낸 작품들이 존재하기는 하지만, 책에 기반한 많은 영화들은 원작과 별로 비슷하지 않다. 여러 가지 이유로, 책은 거의 언제나 영화 각색본보다 낫다. 영화는 대중에게 호소력을 발휘해야 하고 시간 제약을 더 많이 받기 때문에, 액션을 강조하거나 없는 액션까지 만들어 내고 책의 느린(그러나 때로는 가장 의미심장한) 부분들을 건너뛰는 경향이 있다. 독자에게 있는 개인적 상상력을 뛰어넘기도 어렵다. 더욱이, 영화는 즐거운 언어의 뉘앙스와 흐름을 포착할 수 없다. 〈지브스와 우스터Jeeves and Wooster〉(P. G. 우드하우스P. G. Wodehouse의 지브스 이야기Jeeves stories°를 원작으로

한 드라마)를 즐겁게 볼 수는 있지만, 시청자는 '지브스가 일렁이듯 방 안으로 들어간다'는 표현이나 '버티[우스터]가 영국 신사라는 겉껍질에 올라탄다'는 표현은 볼 수 없다.

오디오북은 많은 상황에서 탁월하고 실행 가능한 선택지이지만, 이 책의 공저자인 우리 두 사람이 선호하는 '독서' 방법은 아니다. 우리는 종이책의 느낌과 냄새를 좋아한다. 빼어난 문장에 밑줄을 그을 수 있고, 빈자리에 메모를 하거나 포스트잇을 여기저기 붙여 치장할 수도 있다. 독자는 종이 위의 글을 읽으면서 잠시 멈춰 생각하거나 어려운 개념들을 다시 읽거나 멋진 표현을 한참 들여다보거나 아름다운 구절들을 음미할 수 있다. 종이책을 읽으면 기억에도 더 잘 새겨진다. 독자들은 자신이 찾는 대목이 왼쪽 페이지에 있었는지 오른쪽 페이지에 있었는지, 페이지의 얼마나 아래쪽에 있었는지까지 더 잘 기억할 수 있다. 오디오북을 들으면 이런 물리적인 혜택을 놓치지만, 우리는 듣기를 포함한 모든 형태의 독서를 흔쾌히 지지한다.

시간 관리에 관하여

앞에서 우리는 시간 자체를 관리할 수 없다는 점을 지적했고, 구체적 방법보다는 관점이 더 중요함을 강조했다. 그러나 시

○ 영국 귀족 버티 우스터의 재치 있는 집사─옮긴이

간 관리 전략을 꼭 받아들여야 하는 사람도 있다는 것을 부인하고 싶지는 않다. 이 주제를 다룬 책은 많고 온라인 자료도 많다. 몇몇 방안들은 너무 복잡해서 실행하기 어렵거나 본인의 상황에 적절하지 않을 수도 있다. 그러나 자신에게 맞는 유용한 자료들도 있을 수 있다. 각 사람의 사정은 전부 다르니 기질에 따라 다른 접근 방식이 유익할 수 있다.

우선순위를 정하거나 체계적으로 행동하는 데 있어서 실제적인 도움을 원한다면 팀 챌리스의 《더 많은 일을 더 잘하는 법Do More Better》이 도움이 될 것이다.[10] 그는 독자에게 한 가지 평가 과정을 안내하는데, 여기에는 하나님이 우리 삶의 모든 영역에서 행하도록 부르시는 일을 알아내는 것이 포함된다. 그의 제안대로 우리 각자의 '사명 선언문'을 써 보면 시간을 어디에 어떻게 쓸지 결정하는 데 도움이 될 것이다. 그리고 그는 디지털 도구에 관심이 있는 사람을 위해서 몇 가지 앱 실행법을 상세히 알려 준다.

케빈 드영이 쓴 책《미친 듯이 바쁜Crazy Busy》은 고도로 조직화된 정교한 계획을 권장하는 대신, 분주한 느낌을 초래하는 마음의 문제를 탐구한다. 여기서 정곡을 찌르는 드영의 마지막 단락을 소개한다. "지친 것이 잘못은 아니다. 압박감을 느끼는 것이 잘못은 아니다. 더없이 혼란스러운 시기를 겪는 것이 잘못은 아니다. 잘못된 일―가슴이 아플 만큼 어리석은 일이면서도 놀랍게도 피할 수 있는 일―은 우리에게 필요한 정도만큼 예수님을 충분히 누리지 못해서 우리가 원하는 것보다 더 미친 듯이 사는 것이다."[11] 예수님을 1순위로

잃어버린 독서의 예술 되찾기

붙들면 바쁜 우리 삶의 많은 요소들을 성경적 관점으로 보는 데 도움이 된다.

이번 장에서 우리가 본의 아니게 누군가에게 부담만 더 안겨 주었을까 봐 걱정스럽다. 우리는 유쾌한 격려로 독자들과 함께하고 싶다. 하나님이 우리를 안식과 재창조로 부르신다는 것을 기억하자. **책 읽을 시간**이라는 문제를 **책 읽을 자유**로 바라보도록 노력하자. 당신은 자신의 아름답고 귀중한 인생의 제한된 순간들을 어떻게 즐길지 자유롭게 선택할 수 있다.

좋은 책 읽기

—

2018년 미국 공영방송(PBS)은 "미국인이 가장 사랑하는 책" 목록을 발표했다. 목록 선정을 위해 100권의 책 중에서 독자들이 가장 좋아하는 책에 매일 투표하게 했다.[1] 목록에는 돈벌이만을 위한 미국 작품부터 영국의 고전까지, 왜곡된 성적 묘사부터 웅장한 사랑 이야기까지, 절망적인 디스토피아풍 판타지부터 영감을 주는 현대 사실주의 소설까지 다양한 문학 작품이 담겨 있다. 그중에는 보석 같은 작품들도 있지만, 불경건한 생활과 비성경적 세계관을 부추기는 작품도 많고, 글이 엉망이라고 널리 비판을 받은 책들도 소수 있다.

애덤 커쉬Adam Kirsch는 《월스트리트 저널》에 '지금 우리가 책을 읽는 방식'이라는 적절한 제목의 글을 싣고 이 목록을 분석했다. 그의 결론에는 이런 통찰이 들어 있다. "우선, 미국인 독자들은 좋은 산문에 별로 관심이 없는 것이 분명해 보인다. 《다빈치 코드_The Da Vinci Code_》와 《그레이의 50가지 그림자_Fifty Shades of Grey_》는 끔찍한 글의 사례로 자주 인용되지만, 두 책 다 메가 베스트셀러였고, 상위 100권에 자리를 잡았다."[2]

PBS 도서 목록은 오늘날 문화에서 독서의 예술을 회복해야 할 필요성을 확증해 주는 듯하다. 사람마다 취향이 다른 것은 사실이지만, 그리스도인들은 좋은 책을 예술적으로 읽고 싶어 해야 하지 않을까? 이번 장에서는 이전의 여러 장에 걸쳐 제시한 내용을 토대로 책을 잘 읽고 잘 평가하는 법을 살펴볼 것이다.

더 나은 독자가 되기 위한 여러 방법을 소개하는 것으로 논의를 시작해 보려 한다. 그다음에는 수용적 읽기, 느리게 읽기, 생각하며 읽기에 이르는 여러 독서 방법을 논할 것이다. '예술적 독서'라는 행위를 이해하고 난 뒤에는 나쁜 책과 좋은 책에 관한 탐구를 이어 갈 것이다.

좋은 책을 잘 읽으면 즐거움이 커진다. 주저하는 독자라도 좋은 책을 읽다 보면 자신감이 커지고 독서 의욕이 높아진다. 바쁜 생활에 치였던 사람은 평화와 기쁨이 커지는 것을 발견하게 된다. 열렬한 독서가로 자처하는 사람들도 자신이 어떤 책을 어떻게 읽는지 평가하면 또 다른 유익을 얻을 수 있다.

어떻게 해야 더 나은 독자가 될까? 간단한 답변은 그냥 읽으라는 것이다. 누구나 연습을 하면 무슨 일이든 나아진다. 운동선수들은 연습 경기에 참여하고, 음악가들과 가수들은 매일 예행연습을 한다. 독서는 많이 하면 할수록 향상되는 평생의 기술이다.

앞 장에서 우리는 독서를 긍정적으로 바라보는 데 도움이 되는 '책 읽을 자유'라는 관점을 채택하라고 격려했다. 거의 모든 장소에서 독서를 위한 짧은 시간을 포착할 수 있지만, 통시간을 내면 독서에 한층 더 온전히 몰입할 수 있다. 사라지는 시간을 소셜 미디어나 TV 쇼 몰아 보기로 낭비하는 대신 한두 시간을 독서에 할당해 보자.

깊이 뿌리내린 습관을 바꾸기는 참 어렵다. 뇌가 정신 활동을 쉬어야 한다고 느껴질 수도 있고, 힘든 하루를 보낸 후에 하는 독서는 너무 수고로운 일로 다가올 수도 있다. 그러나 독서에 몰입하는 시간을 레크레이션recreation의 본래 의미를 살리는 행위, 즉 재창조적인re-creational 독서로 바라보면 생각이 달라질 수 있다. 재창조적 독서는 사람의 정신을 새롭게 한다. 페이스북 포스트를 목적 없이 훑어보다 보면 시기나 분노, 절망 같은 부정적 감정들이 생겨나기 십상이다. 독서를 통해 정신을 새롭게 하는 쪽이 낫지 않겠는가?

자신을 독자로 인식하는 것도 독서를 위한 시간을 내는 데 도움이 된다. 어릴 때 책을 읽는 일이 어려웠던 어른은 커서도 자신을 시원찮은 독자로 여길 수 있다. 또 우리 대부분은 분주한 삶 속에서 너무나 많은 역할을 감당하다 보니 '독자'라는 정체성이 존재의 주변부로 밀려나고 만다. 그러나 자신을 독자로 인식하면 자신감이 생기고 독서 활동에 높은 우선순위를 부여하는 데도 도움이 된다.

주의가 산만해지지 않는 좋은 환경을 만드는 것 역시 독서를 긍정적으로 바라보고 경험하는 데 도움이 된다. 당장의 염려들은 깊은 한숨과 함께 떨쳐 내고 편안한 의자에 자리 잡고 앉으라. 펼쳐 든 책 위로 밝은 조명이 비추게 하라. 클라이브 톰슨은 이런 경험을 아름답게 묘사한다. "나는 밤중에 종이책을 들고 의자에 편안히 앉아 책 읽는 것을 좋아한다. 책을 비추는 조명과 어두운 방의 대비는 집중력을 높여 준다. 우리가 이 문학적 요가 자세를 잡는 일은 일종의 육체적인 의식이고, 우리 자신에게 '나는 독자다'라고 말하는 행위이다."[3]

우리는 더 많이 읽고 적극적인 태도를 취함으로써 더 나은 독자가 된다. 좋아하는 환경 속에서 독서에 몰입하는 것은 예술적 독서를 더 온전히 경험하는 데 도움이 된다.

예술적 독서는 '수용하기'로 시작한다. 워싱턴 D.C. 국립 미술관에 온 관람객은 멈춰 서서 놀라운 걸작들을 응시하고 색상과 스타일에 주목한다. 케네디 센터의 국립 교향악단 연주회에 참석한 사람은 조용히 앉아 음악에 열심히 귀를 기울인다. 문학 역시 미술, 음악과 똑같은 방식으로 수용할 수 있다.

독자에게는 독서를 '수용'의 관점에서 생각하는 일이 어렵게 느껴질 수 있다. 책 읽기를 마치 도구를 쓰는 일처럼, 즉 책이 우리를 위해 뭔가를 '하게' 만드는 일처럼 생각하도록 길들여진 이들이 너무 많은 탓이다.

C. S. 루이스는 독자들에게 예술을 '사용하려' 하지 말고 **'수용하라'**고 격려한 것으로 유명하다. 우리가 "예술 작품들을 가지고 뭔가를 하느라 바쁘"면 "작품이 우리에게 작용할 기회를 거의 주지 않게 된다. 따라서 우리는 작품 안에서 점점 더 자기 자신만 만나게 된다." 루이스는 "우리 자신의 선입견이나 관심사, 연상되는 바는 최대한 제쳐 놓는 데서 시작하라"고 격려했다.[4] "진정한 독자"는 처음에 개인적 사고 과정을 중지하고 작품의 예술에 자신을 열어 놓음으로써 문학을 수용한다.

많은 사람이 잘 읽지 못하는 것은 잘 듣지 못하기 때문이 아닐까? 인간은 자신이 지닌 본성 탓에 우리는 대화를 하면서도 자신에게 몰두한다. 자기 생각이나 경험을 나누려고 상대가 말하는 도중에 끼어드는 사람이 얼마나 많은가? 상대방이 말을 멈출 때까지 기다리는 경우에도, 우리는 자신이 할 말에 집중하느라 상대의 말을 자주 놓친다. 우리는 다른 사람의 말을 정말로 경청해야 하고, 그와 똑같이 책의 저자가 하는 말도 경청해야 한다.

　　　　　　　잃어버린 독서의 예술 되찾기

경청은 주의하는 것을 뜻한다. 루이스는 이렇게 썼다. "듣거나 읽는 것이 가치 있는 일이라면 주의를 집중해서 듣고 읽는 것 역시 가치 있는 일일 것입니다. 어떤 것에는 주의할 만한 가치가 없다는 것도 주의를 기울여야만 알 수 있습니다."[5]

수용적 독자들은 작품의 예술성에 주의를 기울인다. 아름다운 언어에 주목하고 등장인물들의 감정을 경험한다. 국립 미술관을 서둘러 둘러보는 여행객들은 그곳의 많은 걸작들에서 큰 기쁨을 얻지 못하듯, 빠르게 읽는 독자들은 즐거움을 놓치고 만다. 그리고 대부분의 경우, 주의해서 읽으려면 읽는 속도를 늦추어야 한다.

느리게 읽기

1장에서 우리는 《전쟁과 평화》의 무지막지한 분량을 언급한 바 있다. 우디 앨런은 이렇게 말했다. "나는 속독 과정을 수강하고 나서 《전쟁과 평화》를 20분 만에 독파할 수 있었다. 러시아에 대한 소설이었다."[6] 이 유머러스한 재담은 빠르게 읽음으로써 우리가 얼마나 많은 것을 놓치는지 잘 보여 준다.

교육자 샬롯 메이슨Charlotte Mason은 이렇게 썼다. "슬프게도 우리는 문학 형식에서 얻는 기쁨을 잃어버리고 있다. 사실에서 주는 가르침과 이론이 주는 자극을 받느라 바쁜 나머지, 한 가지 생각을 담담하게 표현하는 대목에 진득하게 머무를 여유가 없다. 그러나 그것은 실수다. 글은 기쁨과 영감 모두를 강력하게 전달하기 때문이다."[7] 예술적 독서가 가능하려면 아름다움을 감상하고 구절들을 음미하여 즐거움과 회복을 경험할 수 있을 만큼 느리게 읽어야 한다.

여가 시간에 느리게 읽기는 성취감으로 이어진다. 수잔 힐Susan Hill은 느리게 읽기가 "대단히 만족스럽다"라고 말한 다음, 빠르게 읽기와 대조하여 이렇게 말한다.

위대한 소설을 빠르게 읽으면 플롯을 파악하게 될 것이다. 이름들, 등장인물들에 대한 어렴풋한 관념, 배경의 윤곽을 알게 될 것이다. 그러나 중요한 세부 내용, 작은 차이들, 깊이 있는 감정과 관찰, 다층적인 인간 경험, 직유와 은유의 감상, 맥락에 대한 감각, 다른 소설이나 다른 작가와의 비교는 얻을 수 없을 것이다. 속독으로는 어조 변화나 복잡한 문체와 표현을 파악하기 어려울 것이다. 우리의 의식뿐만 아니라 무의식에도 들어가는 것이 전혀 없을 것이다. 책이 우리 기억에 깊이 새겨지고 우리 자신의 일부가 되어 지식과 지혜와 대리적 경험이 축적되는 일, 그로 인해 우리가 온전한 인간으로 형성되는 일에 아무 도움이 못 될 것이다. 속독은 우리의 인식을 길러 주거나 지식과 지성의 총량을 늘려 주지 못할 것이다. 신문의 몇몇 부분이나 백과사전의 항목, 패스트푸드 같은 스릴러 소설은 빠르게 읽어도 된다. 그러나 저자가 공들여 습득한 기술과 노력으로 창조한 책을 빨리 해치우려는 태도

로 자기 자신과 책을 모욕하지 말라.[8]

힐은 빠르게 읽기와 느리게 읽기의 차이점을 아름답고 포괄적으로 포착해 낸다. 느리게 읽기는 문학적 표현과 스타일뿐 아니라 캐릭터의 깊이도 인식하게 해 준다. 언어와 개념들이 우리의 잠재의식에 스며들어 우리를 형성하고 지혜를 확장한다.

애니 머피 폴은 이렇게 쓴다. "빠르고 능숙한 글 해독하기와 서두르지 않고 천천히 진행되는 읽기의 결합은 깊이 있는 독자에게 사색과 분석, 나름의 기억과 견해로 독서를 풍성하게 즐길 여유를 준다."[9] 느리게 읽을 때 우리는 예술적으로 읽을 수 있게 된다.

생각하며 읽기

누군가 '사고 과정을 중단하되 생각하며 읽으라'고 조언한다면, 상충되는 조언을 동시에 제시하는 것처럼 보일 수 있겠다. 하지만 이 방법이 상상 문학 읽기에는 진전이 있음을 생각하면 이것을 이해할 수 있을 것이다.

우리는 작품을 수용하기 위해 선입견을 멈춘다. 작품을 천천히 주의 깊게 읽으면서 그 아름다움에 흠뻑 젖고 이야기 속에 푹 잠긴다. 수용적으로 읽어 나가면 여러 가지가 눈에 들어온다. 우선 저자의 예술적 기교를 즐기게 된다. 누구나 판단 받기에 앞서 발언할 권리가 있으므로, 우리는 저자에게 말할 기회를 주고 거기에 귀를 기울인다.

독서를 하면서 우리는 패턴이나 반복되는 모티프들을 인식하게 된다. 관념들이 등장하기 시작하고, 우리는 점점 더 종합적으로 사고하게 된다. 그러므로 독자는 작품의 의미를 너무 일찍 결정해서는 안 된다. 루이스는 수용을 방해하는 이른 평가를 조심하라고 경고했다. "그렇게 되면 책이나 원고의 여백에서 연필이 일하기 시작하고 우리 머릿속에서는 비판이나 승인의 표현들이 만들어집니다. 이 모든 활동은 수용을 방해합니다."[10] 그리스도인 독자라면 특히 이야기에서 의미를 발견하거나 종교적 의의를 끌어내려고 안달해서는 안 된다. 특별히 픽션이나 시의 의미를 평가하는 일은 주로 작품을 읽은 **이후**에 할 일이다.

상상 문학과 반대로, 논픽션은 종종 처음부터 끝까지 사려 깊은 독서를 요구한다. 독자는 저자의 주요 논제를 처음부터 파악하고 책의 나머지 부분에서는 그것을 어떤 방식으로 뒷받침하는지 찾고 싶을 수 있다. 어떤 문학 장르를 읽든, 우리는 숙고하거나 기억하고 싶은 아름다운 언어와 잘 표현된 생각을 자주 발견한다.

어떤 이들은 밑줄을 긋거나 형광펜으로 표시하거나 책의 여백에 생각이나 질문을 끄적인다(물론 빌린 책이 아닌 경우의 이야기다). 그런가 하면 책을 아주 귀하게 여기면서 자란 어떤 이들은 책의 모서리를 접거나 연필로 표시하는 일조차도 신성모독처럼 여길 수 있다. 많은 사람들이 책에 포스트잇을 잔뜩 붙인다. 나중에 다시 찾아보려고 포스트잇에 핵심 단어들을 적어 놓기도 한다. 어떤 사람들은 책을 읽다가 떠오르는 생각들을 일기장에 적는 것이 도움이 된다고 여긴다.

모든 사람은 독특한 개인이고, 어느 독자에게 잘 통하는 방법이 다른 독자에게는 효과가 없을 수도 있다. 메모는 독자가 더 느리게 읽고 주의해서 읽는 습관을 기르는 데 도움이 될 수 있다. 많은 사람들이 논픽션을 읽을 때 이런 물리적인 도구들을 활용하지만, 픽션을 읽을 때는 오히려 즐거움을 방해한다고 느낀다.

각 독자는 모든 책에 수용적 정신으로 다가가야 한다. 메모를 하든 안 하든, 주목하여 읽어 나가면 자연스럽게 점점 더 생각하는 독서로 발전한다.

당장에 확 끌리는 책이 아니라도, 책이 자신을 증명할 기회를 주는 것이 좋다. 어떤 사람들은 1시간 또는 90분 정도의 시간을 확보한 상태에서 책을 펼치라고 권한다. 그러면 독자는 이야기 속에 자리를 잡고 등장인물들과 친근해질 수 있다. 그리고 많은 사람이 '50쪽 규칙'을 옹호한다. 책이 흥미를 사로잡는지 보려면 적어도 50쪽은 읽어야 한다는 것이다.

어떤 책을 즐길 수가 없다면 다른 책을 시도해 보라. 우리 모두 삶의 여러 시기를 통과하기에, 어떤 시점에서는 끌리지 않는 책이 나중에는 좋아질 수도 있다.

한 권의 책을 끝까지 다 읽는 것이 '중국에 있는 굶주리는 아이들을 생각하라'는 어머니의 잔소리 때문에 앞에 놓인 음식을 억지로 다 먹는 일처럼 되어서는 안 된다. 책을 까다롭게 고르는 것은 괜찮다. 글이 신통찮고 비도덕적이고 지루하거나 도움이 되지 않는 책을 꾸역꾸역 읽느라 시간을 낭비하지 말자. 책은 전체를 다 읽어야 한다는 뿌리 깊은 믿음이 있지만, 꼭 그럴 필요는 없다. 나쁜 책은 부담 없이 내려놓자!

나쁜 책

C. S. 루이스는 나쁜 책의 전형이라 할 만한 책을 그 책이 읽힐 수 있는 방식에 따라 정의한다. "완벽하게 나쁜 책은 좋은 독서가 불가능한 책입니다. 그런 책을 구성하는 글은 면밀한 관심을 감당하지 못하고, 전달하는 내용은 단순한 스릴이나 기분 좋은 백일몽으로 만족하는 독자가 아닌 한, 어떤 사람에게도 의미가 없습니다."[11] 나쁜 책은 좋은 독서를 거부할 뿐 아니라, 진정한 즐거움을 거의 주지 못한다.

워커 퍼시가 남긴 간결하고 유명한 말이 있다. "나쁜 책은 언제나 거짓말을 한다." 무엇에 관한 거짓말일까? "나쁜 책은 무엇보다 인간 조건에 관해 거짓말을 한다. 그래서 나쁜 책을 읽는 독자는 자신을, 자신의 가장 깊은 부분을 결코 인식하지 못한다." 자주 인용되는 '나쁜 책'의 정의에 대한 퍼시의 자세한 설명 속에서 우리는 루이스의 메아리를 들을 수 있다. "나쁜 책이 기분 전환과 심심풀이 모험주의, 관음증의 자극 등 나름의 즐거움을 줄 때조차도, 질 나쁜 버번위스키가 남기는 숙취처럼 입안에 쓴맛이 돈다."[12] 뒤틀린 즐거움

잃어버린 독서의 예술 되찾기

에 대한 퍼시의 묘사는 루이스가 말한 "단순한 스릴"이나 "기분 좋은 백일몽"과 비슷하고, 인류의 저속한 충동을 이용하는 책들을 떠올리게 한다.

많은 현대 작가들이 다섯 페이지마다 한 번씩 사건이 벌어지는 인기 모델을 따른다. 폭탄이 터지고 신체 부위들이 쏟아져 내리고 섹시한 청년이 뱀파이어로 변한다. 무슨 일이든 일어날 수 있지만, 모종의 액션이 자주 등장하여 스릴감이나 모험심을 자극한다.

특히 로맨스 장르의 많은 상업주의 픽션은 얄팍하게 가린 포르노다. 퍼시는 문학과 포르노를 이렇게 구분한다. "문학은 '나-너'의 상호 작용이고 상징을 사용하여 일종의 진실을 전달한다. 포르노는 '나-그것'의 상호 작용이고 그 안에서 너는 '그것'이 되며 자극으로 오르가즘을 조작한다."[13] 저자와 독자는 성행위나 불필요한 폭력의 생생한 묘사를 피해야 한다. 그런 묘사를 남발하는 글은 등장인물뿐 아니라 독자도 대상화한다.

하나님은 인간을 가치와 존엄을 지니고 책임을 지는, 하나님의 형상을 지닌 존재로 창조하셨다. 클라이드 킬비는 이렇게 쓴다. "기독교는 인간이 하나님 앞에서 책임 있는 존재라고 믿음으로써 삶을 제대로 제시하는 것을, 예술의 제대로 된 목표로 지지한다. 기독교는 예술의 목표가 인간을 신격화하거나 감상적으로 다루거나 반대로 짐승 취급하는 것이 될 수 없다고 본다."[14] 성경적 인간관과 예술관은 작가와 독자가 자기 자리에서 균형을 잡도록 돕는다.

루이스는 이렇게 썼다. "나쁜 문학에 대한 최고의 안전장치는 좋은 문학을 온전히 경험하는 것입니다. 모든 사람을 습관적으로 불신하는 것보다는 정직한 사람들과 진실하고 애정 어린 친분을 나누는 것이 악당들에게 당하지 않을 더 나은 보호책인 것과 같습니다."[15]

좋은 책

다른 예술 분야에서처럼, 사람들은 문학에서도 다양한 취향을 갖고 있다. 한 사람이 좋은 책이라고 추천하는 것을 다른 개인은 즐기지 못할 수 있다. 하지만 모든 예술 분야가 그렇듯, 몇 가지 기준은 적용할 수 있다.

앞의 여러 장에서 우리는 좋은 책의 여러 요소들을 살펴보았고, 여기에서 그 요소들을 반복할 필요는 없을 것이다. 이 자리에서는 좋은 책 읽기에 관한 몇 가지 일반적인 논평과 전문가들의 지혜를 나누고 싶다.

C. S. 루이스는 좋은 책이란 좋은 독서를 "허용하고 초청하는" 책이라고 정의한다. 그는 이렇게 덧붙인다. "책에 주목하는 순종적인 읽기는 독자가 아주 열심히 시도해야 겨우 가능할까 말까입니다. 그러므로 저자는 독자에게 모든 책임을 맡기고 손 놓고 있어서는 안 됩니다. 자신의 글이 정신을 바짝 차리고 치밀하게 읽으면 보상을 안겨 줄 것이기 때문에 그렇게 읽힐 자격이 있음을 상당히 빨리 보여 줘야 합니다."[16]

처음에 루이스는 좋은 책이 좋은 독서를 허용하고 초청한다는 데 초점을 맞추지만, 이내 주의 깊은 독서는 즉시 보상을 받아야 한다고 설명한다. 그가 말하는 보상은 무엇일까?

바로 즐거움이다. 루이스는 작품 전체가 즐거움을 만들어 내야 한다고 믿는다. "모든 삽화, 설명, 묘사, 대화가—이상적이기는 모든 문장이—그 자체로 즐겁고 흥미진진해야 합니다."[17]

워커 퍼시도 좋은 책의 척도로 '즐거움'이라는 항목에 높은 순위를 부여한다. "물론 내 경험상 첫 번째 척도는 즐거움이다. 좋은 책은 독자에게 즐거움을 준다. 독자가 그 책을 다시 읽고 싶어지게 만드는, 깊이와 여운이 있는 즐거움이다."[18] 퍼시는 이것이 피상적 만족이 아니라 독자가 그 책을 다시 찾고 싶어지게 할 만큼 충분히 심오한 즐거움임을 분명히 밝힌다.

좋은 책의 최고 특징 중 하나는 여러 번 읽어도 질리지 않는다는 것이다. "비문학적인 사람은 책을 한 번씩만 읽는 사람"이라는 루이스의 정의는 유명하다. 그런 사람들은 자신이 이미 읽은 책을 "타 버린 성냥, 써 버린 열차표, 어제 일자 신문처럼 쓸모가 없"고 효용을 다한 물건으로 여긴다. "그러나 위대한 작품을 읽는 이들은 같은 책을 평생에 걸쳐 열 번, 스무 번, 서른 번씩 읽습니다."[19] 잘 쓴 책은 여러 번 읽어도 좋아하는 친숙한 대목들뿐만 아니라 새롭게 발견하게 된 것들로 예술적 독자를 기쁘게 할 것이다. 독자는 책의 결말을 알지만, 작가가 이야기를 들려주는 방식에는 결코 질리지 않는다. 이것이 어떻게 가능할까?

　로저 스크러턴은 독자가 좋은 책을 다시 찾는 이유는 이야기가 여러 감각을 통해 정신에 전달되기 때문이라고 믿는다. 그는 우리의 관심이 주로 책이 말하는 내용에 있고 "그 내용을 전달하는 데 쓰이는 소리의 감각적 특징"에 대한 관심은 그보다 덜함을 인정한다. 그러나 만약 이야기가 거기 담긴 내용으로 "단순히 축소되는 것이 가능"하다면, 우리가 계속 글로 돌아가 좋아하는 구절들을 반복해서 읽고 "이미 줄거리를 알게 된 지 오래 지났는데도 문장들이 우리 생각에 스며들게 하는" 일을 "설명할 수 없을" 것이다. 이야기의 "감각적 특성들"은 우리의 지각 안에서 "기대와 방출"로 펼쳐진다. "그 정도만큼 소설은 오감으로 향한다. 그러나 호화 초콜릿이나 오래된 명품 포도주 같은 감각적 즐거움의 대상으로서가 아니라, 오감을 **통해** 정신**에** 제시되는 어떤 것으로서 오감에 다가온다."[20]

　대학 강의 시간에 나(릴랜드)는 좋은 문학이 가진 이런 특성이 "이중 초점 안경과 같다"(4장과 6장을 참고하라)라고 학생들에게 말한다. 우리는 문학 작품에 있는 감각적 세부 내용과 이미지들을 통해 현실을 바라본다.

　루이스는 이렇게 썼다. "렌즈를 통해 실제로 세상을 바라보지 않으면 그것이 좋은 렌즈인지 나쁜 렌즈인지 알아낼 수 없습니다. 한 편의 글이 아주 좋은 글인 것처럼 읽으려고 시도해 보고 그 시도가 저자에게 보낸 과분한 찬사였음을 깨닫기 전에는, 그 글이 안 좋다는 사실을 알 수가 없습니다."[21]

잃어버린 독서의 예술 되찾기

스크러턴은 독자에게 "체홉이 쓴 단편 소설 중 하나"를 생각해 보라고 한다. "체홉의 예술은 사람들이 살아가는 인생 그대로를 포착하고 그것을 드라마를 담은 이미지로 증류해 낸다. 하늘을 담은 이슬 한 방울처럼 말이다."[22]

퍼시가 나쁜 책을 "무엇보다 인간 조건에 관해" 거짓말을 하는 책으로 정의하고, 나쁜 책을 읽는 독자는 "자신을, 자신의 가장 깊은 부분을 결코 인식하지 못한다"라고 말한 대목에 주목하라. 반대로, 좋은 책은 독자들이 그들의 영혼에 울려 퍼지는 보편적 진리와 경험들에 공감하게 한다. 퍼시는 이것을 "진실을 말함"이라고 부른다.[23]

루이스는 좋은 책 읽기에 대해, 누구도 흉내 낼 수 없는 방식으로 이렇게 요약한다. "위대한 문학 작품을 읽을 때 저는 수많은 다른 사람이 되면서도 여전히 자신으로 남아 있습니다. … 예배할 때, 사랑할 때, 도덕적 행위를 할 때, 무엇을 알 때 저 자신을 초월하게 되듯, 문학 작품을 읽으면서도 저는 자신을 초월하게 됩니다. 그리고 바로 그때, 저는 그 어느때보다 저 자신에게 충실한 존재가 됩니다."[24]

좋은 책 한 권

이 책의 공저자인 우리는 《앵무새 죽이기To Kill a Mockingbird》가 2018년에 "미국인이 가장 사랑하는 책" 1위로 발표되었을 때 놀랐고 또한 기뻤다. 1930년대의 인종 차별과 미국 최남

동부 지역에서의 성장기를 다룬 하퍼 리Harper Lee의 이 다층적인 소설은 1961년에 픽션 부문 퓰리처상을 수상한 이후, 좋은 책으로 널리 인정받았다. 이 책은 전 세계에서 인기가 있는데, 40개국 이상의 언어로 번역되었고 전 세계적으로 4천만 부 이상이 팔렸다.

왜 많은 사람이 이 책을 사랑하는지 쉽게 알 수 있다. 하퍼 리는 충동적인 말괄량이에다 열렬한 독서가인 스카웃 핀치의 유년기의 눈으로 인종 차별의 복잡성을 묘사한다. 남부 문화에서의 성장 과정과 소외된 사람들과의 공감에 관한 예리한 통찰이 매끈하게 엮여 이야기의 구조 안에 녹아 있다. 소설의 제목은 이 주제들을 깔끔하게 연결하는 의미심장하고 효과적인 은유를 담고 있다. 앵무새에 총을 쏘는 일은 죄악일 것이다. 이 책의 인기는 우리 문화가 잃어버린 독서의 예술을 회복하고 되찾을 수 있다는 희망을 안겨 준다.

소명과 창조성
—

소명과 창조성에 관한 논의를 시작할 인물로 성경에 나오는 브살렐 만한 적임자는 없을 것이다. 출애굽기 31장 1-6절은 하나님이 그를 예술적 과제로 부르시고 준비시키시는 과정을 들려준다. 하나님은 브살렐을 '지명하여' 부르셨고(출 31:2) '하나님의 영을 그에게 충만하게 하여 지혜와 총명과 지식과 여러 가지 재주로 정교한 일을 연구하여 금과 은과 놋으로 만들게 하며 보석을 깎아 물리며 여러 가지 기술로 나무를 새겨 만들게'(출 31:3-5) 하셨다. 하나님은 또한 오홀리압을 임명하여 '그와 함께 하게' 하셨고 모세에게 이렇게 말씀하셨다. "기술 있는 모든 사람에게 지혜를 더하여, 그들이 내가 너에게 명한 모든 것을 만들게 하겠다"(출 31:6 새번역). 이 구절들은 창조성과 창조적인 사람의 소명에 관한 네 가지 구체적인 사실을 보여 준다.

하나님은 개인을 지명하여 부르신다. 하나님은 예배 용품을 만드는 예술 작업으로 브살렐을 부르셨다. 하나님이 예술가를 지명하여 부르신다는 사실은 개인이 타인과 구별된 특성을 지녔다는 것과 하나님이 사람을 친밀하게 아신다는 것 모두를 의미한다.

하나님은 성령을 통해 개인에게 영감을 주신다. 하나님은 브살렐이 성령으로 '충만하게' 하셨다. '성령으로 충만함'은 성령이 사람에게 스며들어 지속적으로 함께함을 의미한다. 글을 쓰는 그리스도인은 여러 면에서 어려움을 겪을 수 있다. 사실, 그리스도의 나라를 위해 중요한 작품을 쓰는 작가일수록 더 격렬한 어려움을 만날 가능성이 높다. 그러나 성령께서 믿음의 작가 안에 내주하심으로 영감을 주시고 그를 붙드신다.

하나님은 예술가에게 구체적 재능을 주신다. 하나님은 브살렐에게 타고난 재능과 예리한 지성을 부여하셨고, 여러 가지로 쓰일 예배 용품들을 설계하고 다양한 재료로 그것들을 만들 이해력과 재주도 주셨다.

하나님은 돕는 사람들을 보내 주신다. 주님은 브살렐과 함께할 조수를 임명하셨다. 그분은 모든 일꾼들에게 탁월한 장인의 일을 해낼 능력과 갈망을 주셨다. 대부분의 예술 작업은 예술가 홀로 감당하지만, 인맥과 친구들은 그의 부담을 덜어 준다. 그리고 모든 예술가에게는 작품을 홍보하고 구매해 줄 후원자들이 필요하다.

이 네 가지 지침은 독자와 작가인 우리의 소명과 창조성을 살필 때 우리를 안내한다. 이번 장에서는 소명과 창조성에 대한 두 견해와 영감의 신비를 다루려 한다. 그다음 창조의 과정과 관련된 요소들을 검토할 것이다. 그리고 홍보 활동과 작가들을 격려하고 후원할 수 있는 방법을 설명하는 것으로 마무리하고자 한다. 이런 개념들을 이해하면 독자가 저자와의 동반자 관계를 받아들이고 누리는 데 도움이 될 것이다.

왜 쓰는가?

저널리스트는 종종 단어당 또는 기사당 원고료를 받고, 과학 기술 전문 저술가들은 대체로 시급이나 월급을 받지만, 문학 작가는 영어에서 가장 사랑스러운 단어 중 하나인 로열티 royalty 즉 인세를 통해 수입을 얻는다.

작가들은 인세로 대표되는 수입을 고맙게 생각하지만, 그들의 현실은 많은 사람의 상상과는 다를 수 있다. 어떤 이들은 작가라고 하면, 여기저기서 조금씩 남는 시간에 책 한 권을 휘갈겨 쓰고는 편하게 앉아 평생 흘러들어 오는 보장된 부를 즐기는 모습을 떠올린다. 소수의 선택된 저자들은 백만장자가 되었고 일부 작가들은 매년 수천 달러를 벌지만, 많은 작가들의 인세 수입은 생계를 꾸릴 만큼 충분하지 않다.

대다수는 제2의 수입원(이를테면 가르치는 직업이나 배우자의 수입)이 있어야 매일 먹을 것을 구하고 매달 공과금을 지불할 수 있다. 인세만으로는 살 수 없다는 것이 대부분의 저자가 당면하는 슬픈 진실이다.

작가들이 작품에 쏟은 시간을 기업에서 직원에게 요구한다면 아마 학대라고 말할 것이다. 헌신적인 저자들은 아침 일찍부터 일하거나 밤늦게까지 키보드 앞에 앉아 있을 테고, 일주일에 60시간 넘게 일할 수도 있다. 작가는 보통 원고 하나를 완성하기 위해 몇 달, 심지어 몇 년씩 매달린다.

'끝'이라는 글자를 타이핑하는 것은 원고 판매의 길고 고된 과정의 시작을 의미한다. 저자들은 수천 달러를 쓰고 많은 날을 들여 여러 컨퍼런스에 참석한다. 두렵고 떨리는 마음으로 편집자나 에이전트와 어렵사리 짧은 약속을 잡고, 10분 남짓 동안 자신과 작품을 알리기 위해 노력한다. 운이 좋으면 편집자가 완전한 출간 제안서와 샘플 원고를 요청할 수도 있다. 몇 달 뒤, 작가는 아마도 거절 답변을 받게 될 것이다. 그러나 가끔은 출판사에서 관심을 표명하기도 한다. 몇 주 혹은 몇 달이 지나가고 회의 시간에 출간 제안서를 검토한 후, 출판사는 출간을 거부하거나 계약을 제안한다. 계약이 성사된다면 기쁜 날이다! 저자는 선인세를 받을 수도 있다. 선인세는 선물이나 보너스가 아니다. 예상되는 인세의 일부를 먼저 지급받는 것일 뿐이다. 저자가 인세를 받으려면 먼저 출판사가 도서 판매 수입으로 선인세를 회수해야 한다. 마침내 그런 날이 오면 드디어 인세가 들어오기 시작한다.

잃어버린 독서의 예술 되찾기

인세는 6개월에 한 번씩 지급될 수도 있고, 액수는 피자 한 판 살 정도에 불과할 수도 있다.

저자의 인세는 팔린 책 한 권당 1달러가 안 되는 경우가 많고, 때로는 몇 센트에 그치기도 한다. 저자들이 책 한 권으로 자신이 시간당 돈을 얼마나 벌었는지 계산한다면, 아마도 몸을 웅크리고 울게 될 것이다.

문학 작가들이 돈 때문에 그 일을 하는 것이 아님은 분명하다. 그러면 그들은 도대체 왜 글을 쓸까? 대답은 단순하다. 써야만 하기 때문이다. 그들의 소명감은 너무나 강력해서 선택의 여지가 없는 것처럼 느껴질 정도다.

이 소명감은 깨어난 욕망 이상의 것이다. 목회자의 소명과 비슷하게, 특정한 종류의 일을 수행하라고 하나님이 정해 주신 책무다. 하나님은 그분이 아시고 사랑하시는 개인을 선택하여 글을 쓰게 하신다. 진지한 저자는 글쓰기를 취미가 아니라 소명으로 여긴다.

비그리스도인 작가들도 글을 써야 한다는 강한 충동을 경험하고, 그것을 자기 안에 있는 그 무엇 또는 제대로 설명할 수 없는 신비한 영향력으로 인정한다. 그러나 글을 쓰는 그리스도인들은 성경에 나온 브살렐에 대한 기록을 참고하여 하나님이 그들을 지명하여 부르셨음을 이해할 수 있다.

지명하여 부르신다는 것은 하나님이 작가를 친밀하게 아신다는 뜻이다. 하나님은 개인의 구별된 특성을 잘 아신다. 그에게 그것을 부여하신 분이기 때문이다. 하나님은 선지자와 사도들이 태어나기 전부터 그들을 각자의 임무로 부르셨던 것처럼,[1] 작가들 역시 어머니 태에서부터 정하신다. 그들은 자신의 소명을 인식하지 못할 수도 있고 만년에 가서야 글을 쓰기 시작할 수도 있다. 많은 배움과 인생 경험이 있은 뒤에 작가로서의 경력을 시작하기도 한다. 그러나 하나님은 글쓰기에 필요한 타고난 상상력과 재능을 그들 안에 심어 주셨다. 그래서 그들은 써야만 한다.

독자들은 어떨까? 그들에게도 소명이 있을까? 그렇다. 모든 사람에게는 읽어야 할 소명이 있다. 이 지점에서 이 주장은 그리 충격적으로 느껴지지 않을 것이다. 독서는 문명의 대화를 지속시키고 개인의 즐거움과 영적 회복에 기여한다. 그리스도인들은 하나님의 말씀으로 사는 사람들이기에 다른 문학적인 글literary words과 함께 하나님의 말씀God's word도 읽도록 부름받았다.

창조성이란 무엇인가?

창조성은 독창적이고 예술적인 작품을 창조하기 위해 상상력을 사용하는 것과 관련 있다. 이 문장의 개별 단어들을 주목해 보자. **상상력, 작품, 독창적, 예술적, 창조하다.** 창조성에는 이 중요한 측면들 하나하나가 모두 들어 있다. 작가는 독창적이고 예술적인 그 무엇인가를 만들어 내는 일에 타고난 상상력을 발휘한다. **작품**은 완성된 산물뿐 아니라 그 과정에서 들인 수고도 가리킨다.

잃어버린 독서의 예술 되찾기

서구 역사에서는 작가의 일에 관한 두 가지 다른 전통이 나란히 존재했다. 하나(플라톤과 성경의 선지자들에게서 기원을 찾을 수 있다)는 형식보다 내용을 강조하고 작가를 뛰어난 통찰력을 가진 선견자로 본다. 이 전통은 자발성과 신적 힘에 의한 영감을 강조한다. 다른 전통(아리스토텔레스와 성경의 전도서 저자가 그 기원이다)은 내용보다 형식과 기법을 강조하고 작가를 제작자로 여긴다. 이 전통은 문학적 창조성에서 자의식적self-conscious 요소를 강조한다.

기독교는 이 두 관점의 변형을 나름대로 발전시켰다. 한 전통은 그리스도인 저자를 창조자나 제작자, 하나님의 형상을 지닌 자로 여긴다. 다른 기독교 전통은 작가를 하나님의 대리자로 본다. 이 책의 공저자인 우리는 예술가의 하위 창조자 측면에 좀 더 무게를 두지만, 이 두 견해가 하나의 포괄적인 관점을 상호 보완한다고 생각한다. 인간은 하나님의 형상을 지닌 존재로서 창조의 능력을 갖고 있다. 상상하고 만들어 퀼트나 조각, 케이크나 그림, 블로그 포스트나 픽션을 내놓는다. 또한 인간은 하나님의 대리자이기도 해서 그분의 영감과 준비시키심 없이는 아무것도 할 수 없음을 깨닫는다.

도로시 L. 세이어즈는 예술가가 하나님의 형상을 지닌 자이고 하나님이 지니신 창조성의 여러 측면을 공유한다고 보았다. 그녀는 이렇게 썼다. "성경으로 돌아가 하나님이 그분의 '형상'의 원본에 대해 뭐라고 하시는지 살피면, '하나님이 창조하셨다'는 한 가지 주장밖에 보이지 않는다. 하나님과 인간의 공통된 특성은 뭔가를 만들고자 하는 욕망과 능력인 것 같다."[2]

래리 와이우디는 작가가 창조자라는 부풀려진 견해에 맞서 이렇게 경고한다.

> 작가는 쓰는 이가 곧 창조자라는 강력한 주장 안에서 '내가 이 창조물의 하나님이다'라는 생각과 마주하게 된다. 이것은 원초적이고 궁극적인 타락이다. 게다가, 젊은 작가들에게 창조자의 궁극적 속성이 당신에게 일대일로 전수될 수 있다고, 즉 생초보가 작은 신god으로 바뀔 수 있다고 가르치는 현대의 글쓰기 워크숍은 이런 상황을 부채질한다. 숙련된 작가들은 이런 분위기를 알아보고 그들이 지금 집필하는 작품을 섬기는 은유적 종이 되어야 함을 인식한다.[3]

세이어즈와 와이우디의 인용문은 창조성에 대한 균형 잡힌 포괄적 관점을 형성하는 데 도움이 된다. 작가들은 자신의 인간적 연약함과 한계 때문에 주님을 온전히 의지하는 종이 될 수밖에 없음을 인식하면서도 하나님의 하위 창조자로서의 창조적 소명이라는 명예를 받아들일 수 있다. 그들에게는 성령의 영감과 내주하심이 모두 필요하다.

이것이 독자들에게는 어떻게 적용될까? 인간은 창조력을 지닌 하나님 형상의 담지자이고, 창조의 기술은 어떤 방식으로든 개인들에게서 발현된다. 자신이 뭔가를 만드는 일에 도통 재주가 없다고 여기는 사람조차도 인지적 창조성은 보유하고 있다. 우리는 머릿속에서 성을 쌓고 관계를 통해 다리를 놓는다. 그리고 독서할 때 문학적 창조성의 경험에 참여한다.

영감

글쓰기에서의 영감은 여러 다른 것을 의미할 수 있다. 저자의 영감은 하나의 착상을 낳는 어떤 것일 수 있고, 그 과정을 촉진하는 상황일 수도 있다. 그러나 이 자리에서 우리가 주로 뜻하는 것은 작가에게 글쓰기를 강요하는 더 높은 힘의 작용이다. '강요한다'는 표현이 너무 세게 느껴질지 몰라도, 창조성이란 바로 그런 것이다. 여기에는 천상의 신비가 어른거린다.

우리가 지금 말하는 것은 하나님이 성경을 쓰실 때 사용하셨던 신적 영감과 같은 것이 아니다. 우리가 아는 어떤 작가도 자신들의 작품이 하나님의 무오한 말씀이라고 생각하지 않는다. 그러나 작가들이 신적 영감의 희미한 메아리라할 만한 어떤 것을 경험한다고 말할 수는 있다.

'영감inspiration'의 어원은 하나님이 숨 또는 "생기를 불어넣어in-spiriting" 아담이 살아나게 하시고 사람들이 그분의 말씀을 쓰게 만드셨다는 성경적 의미를 가리킨다. 중세 영어에서 이 단어는 하나님의 인도하심을 내내 전달했다. 오늘날의 정의에는 좀 더 일반적인 방식으로 생기를 주고 동기를 부여한다는 의미가 포함된다. 하지만 우리는 지금 예술적 창작의 신비에서 영감이 가지는 의미를 탐구하고 있다.

자발성과 개방성은 영감에서 중요한 요소다. 매들렌 렝글은 유명한 인용문에서 창조성이 "바람을 타는 것riding the wind"이라고 말한다. 그러나 문맥 속에서 그 말을 보면 그녀가 인간의 지성을 완전히 내버리지 말라고 경고하고 있음을 알 수 있다.

> 창조성을 발휘할 때 예술가는 평소 꽉 붙드는 자제력을 내려놓고 바람을 타는 일에 자신을 연다. 창조 행위 도중 뭔가 우리를 깜짝 놀라게 하는 일이 거의 언제나 일어나지만, 그 일은 성인의 지적 통제를 풀고 어린아이처럼 자신을 열 때만 가능하다. 이것은 지성을 내려놓거나 포기한다는 뜻이 아니라 독재자가 되어서는 안 된다는 것을 이해한다는 뜻이다. 독재자가 되면 계시가 끊어지기 때문이다.[4]

작가들이 글을 쓸 때 뇌의 작동을 억제하고 계시의 기록자가 되는 것은 아니지만, 자유롭게 영감을 받으려면 내면의 편집자나 폭군 같은 논리를 억누를 필요가 있다.

때로는 글이 난데없이 찾아와 작가가 글을 쓰는 화면이나 지면에 놀랍도록 정교하게 흘러드는 것처럼 보인다. 그러나 그런 순간들은 아주 희귀한 선물이다. 저자들은 손 놓고 앉아서 영감이 깃들기만 기다릴 수가 없다. 영감이 찾아온다

해도, 그것 자체만 가지고는 예술적 창조물을 완성하기에 충분치 않다. 그 계시를 받아들이고 예술 활동을 수행할 예술가의 성향과 경험이 있어야 한다.

창조성의 과정

창조성이 핀을 꽂듯 명확히 정의될 수 있다면 표본 상자 속 딱정벌레처럼 생명력이 없을 것이다. 그러나 창조성은 햇살을 받으며 나풀대는 아름다운 나비처럼 활기차고 잡기 힘든 것이다. 희미하게 빛나는 그 날개는 감질나게 반짝이다가 나비가 화려한 색상 위에 잠깐 내려앉으면 마치 감사의 기도를 드리듯 접힌다.

저자들은 뮤즈를 자기 머릿속에 끌어들여 종이 위로 글을 짜낼 수 있기를 바라면서 아주 다양한 의식이나 관행을 수행한다. 그러나 이런 것들은 외적 요소에 불과하고 내적 과정이 아니다. 창조의 과정을 짧은 공식으로 산뜻하게 제시하기는 어렵지만, 그 구성 요소들을 찾아볼 수는 있다.

브렛 롯의 설명은 창조 과정의 에너지나 신비를 제거하지 않으면서도 그 과정을 어느 정도 묘사해 낸다. 롯은 **경이감**과 **외경심**이 "글쓰기의 예술을 만들어 내는 쌍둥이 발전기"라고 말한다. 그는 이렇게 덧붙인다. "경이감과 외경심 없이 뭔가를 바라보는 것은 … **숙고**를 거부하는 일이다. 숙고를 거부하면 **반성**의 가능성이 제거된다. 반성이 제거되면 **발**

견의 가능성도, 슬프지만 그야말로 철저히 사라진다."[5]

창조성을 다루는 워크숍에서 나(릴랜드)는 창조의 과정을 이루는 구성 요소들을 낱낱이 밝힌다. 기억력, 관찰력, 상상하기, 읽기, 발견, 통합력, 퇴고, 자기표현, 디자인, 끈기다. 이 요소들이 작가가 하나님께 받은 재능 및 앞에서 언급한 영감과 합쳐진다는 데 주목해야 한다.

기억력은 저자의 이미지, 단어, 경험, 감정, 감각 지각을 저장하는 저수지다. 대부분의 경우, 저자들은 필요한 것을 이 저수지에서 무의식적으로 꺼내 쓴다. 평생에 걸쳐 축적된 저자의 기억이 글쓰기에 박진성을 부여한다.

관찰력은 자주 '작가의 눈'이라고 불린다. 작가들은 골똘히 생각하면서 관찰한다. 그리고 이렇게 생각한다. '저것이 떠올리게 하는 것은 무엇이지?' '그것을 어떻게 묘사할까?' 그들은 그냥 궁금해할 수도 있다. '저 여자는 어디로 가는 걸까? 목적지에 도착하면 무엇을 할까?' 또 다른 저자는 고등학교 합창단을 보고 그 영혼들의 영광의 무게에 압도되기도 한다.

요즘 들어 **창의성**inventiveness이라고 불리는 **상상하기**는 뭔가를 지어내는 것을 뜻한다. 작가들은 생생한 상상력을 사용하는데, 이것은 머릿속의 영화나 이미지를 종이 위의 글로 옮길 때 드러난다.

읽기는 글과 지식을 저자의 머릿속에 끊임없이 공급한다. 그리고 효과적이고 아름다운 문체와 기법을 보여 줌으로써 작가의 기술을 계속해서 다듬는다.

발견은 작가를 기쁘게 하는 창조 과정의 핵심 요소이다. 포괄적 개요를 바탕으로 논픽션을 쓸 때도, 저자들은 작품이 어떻게 나올지 정확히 알지 못한다. 그래서 아름다운 구절들이나 통합적 맥락을 발견할 때 깜짝 놀란다. 픽션 속의 등장인물들은 의외의 언행으로 저자에게 자주 충격을 안겨 준다. 플롯은 뜻밖의 방향으로 전개되고 모티프들이 툭툭 튀어나오고 계획에 없던 주제들이 전개된다. 글렌다의 모니터 바로 위쪽 선반에는 이런 내용이 적힌 포스트잇이 붙어 있다. "무엇을 써야 하는지 알려면 써야 한다."

통합력synthesis은 다양한 부분들이 어떻게 연결되는지 알아보고 각 부분을 일관된 전체로 한데 묶어 내는 능력을 뜻한다. 사실에 기반한 작품이든 상상에 기반한 작품이든, 그 안에는 저자가 하나의 의미 있는 단일체로 녹여 내야 하는 세부 사항들이 가득하다.

퇴고는 꼭 필요하지만 종종 간과되는 과정이다. 한 작품의 초고를 괜히 '거친 원고rough draft'라고 부르는 것이 아니다. 작가들은 퇴고하고, 퇴고하고, 또 퇴고해야 한다. 어느 정도까지 해야 할까? 작품이 완성되었다는 것을 작가가 알 때까지다. 작가들은 작품을 제대로 완성하고 싶은 강렬한 욕망이 있다. 그들은 머릿속의 미꾸라지 같은 요정을 다 잡아냈다는 확신이 들 때까지 계속 글을 만진다.

자기표현은 작가의 관점, 성격, 스타일, 목소리를 반영한다. 이것은 성찰의 힘이고, 어떤 구체적인 생각과 의견이 보편적 호소력을 갖는지 알아보는 능력이다.

디자인이 만들어 내는 격자 구조물 위에서 작품이 자라고 꽃을 피운다. 이것은 구상이자 계획이다. 받쳐 주는 골격이 없으면 생각의 덩굴은 꼼짝없이 돌돌 말리고 아무도 모르게 땅바닥에서 시들어 버릴 것이다.

끈기는 성공한 작가에게서 볼 수 있는 특징이다. 창조적인 사람에게는 집중력이 필요하고 작품에 엄청난 양의 시간과 노력을 투입할 의지가 있어야 한다. 작가가 의자에 앉아 손가락을 키보드 위에 올려놓지 않으면 작품은 써지지 않는다. 손가락은 키보드 위에 그냥 얹혀 있을 수도 있고 탱고를 출 수도 있지만, 저자는 키보드에 손가락을 올려야 한다. 날이면 날마다 그래야 한다. 글렌다의 모니터에 붙어 있는 또 다른 포스트잇에는 이런 문장이 있다. "글을 써야 글쓰기가 시작된다."

좋아하는 작가들을 후원하라

대부분의 경우, 글쓰기는 혼자 하는 일이다. 가끔 참석하는 컨퍼런스나 모임을 제외하면 작가들은 대부분의 시간을 격리된 상태로 혼자 보낸다. 그렇기에 작가에게는 곁에서 함께해 줄 동료 신자들이 더욱 필요할 것이다. 좋아하는 저자에 대한 후원은 다양한 형태로 이루어질 수 있는데, 그중 어느 것도 어렵거나 돈이 많이 들지 않는다. 그러나 구체적인 방법으로 들어가기 전에, 글 쓰는 생활의 홍보적인 측면을 좀 소개하고 싶다.

이 책의 저자인 우리는 작은 네덜란드 개혁교회 공동체에서 자란 터라 자기 홍보에 대해 뿌리 깊은 반감을 갖고 있다. 또 우리는 하나님이 글을 쓰는 자리로 우리를 부르셨다고 믿고, 그 부르심에 전심으로 순종해야 한다는 의무감을 느낀다. 이런 이유들로 우리는 마케팅에 힘을 보태기보다는 글을 쓰는 데 시간을 사용하고 싶다. 하지만 모든 작가가 홍보에 공을 들여야 한다는 것이 지금 이 시대 글 쓰는 삶의 현실이다. 출판사들은 마케팅에 함께하며 어느 정도 공을 들이지 않는 저자에게는 기회를 주려 하지 않는다.

한 권의 책을 쓰고 출판사를 확보하여 정기적으로 인세를 받기까지 얼마나 긴 과정이 필요한지 앞에서 했던 설명을 기억할 것이다. 그러나 책이 팔리지 않으면 인세는 전혀 나오지 않는다. 그리고 책을 파는 것은 주로 저자의 책임이다. 출판사가 진행하는 마케팅은 일반적으로 출판사의 규모와 역량에 달려 있지만, 작가가 가진 플랫폼의 크기도 영향을 미친다. 작가의 플랫폼이 그가 조명 받는 정도를 결정한다. 책을 많이 쓰고 판매량이 많을수록, 소셜 미디어와 블로그 포스팅으로 온라인 활동을 활발히 하고 강연 일정이 빼곡할수록 플랫폼은 더 커진다. 이 모든 마케팅의 수고를 즐기는 저자들이 일부 있기는 해도 많은 저자들은 글 쓰는 쪽을 선호한다. 그렇다고 해도 큰 플랫폼을 보유하고 유명 출판사와 일하는 저자들도 마케팅에 시간과 에너지를 써야 할 수 있다.

독자들이 저자가 기울이는 마케팅 노력에 왜 관심을 가

져야 할까? 저자들은 개인의 이득을 위해서만 그 모든 수고를 하는 것이 아니기 때문이다. 물론, 우리 모두 먹어야 산다. 그러나 집필과 마케팅 과정 내내 저자의 마음 한편에는 당신 즉 독자가 자리 잡고 있다. 작가들은 독자를 위해 글을 쓰고 마케팅을 한다. 독자에게 뭔가 값진 것, 독자가 마음에 새길 수 있는 내용, 독자의 영혼을 감동시킬 만한 것을 내놓기를 원한다. 작가들은 보이지 않는 파트너인 장래의 독자에게 마음을 쓴다. 그러니 독자들도 저자들에게 일말의 관심을 가져야 하지 않을까?

독자들은 좋아하는 저자의 마케팅 노력에 힘을 보탤 수 있다. 어떻게 보탤 수 있을까? 그들의 책을 사라! 본인 몫으로도 구입하고 추가로 사서 다른 이들에게 선물하자. 책에서 마음에 드는 부분을 다른 사람들에게 이야기하고 구매를 권하면서 좋은 소문을 내자. 그리고 서평 작성을 고려해 보자. 아마존과 굿리즈 같은 웹 사이트의 리뷰는 매출과 평점을 올리는 데 결정적이다. 리뷰를 포스팅하는 일은 생각보다 쉽다. 리뷰를 쓸 때는 책 자체를 다루도록 하자. 작가와의 친분을 언급하거나 "글렌다 이모는 좋은 사람입니다" 같은 말은 도움이 안 된다. 저자가 얼마나 사실적인 대화를 써내고 진짜 같은 등장인물들을 만들어 내고 매력적인 글과 줄거리를 만들어 내는지 말하는 편이 낫다. 어떤 부분이 좋았고, 읽고 나서 무엇을 얻었는지 정직하고 구체적으로 적자. 이 책이 '지금까지 읽은 작품 중 최고'라는 식의 극찬에 넘어가 온라인 카트에 담을 잠재적 독자는 그리 많지 않을 것이다.

잃어버린 독서의 예술 되찾기

좋아하는 저자를 후원하는 조금 덜 구체적인 방식도 있다. 저자들을 위해서 그들과 함께 기도하는 것이다. 누구나 할 수 있는 방법이다. 작가들은 큰 집필 작업이 마무리되거나 계약서에 서명할 때, '기뻐하는 자들과 함께 기뻐하라'는 성경의 가르침을 따르는 그리스도인 형제자매들을 고맙게 생각한다. 마감 시한이 다가오는데 글이 안 써지거나 거절을 당해 마음이 무너질 때, 그들에게는 '우는 자들과 함께 우는' 이들이 특히 필요하다.

독자들이 저자들을 후원하는 주된 방법은 저자의 책을 숙고하며 읽는 단순한 예우다. 사실, 예술적 독서는 저자와 독자 사이에서 공유된 창조성, 그 보이지 않는 유대를 강하게 만든다. 니콜라스 카는 이렇게 설명한다.

> 독자와 작가의 유대는 언제나 대단히 공생적이었고, 지적으로 또 예술적으로 서로를 풍요롭게 해 주는 수단이었다. 작가의 글은 독자의 정신에서 촉매로 작용하여 새로운 통찰, 연상, 지각, 때로는 에피파니의 영감을 준다. 그리고 작가의 글에 주목하는 비판적 독자의 존재 자체가 작가 활동에 자극제가 된다. 독자는 저자가 새로운 표현 양식을 탐구하고, 어렵고 힘든 사고의 길을 헤쳐 나가고, 지도에도 없는 영역, 때로는 위험한 영역으로 과감하게 들어서게 하는 존재다.[6]

저자는 독자의 마음을 자극하고 기쁨을 만들어 내리라는 희망을 품고 글을 쓴다. 그러나 누군가가 말해 주지 않으면 저자들은 자신의 책이 독자에게 어떤 영향을 끼쳤는지 알지 못한다.

양질의 작품을 쓰는 그리스도인들을 안다면 그들을 후원할 방법을 생각해 보자. 누구도 정비사나 배관공이나 미용사가 무료로 서비스를 제공할 것이라 기대하지 않는다. 교사와 목회자와 의사가 생활 임금은 받아야 한다는 데 모두가 동의한다. 그런데 왜 작가들에 대해서만은 그토록 적은 재정적 보상으로도 노동을 제공해 줄 거라고 기대하는 것처럼 보일까? 커피 음료나 레스토랑의 디너 가격은 아무렇지도 않게 생각하는 사람들이 종종 책에 돈을 쓰는 것은 주저한다. 어쩌면 그들은 (이 책의 공저자 중 한 사람이 누군가에게 직접 들은 것처럼) 이렇게 생각하는지도 모른다. "책을 왜 사야 하지? 도서관에 가서 읽고 싶은 책을 빌리면 되잖아." 요즘 시대의 미니멀리즘 경향은 훌륭하지만, 우리는 독자가 자신의 손과 가정에 종이책을 두는 일의 가치를 깨닫기를 바란다.

브살렐 이야기는 하나님이 예술가들을 귀하게 여기시고 때로는 어려운 예술적 시도를 위해 준비시키신다는 것을 보여 준다. 그리고 예술가들이 소명에 따라 창조성을 발휘할 때 하나님이 어떻게 협력자들을 보내시는지도 알려 준다. 이번 장을 읽고 나서 작가와 협력하는 독자로서의 소명과 창조성을 받아들이고자 하는 마음이 당신 안에 생겨나기를 바란다.

잃어버린 독서의 예술 되찾기

22
—

문학과 영적인 삶_
그 이상
—

나(글렌다)는 이 책을 위한 자료를 조사하는 중에 《전쟁과 평화》가 많이 언급되는 데에 흥미를 느끼고 이참에 그 책을 읽지 않은 데 대한 거북함을 덜기로 했다. 나는 겨울 저녁마다 《전쟁과 평화》 오디오북을 들으면서 달리거나, 뜨개질을 하거나 코바늘뜨기를 했다. 톨스토이의 문학적 천재성에 자주 놀랐고, 영적 차원에서 아주 깊은 인상을 받았다.

톨스토이는 러시아의 시골과 도시 풍경을 가로지르며 방대하게 펼쳐지는 러시아 문화를 마치 사랑스러운 등장인물처럼 그려 낸다. 하지만 우디 앨런의 재담과 달리, 《전쟁과 평화》는 그냥 러시아 이야기가 아니다. 전쟁으로 인한 가차 없는 혼란에 휩싸이고 평시에는 사회적 위선의 피해자가 되는 등장인물들을 염려하게 되지만, 이 소설에서 중요한 것은 러시아인들이 아니다. 많은 비평가들과 서평자들은 이 소설이 인간의 자유의지와 하나님의 주권을 광범위하게 탐구한다는 사실을 놓치고 있다. 이 책은 깜짝 놀랄 만하고 죄를 깨닫게 하는 영적 영향력을 발휘한다.

T. S. 엘리엇은 그리스도인들이 자신이 읽는 문학을 어떻게 판단해야 하는지를 다룬 유명한 진술에서 "세상 사람들이 적용하는 기준 그 이상의"[1] 기준을 적용할 필요가 있다고 말했다. 이 책의 저자인 우리는 그리스도인으로서 문학을 읽을 때 '그 이상'이라는 원리를 받아들인다. 우리는 예술적 독자가 되는 정도를 넘어서 영적 수준에서 독서를 즐길 수 있다. 세상 사람들은 참된 것, 선한 것, 아름다운 것에 대한 문학적 탐색을 인간적 차원에서만 경험한다. 그러나 진선미를 신중하게 하나님과 연결하면, 이 세 측면이 영적 삶의 일부가 되고 계몽된 인본주의보다 훨씬 더 의미심장해진다.

우리는 영적 삶이 독서 생활의 '부가 가치'적 구성 요소라고 믿는다. 이 책 전반에 걸쳐 우리는 기독교적 관점에서 문학을 읽는 법에 대한 여러 제안을 내놓았는데, 책을 마무리하는 이 지점에서는 문학 읽기를 영적 삶의 적극적인 부분으로 만들기 위한 간추린 전략 안에 그 제안들을 담아내고 싶다.

이번 장에서는 **'발견하기'**라는 모티프 아래 이 책의 핵심 요점들을 통합해 낼 것이다. 문학에서 영적 삶의 특징들을 찾아내는 이번 장의 통합적인 구성이 암시하는 것은 그리스

잃어버린 독서의 예술 되찾기

도인 독자들이 독서할 때 그 특징들을 적극적으로 **찾아야** 한다는 것이다.

문학에서 하나님 발견하기

'하나님 발견하기'는 인류의 일원으로 태어난 모든 사람에게 부여된 주된 과제다. 이 소명에는 여러 차원이 있지만, 무엇보다 중요한 차원은 하나님을 인생의 주±이자 구주로 발견하는 것이다. 이 발견은 특정한 순간에 의식적으로 하나님께 돌아가는 회심의 형태 또는 하나님이 존재하시고 만물의 주인이시고 자신의 개인적 구주이심을 머리와 가슴으로 점차 동의하게 되는 형태로 찾아온다.

　문학이 사람을 회심으로 이끄는 하나님의 중요한 도구가 될 수 있을까? 이 질문에 회의적인 생각이 든다면, 특정한 문학 작품을 읽고 그리스도인으로 회심했다고 고백하는 사람들을 만나지 못했기 때문일 것이다. 다음의 다섯 간증을 살펴보면 깨달음과 교훈을 동시에 얻게 될 것이다.[2]

　　필라델피아의 텐스장로교회에 등록한 누군가는 다음과 같은 진술로 간증의 글을 시작했다. "존 밀턴John Milton이 나를 주님께 이끌었습니다." 더 나아가 그는 《실낙원 Paradise Lost》을 읽는 도중 자기 안에서 사탄이라는 캐릭터와의 "불경건한 동맹"이 느껴졌다고 설명했다. 그는 자신이 죄인임을 깨달았고 "주님께 자신을 구원해 달라고 부르짖었고" 한 주 후에 자신의 기도가 응답되었음을 알게 되었다.[3]

자유주의 개신교회에서 자란 어느 영문과 교수는 대학에 들어간 뒤 신앙을 버렸다. 그는 믿지 않는 친구들이 권해 준 네 권의 소설을 통해 "하나님이 나를 나도 모르는 사이에 하나님 당신께로 이끄셨다"라고 회상한다. 그는 "설교자보다도 그레이엄 그린과 이블린 워Evelyn Waugh의 영향으로 구원받았다."

한 젊은 여성은 뜻밖의 구원의 도구로 J. D. 샐린저J. D. Salinger 의 소설 《프래니와 주이Franny and Zooey》를 두 시간에 걸쳐 읽고 나서 예수님을 인격적으로 만나고 회심에 이르게 되었다.

프랑스의 유명한 신비가가 된 시몬 베유Simone Weil는 "사랑이 나를 반갑게 맞았지만"으로 시작하는 조지 허버트의 시를 오랫동안 소중히 여기면서 낭송했다. 베유는 "한번은 그렇게 낭송하던 중에 … 그리스도께서 친히 내려오셔서 나를 사로잡으셨다"[4]라고 간증했다.

1989년 중국 민주화 항쟁에 참여한 죄목으로 투옥되었다가 중국에서 탈출한 한 정치적 난민은 노스캐롤라이나

에서 대학을 다니게 되었고, 수업을 위해 밀턴의《실낙원》을 읽었다. 그 결과 그는 "기독교의 복음을 받아들였고 그것이 그의 삶을 바꿔 놓았다."[5]

문학이, 믿음에서 멀어졌던 자신을 돌이키게 한 과정을 간증한 이들도 있다. 그런 이들 중 한 사람인 어느 대학생은 자신이 어린 시절에 믿던 복음을 잃어버렸음을 깨달았다. 여자 친구(결국 아내가 된다)는 그에게 C. S. 루이스의 〈나니아 연대기〉 시리즈를 권했다. 그는 그 시리즈 중《은의자The Silver Chair》를 읽다가 "예수 그리스도에 대한 신앙을 다시 갖게 되었다." 그는 이렇게 설명했다. "《은의자》를 읽다가 살아 계신 하나님의 임재를 체험했습니다."

이상은 문학에서 하나님을 발견한 놀라운 사례들이다. 우리는 이 사연들을 과장해서도 안 되고 무시해서도 안 된다. 회심이나 재헌신의 도구로서 문학 독서는 성경 읽기, 설교 듣기, 카페에서 그리스도인과 대화하기와 비슷한 위치에 있다. 성경이 하나님의 영감된 말씀이기는 하지만, 하나님은 어떤 말, 어떤 글을 통해서든 사람 안에 영적 회복을 일으키실 수 있다. 문학적 상상력이 종종 인간의 경험을 선명하게 부각하여 우리가 사안들을 한층 명료하게 보도록 도와주는 것처럼, 앞에서 인용한 사례들은 문학에서 하나님을 발견할 수 있음을 예사롭지 않은 명료함으로 증명한다.

문학에서 하나님을 발견하는 일이 **가능하다는 것**을 확신하게 되면, 그 일이 **어떻게** 이루어지는지 숙고할 수 있다. 먼저 영미 문학 중 얼마나 많은 부분이 기독교적 문화에서 나왔는지 알아야 한다. 여기에는 세속화된 현대에 이르러 그리스도인들이 쓴 문학도 추가할 수 있다. 이런 문학은 대부분 하나님을 중심으로 한 것이고 또한 성경적이기 때문에, 그 안에서 하나님을 발견하는 일이 놀랍지 않다. 신앙이 없는 독자나 학자들도 이런 작품들을 평범하게 읽거나 문학적으로 분석하는 가운데 하나님을 만나게 된다. 문학에서 하나님을 발견하고자 하는 독자의 과제 중 하나는 하나님을 인정하는 문학을 선택하는 것이다.

이 지점에서 문학 전체를 하나의 연속체로 보는 패러다임을 되새겨 보는 것이 유용할 것이다. 한쪽 끝에는 **기독교를 긍정하는 문학**이 있다. 중간에는 **인간의 공통 경험을 다루는 문학**(인류가 공유하는 지혜를 표현하지만, 기독교를 분명하게 언급하지는 않는 문학)이 있고, 반대쪽 끝에는 **불신의 문학**이 있다. 공통적 인간성의 문학이 그리는 현실에는 하나님이 명시적으로 등장하지는 않지만, 그리스도인 독자는 엄연히 그 안에 존재하시되 인정되지 않은 하나님을 쉽게 제시할 수 있다. 자연시가 자연의 아름다움이나 자애로움의 기원을 하나님께 두는 데까지 이르지 못한다 해도, 그리스도인 독자는 그 일을 할 수 있다. 이런 문학은 하나님을 발견할 재료를 제공하고, 하나님을 발견할 책임은 독자의 몫으로 남는다.

불신의 문학은 어떨까? 불신의 문학에서 하나님을 찾을 수 있을까? 독자가 가진 기독교적 확신을 작품 안에 적극적으로 집어넣어서 읽는다면 충분히 찾을 수 있다. 일상생활에서 곁에 없는 사람이라도 우리의 의식 속에 존재할 수 있는 것처럼, 하나님을 인정하지 않는 문학 안에서도 하나님의 존재를 느낄 수 있다. 불신의 문학은 빈자리를 만들어 내고, 그리스도인은 그 자리를 하나님이 채우셔야 함을 제대로 알아본다. 하나님을 빼놓았다고 항의하는 가운데 우리는 하나님을 발견한다. 작품 안에 하나님이 없어도 그 작품과 상호 작용하면서 하나님을 발견하는 것이다.

문학에서 영적 양육 발견하기

하나님은 영성 생활의 본질이다. 하나님을 발견하는 일은 가장 큰 보물이고, 하나님은 그분을 발견한 사람의 중심에 계속 머무신다. 우리 그리스도인들은 삶 전체가 영적 존재 방식의 일부가 되기를 바란다. 우리는 문학적 경험을 포함한 우리 삶의 여러 사건들로 그리스도 안에 있는 우리의 영적 생명이 육성되기를 원한다. 영적 생명도 생명이기 때문에 양식이 필요하다. 문학이 어떻게 우리를 영적으로 먹일 수 있을까?

이번에도 몇 가지 간증으로 시작하는 것이 유용할 듯하다. 그중 한 가지는 (릴랜드가 가르쳤던) 학생의 간증이다. 그녀는 성인이 된 후 줄곧 만성 피로 증후군에 시달렸다. 그런데 실명失明을 다룬 밀턴의 소네트를 통해 영적 지도와 양분을 얻었다.[6] 시력을 잃은 시인 밀턴은 인생의 선택지가 좁아진 상황을 숙고한 후, "서서 기다릴 뿐인 자들도 그분을 섬기는 이들"이라는 결론을 내린다. 이 시는 만성 피로 증후군 환자의 "심금을 제대로 울렸다." 그녀는 하나님을 섬기는 것에 관한 밀턴의 경구 같은 시를 "기억했고 자신뿐 아니라 다른 사람들에게도" 상기시켰다고 고백한다. 이 시는 그녀의 영성 생활에 양분을 제공했고 그녀는 이 시를 사용하여 다른 이들을 보살폈다.

동일한 소네트가 한 전업 선교사에게도 불빛이 되어 주었다. 그는 '가만히 서서 기다리는' 것에 관한 밀턴의 시구가 "일본에서 20년을 보내는 동안 힘의 원천이었고" 나중에 자신이 있어야 할 자리가 열리기를 기다릴 때도 그러했다고 주장한다.

릴랜드의 또 다른 학생은 신자였는데도 "영적 싸움으로 어려움을 겪었던" 대학 시절의 1년을 회상한다. 그녀는 밀턴의 《실낙원》 3권을 읽는 과제를 하면서 큰 돌파구를 찾았다. 그 대목에서 성부 하나님과 성자 하나님이 타락한 인류의 곤경을 해결할 방법을 정하고자 고귀한 대화를 나누신다. 두 분의 대화는 성자께서 인류의 구속을 맡겠다고 나서는 것으로 마무리된다. 그 학생은 "문학에서 그 정도로 진정한 감동을 받은 적이 없었다." 이전에도 그녀는 "문학에 대한 큰 사랑"을 고백해 왔지만 그때의 독서 경험은 뭔가 달랐는데, "내가 읽고 있는 것이 문학을 훨씬 넘어서는 것임을 알았기 때문이다." 그녀는 그 결과로 "내가 믿는 기독교의 새로운 차원"이 더해졌고 "나는 주님 안에서 보다 온전해지고 있다"라고 말했다.

분명히 문학은 인생 여정에서 영적 양육을 제공할 수 있다. 이 간증들이 문학의 영적 영향력을 내세우는 주장의 근거는 아니지만, 그 가능성을 압축해서 보여 주는 것은 사실이다. 이 간증들은 문학 여행을 하는 이들에게 본이자 자극제가 될 수 있다. 그리고 우리가 독서를 통해 영적으로 고양되기를 바라면서 문학 작품을 잘 선택해 읽도록 자극할 수 있다(물론 영적 교훈이 읽을거리 선택을 좌우하는 유일한 기준은 아니다).

문학이 어떻게 일상생활에 필요한 영적 양육을 제공할 수 있는지 생각하기에 앞서, 우리는 성경이 문학이라는 것을 기억해야 한다. 성경의 적어도 4분의 3이 문학의 형식을 띤다. 다시 말해, 문학은 성경이 진리를 전달하는 가장 일반적인 매체이다. 문학의 영적 잠재력을 과소평가하는 사람들은 성경의 문학 양식이 문학 일반의 양식과 다르다고 생각하는 경향이 있는데, 이것은 잘못된 생각이다. 이야기는 이야기고, 시는 시다. 각 포맷은 성경에서든 그 외의 다른 작품에서든 정확히 똑같은 방식으로 작동한다. 그리고 성경의 내용과 그것을 담은 형식을 분리하는 것은 옳지 않다. 사람이 받아들이는 성경의 진리는 문학적 매체와 분리된 채 환상처럼 떠다니는 내용이 아니다. 성경의 진리는 이야기나 시라는 매체를 통해 주어진다. 우리가 주장하는 바는, 문학이라는 채널을 통해 우리 삶에서 영적 양육이 당연히 이루어질 수 있다는 것이다. 성경이 그것을 증명한다.

문학은 '문학에서 하나님 발견하기'를 다룬 앞 꼭지의 내용과 비슷한 방식으로 영적 영향력을 발휘한다. 기독교를 긍정하는 문학을 읽을 때 신앙의 양분이 아주 자연스럽게 독자에게 흘러든다. 이 과정은 우리가 성경을 읽을 때와 같다. 빅토리아 시대 문학의 열렬한 팬이었던 매슈 아널드는 모든 문학이 이념적 입장과 관계없이 "어떻게 살아야 하는지"에 관한 진실을 드러낸다고 말했는데,[7] 이것은 분명히 과장이다. 하지만 기독교를 긍정하는 문학에 대해서라면 우리도 아널드의 주장에 찬성할 수 있다. 그런 문학은 독자 앞에 놓이는 등장인물과 사건의 사례를 통해 영적 가이드의 역할을 한다. 성경의 문학을 포함한 모든 문학의 저자는 독자가 모방해야 할 긍정적 본보기와 피해야 할 부정적 본보기를 제시한다. (일부 비판자들처럼) 이것이 지나치게 단순한 문학관이라고 말하는 것은 핵심을 벗어난 지적이다. 이것이 바로 문학의 작동 방식이기 때문이다. 문학 작가는 등장인물과 행위의 사례를 제시하는 데 더해, 여러 폭로 장치와 저자로서 펼치는 주장, 설득 전략들로 독자의 반응을 촉구한다. 그리스도인 저자들은 영적으로 올바른 길을 가리킨다.

공통의 인간 경험이 담긴 문학과 불신의 문학에서 영적교훈을 얻으려면 독자의 더욱 적극적인 자세가 필요하다. 이런 문학 작품들은 잘못된 것은 아니지만 불완전한 그림을 제시하기도 하는데, 이 경우 독자는 뭔가를 추가해야 한다. 가정의 가치를 인간 경험의 수준에서만 좋게 말하는 이야기가 바로 이런 경우다. 그런가 하면, 작품이 믿거나 모방하라고 촉구하는 바를 반박하는 교정 조치가 필요한 경우도 있다. 작품이 독자에게 요구하는 바를 반박하고 바로잡다 보면 우리의 영적 헌신이 굳건해진다. 또 영적 진리가 없는 문학과 우리가 기독교 신앙 안에서 갖고 있는 진리를 비교할 때, 우리는 그리스도 안에서 누리는 부요함에 감사하게 된다. 이처럼 불신 문학과의 교류는 영적 훈련이 될 수 있다.

문학에서 참된 것, 선한 것, 아름다운 것 발견하기

문학이 영적 삶을 어떻게 육성하는지를 살필 때 마지막으로 고려할 사항은 책을 읽는 행위를 하나님이 귀하게 여기시는 일로 보는 것이다. 하나님은 문학이 제공하는 어떤 것을 귀하게 여기실까? 참된 것, 선한 것, 아름다운 것이다. 이 친숙한 세 원리는 그리스 철학자 플라톤이 처음 공식화한 것으로, 진선미라고 구체적으로 거명되지 않아도 문학관과 예술관을 포함한 대부분의 철학적 담론의 기반이 된다. 빌립보서 4장 8절은 이 패러다임의 성경적 형태라고 볼 수 있다. '무엇이든지 참된 것과, 무엇이든지 경건한 것과, 무엇이든지 옳은 것과, 무엇이든 순결한 것과, 무엇이든 사랑스러운 것과, 무엇이든지 칭찬할 만한 것 … 이 모든 것을 생각하십시오'(새번역). 참된 것, 선한 것, 아름다운 것을 발견하도록 문학이 우리를 어떻게 도울 수 있을까?

문학의 진리는 진리에 관한 성경의 가르침이라는 맥락

안에서 영적 삶을 구성하는 한 가지 요소로 이해할 수 있다. 다음의 생각들이 이 가르침을 요약해 준다.[8]

1. 하나님은 모든 진리의 원천이시므로, 우리는 진리를 하나님의 소유로 생각할 수 있다.
2. 하나님은 그분의 진리를 두 가지 주된 방식으로 계시하신다. 하나는 성경을 통해(특별 계시), 다른 하나는 인간의 이성, 인간의 사고, 자연을 통해(자연 계시).
3. 진리는 우리의 타락한 세상에서 끊임없이 오류와 충돌하기 때문에 진리를 찾으려면 진리를 추구해야 한다.
4. 어디서든 진리를 발견하면 그것을 받아들이고 그 안에서 행해야 한다.

이 '진리의 원리들'을 문학 독서에 적용할 때, 우리가 진리를 어디서 발견하든, 그 이차적 원천이 무엇이든, **모든** 진리는 그리스도인에게 귀중하다는 사실을 되새길 수 있다.

문학적 진리는 문학의 본질에 걸맞게 두 가지 범주로 나뉜다. 첫 번째는 인간 경험에 충실한 재현적 진리다. 문학은 셰익스피어가 요약한 전통적 문학관처럼 현실 또는 "자연을 거울처럼 비춘다."[9] 독서는 우리가 근본적인 인간 경험과 접촉하게 한다. 문학은 삶의 영속적 요소들—자연, 가족, 사람들과의 인간관계, 인간의 두려움과 갈망, 국가와 교회 같은 기관들—로 독자를 불러낸다. 성경이 보여 주다시피, 하나님은 우리가 이 세상을 이해하고 세상의 선한 부분을 받아들이게 하시려는 의도로 우리를 이 세상에 두셨다. 잘 살고 책임 있게 살려면 우리 자신, 동료 인간들, 세상에 대한 진실을 알아야 한다. 하나님은 우리가 이런 진리를 보유하기를 기대하시는데, 이 진리는 영적 삶의 일부이다.

다른 유형의 문학적 진리는 관념적 진리다. 저자는 문학의 본질에 따라, 세상 속 인간의 삶을 묘사할 뿐 아니라 그에 대한 해석도 제시한다. 문학 작품이 구현하거나 주장하는 모든 관념이 참된 것은 아니다. 그 관념들이 틀린 것일 때, 하나님은 우리가 오류를 분별하고 거부하고 진리로 반박하기를 기대하신다. 그것 역시 영적 삶의 일부이다. 그러나 많은 문학은 우리에게 관념적 진리를 제공하고, 그런 진리를 받아들이는 것은 그것에 대한 하나님의 기쁨을 공유하는 일이다. 문학 작품들의 여러 진리 주장 사이에서 정확하게 길을 찾아가는 것도 영적 삶의 일부이며 '진리 안에서 행하는'(요삼 1:4) 한 가지 방법이다.

하나님은 참된 것을 귀하게 여기시고, 선한 것도 똑같이 귀하게 여기신다. 문학에서 선한 것은 도덕의 영역—특히 인간관계에서 드러나는 인간 행동—에 들어간다. 하나님은 선함의 최고 본이시자 인간관계에서 선의 근원이시다. 그리스도인의 목표는 도덕적으로 행동하는 것인데, 덕스럽게 살 수 있으려면 먼저 미덕과 악덕의 차이를 분간해야 한다. 물론 우리에게 주어진 궁극적 원전은 성경이지만, 문학은 책 속에서 펼쳐지는 도덕적 행동과 비도덕적 행동의 본보기들 사이에서 우리가 길을 찾아가야 하는 시험장이다. 여기서는 도덕을 대리적으로 테스트해 볼 수 있다.

도덕적 삶의 출발점은 선한 것에 대한 지적 지식이지만, 두 번째 요소는 실제 생활에서 우리를 자극하는 도덕적 영향력이다. 문학은 이런 도덕적 영향력의 주요 원천이다. 그 영향력은 선한 행동과 악한 행동의 사례에서 나오고, 직간접적으로 홍보되는 도덕적 관념들에서도 나온다. 저자들은 독자의 찬성과 반대를 끌어내고자 도덕적 영향력의 체계를 주의 깊게 설계한다. 문학이 우리 삶에 선이 들어오는 통로의 역할을 하려면, 우리가 읽는 책 속의 도덕적 자극에 대한 우리의 반응을 점검할 필요가 있다. 그러면 우리도 하나님처럼 선한 것을 사랑하게 될 수 있다.

문학 속의 참된 것과 선한 것을 대할 때, 그리스도인들은 어느 정도 저항하는 독자로서 읽을 필요가 있다. 혹시 모를 오류와 비도덕성을 경계해야 하고, 그것들을 만나면 진리와 선함으로 저항해야 한다. 밀턴의 표현을 빌려 오면, 우리는 "경계심과 좋은 해독제를 갖춘 상태에서"[10] 읽어야 한다.

신적 특성의 세 원리 중 세 번째인 아름다움의 경우, 우리는 대체로 경계를 늦출 수 있다. 아름다움은 아름다움이니 말이다. 우리가 아름다움을 보고 기뻐하는 것은 하나님이 창조하신 특성을 바라보고 기뻐하는 것이다. 하나님은 아름다움의 근원이시다. 하나님이 아름다운 세계를 창조하셨고 인류에게 아름다움을 선물로 주셨다. 아름다움을 기뻐하는 것은 곧 하나님 그분의 특성을 기뻐하는 것이다. 조나단 에드워즈Jonathan Edwards는 우리가 아름다움을 영적 삶의 일부로 만드

잃어버린 독서의 예술 되찾기

는 방법에 대한 고전적 논평을 남겼다. "하나님은 무한히 가장 위대한 존재이시기에, 무한히 가장 아름답고 탁월한 분이실 수 있다. 그리고 온 피조 세계에서 찾을 수 있는 모든 아름다움은 무한히 충만한 밝음과 영광을 가진 존재에서 뿜어져 나온 빛줄기를 반영한 것에 불과하다."[11] 문학의 예술성과 아름다움을 기뻐할 때, 우리는 그 아름다움에서 뿜어져 나온 빛줄기를 추적하여 그 기원이 하나님이심을 알 수 있다.

이번 장의 서두에서 우리는 기독교 신앙에 힘입은 그리스도인 독자들이 비그리스도인들이 경험하는 것 '그 이상의' 문학적 경험을 하는 것을 보았다. 세상 사람들도 그리스도인만큼 열렬한 반응을 보이지는 않더라도 문학 속의 참된 것, 선한 것, 아름다운 것을 귀하게 여길 수 있다. 우리가 영적 삶에서 참되고 선하고 아름다운 것을 추구하게 만드는 '부가가치적' 요소는 두 부분으로 이루어진다. 하나는 문학의 여정에서 삶의 이 세 가지 기둥을 적극적으로 찾는 것이고, 다른 하나는 이 기둥들을 창조주이신 하나님과 의식적으로 연결하여 이런 선물을 주신 하나님께 감사하는 것이다.

독서의 추억

홍종락

책에 애틋해지다

아이들에게 공부를 시키고 책을 읽게 하는 가장 확실한 방법
은 공부를 절대 못하게 하고 책을 절대 못 읽게 하는 거라는
말, 들어 보셨는지 모르겠다. 그러면 아이는 반발심에서 또는
금단의 것이 더 매력적으로 보이는 묘한 심리가 발동하여 몰
래 공부도 하고 책도 읽게 된다고. 믿거나 말거나.

그런데 자식에 대해서는 모르겠다고 쳐도, 어른이면 누
구나 이런 경험을 한 번씩은 해 보았을 것 같다. 시험 기간만
되면 그렇게 책이 읽고 싶어지던 경험과 그렇게 강렬하게 끓

어오르던 책에 대한 식욕이 시험이 끝남과 동시에 말끔히 사라지던 경험 말이다.

지금은 어떤지 모르겠지만, 내가 입대하던 시절에는 자대에 배치되면 처음 몇 개월 동안은 책을 읽을 수 없었다. 중대 본부에서 공지가 있으면 번개같이 복도로 튀어 나가서 공지 사항을 듣고 돌아와 내무반에 전달하는 것이 신병의 주된 임무였는데, 책 속에 빠져 버리면 그 임무를 제대로 감당할 리가 없으니 신병에게 독서를 금지하는 것은 고참들로서는 합리적 조치인 셈이다.

고참들이 그러거나 말거나 나는 책이 늘 읽고 싶었다. 시험 기간에 (시험과 무관한) 책이 더 매력적으로 보이듯, 고참들이 못 보게 하니 더 간절히 책을 읽고 싶었다. 입대할 때 몰래 가지고 들어갔던 손바닥만 한 성경책을 주머니 속에 넣어 가 화장실에서 읽곤 했다. 책에 대한 갈증이 커져 가다 못해 어느 날부터는 급기야 즐겨 찾던 서점에 가는 꿈을 몇 번이나 꾸었다. 그 시절의 갈증은, 자주 만날 수 없어 더 애틋했던 연애 시절처럼, 책 하면 떠오르는 일종의 낭만으로 남아 있다.

문학과 만나다

단행본 번역을 업으로 삼아 생계를 꾸리고 있지만, 책을 읽을 시간은 여전히 늘 아쉽다. 이 말이 좀 이상하게 들릴 수도 있겠다. 하루 대부분의 시간을 맡은 책을 읽고 번역하는 작업으로 보내는 번역가가 책 읽을 시간이 아쉽다니…. 번역가의 독서는 번역을 위한 '생계형 독서'와 그와 무관한 '취미형 독서'로 나뉘기 때문이다. 학자들도 그렇다고 들었다. 논문을 쓰고 경력을 쌓기 위해 읽어야 하는 책이 있고, 재미 삼아 또 취미로 읽는 책이 따로 있다고.

내가 발붙이고 일하는 기독교 출판계에서 문학은 별로 관심을 얻지 못하는 영역이다. 그나마 나는 문학에 사명감을 갖고 문학과 관련된 책을 꾸준히 내놓았던 어느 출판사 덕분에 몇 권의 소설을 번역할 수 있었고, 영문학자 C. S. 루이스의 책이나 그와 관련된 책들을 번역할 기회가 있기는 했지만, 오랫동안 문학 독서는 나에게 대체로 '취미형 독서'에 해당했다.

그런데 몇 년 전, 서양 고전을 100권 가까이 소개하는 책 《고전》(홍성사) 번역을 맡으면서 상황이 사뭇 달라졌다. 넉넉하게 시간적 여유를 잡고 번역을 맡았던 터라, 거기 소개되는 책을 꽤 읽을 수 있었다. 그중에 문학이 많았기 때문에 1년이 넘도록 '일을 준비하는 차원에서' 서양 고전 문학 수십 권을 느긋한 마음으로 읽었다. 그리고 블로그에 감상문을 남기고 번역을 하는 과정에서 생계형 독서와 취미형 독서의 융합(덕업일치!)이 이루어지기 시작했다.

《고전》 번역을 마치고 거기 소개된 책 중 열 권으로 독서 모임을 가졌다. 모임 준비를 염두에 두고 책을 꼼꼼히 다시 읽고 매회 짧은 강연을 준비하고 질문지를 만드는 과정과 독

잃어버린 독서의 예술 되찾기

서 모임에서 함께 읽으며 나눈 대화들은 독서의 즐거움과 책에 대한 이해를 크게 높여 주었다. 그리고 그 과정에서 배운 내용과 문학 작품 속 장면들과 등장인물들은 그때 쓰고 있던 다른 글들의 막힌 부분을 뚫어 주는 송곳이자 따로 놀고 있던 부분들을 연결해 주는 실의 역할을 몇 번이나 해 주었다.

그리고 내가 읽은 문학 작품들을 매달 본격적으로 다루는 글을 2년 동안 연재할 기회를 얻었다. 일관된 주제로 문학 작품을 꿰어 내는 글쓰기는 다른 방식으로는 결코 얻을 수 없었을 깊은 이해와 깨달음을 안겨 주었다. 그 글쓰기는《고전》 번역을 맡으면서 시작된 문학 읽기의 축적된 과정이 있었기에 가능했던 것 같다.

이 모든 과정을 통해 나는 몇 가지 문학 읽기의 방법을 체득하게 되었다. 수용하며 읽기, 느리게 읽기, 생각하며 읽기, 끄적이며 읽기, 다시 읽기, 함께 읽기, 독후감 쓰기다. 이 책을 번역하면서 그 내용이 대부분 다루어지는 것을 발견했다. 물론 이 외에도 수많은 유익한 정보와 저자들의 경험에서 나온 노하우가 담겨 있었다. 내가 그 모든 과정에 앞서 이 책을 번역할 수 있었다면 나의 문학 독서의 여정이 좀 더 수월하고 충실했을지도 모른다는 아쉬움이 드는 이유다. 아니, 내가 그런 책 읽기의 과정을 거쳤기 때문에 비로소 저자들의 노하우와 조언들이 눈에 들어오고 귀하게 느껴진 것일지도 모른다. 이론과 실천은 순환적으로 서로를 다듬고 보완하는 법이니까.

나의 문학 독서 여정을 나누었지만, 문학을 읽는 과정을 통해 얻는 독특한 재미와 배움, 전율, 개안開眼을 경험해 보지 못한 사람은 문학을 읽는 이들을 쓸데없는 데에 시간을 쓰는 사람으로, 혹은 문학 이야기를 하는 사람을 잘난 체하는 재수 없는 인간으로 치부하기 십상일 것이다. 반면에, 그런 경험이 있는 사람은 누가 뜯어말려도 문학책을 읽을 것이다.

내게 이 책은 문학을 통해 그런 경험을 했던 저자들의 문학 세계 여행기이자 안내서로 다가온다. 오랜 세월 문학과 함께했던 학자와 작가가 자신들이 사랑하는 문학 세계로 독자들을 부르는 초청장이라고 할 수도 있겠다. 이런 책의 향연으로 독자를 초대하는 중개 역할을 맡게 되어 기쁘다. 이 책이 독자가 문학의 바다에 본격적으로 몸을 담그는 계기로 작용한다면 더욱 기쁘겠다.

1부 독서는 잃어버린 예술

01 독서는 사라졌는가?

01 Eric Partridge, *A Dictionary of Catch Phrases: American and British from the Sixteenth Century to the Present Day* (Lanham, MD: Scarborough House, 1992), 254.

02 Stephen Nichols, "Read Any Good Books Lately?" 5 Minutes in Church History, August 20, 2014, https://www.5minutesinchurchhistory.com/read-any-good-books-lately/; Sinclair Ferguson, *Read Any Good Books?* (Carlisle, PA: Banner of Truth, 2005).

03 Gene Edward Veith Jr., *Reading between the Lines: A Christian Guide to Literature* (Wheaton, IL: Crossway), 25.

04 National Endowment for the Arts, *Reading on the Rise: A New Chapter in American Literacy,* January 2009, https://www.arts.gov/sites/default/files/ReadingonRise.pdf. National Endowment for the Arts, *Reading at Risk: A Survey of Literary Reading in America,* June 2004, https://www.arts.gov/sites/default/files/ReadingAtRisk.pdf.

05 Andrew Perrin, "Who Doesn't Read Books in America?" Pew Research Center, September 26, 2019, https://www.pewresearch.org/fact-tank/2018/03/23/who-doesnt-read-books-in-america.

06 The Royal Society of Literature, "Literature in Britain Today: An IPSOSMORI poll of Public Opinion Commissioned by the Royal Society of Literature", March 1, 2017, https://225475-687350-raikfcquaxqncofqfm.stackpathdns.com/wp-content/uploads/2017/02/RSL-Literature-in-Britain-Today_01.03.17.pdf.

07 "Average Daily Time Spent Reading per Capita in the United States in 2018, by Age Group", June 2019, https://www.statista.com/statistics/412454/average-daily-time-reading-us-by-age.

08 Rob Marvin, "Tech Addiction by the Numbers: How Much Time We Spend Online", PCmag.com, June 11, 2018, https://www.pcmag.com/article/361587/tech-addiction-by-the-numbers-how-much-time-we-spend-online.

09 Andrew Perrin and Madhu Kumar, "About Three-in-Ten U.S. Adults Say They Are 'Almost Constantly' Online", Pew Research Center, July 25, 2019, https://www.pewresearch.org/fact-tank/2018/03/14/about-a-quarter-of-americans-report-going-online-almost-constantly.

10 *Encyclopaedia Britannica Online*, s.v., "War and Peace: Novel by Tolstoy", by Margaret Anne Doody, 2018년 6월 1일 검색, https://www.britannica.com/topic/War-and-Peace.

11 Nicholas Carr, "Is Google Making Us Stupid? What the Internet Is Doing to

Our Brains", *The Atlantic,* July/August 2008, https://theatlantic.com/magazine/archive/2008/07/is-google-making-us-stupid/306868.

12 Clay Shirky, "Why Abundance Is Good: A Reply to Nick Carr", *Encyclopaedia Britannica* (blog), July 17, 2008, http://blogs.britannica.com/2008/07/why-abundance-is-good-a-reply-to-nick-carr.

13 Alan Jacobs, *The Pleasures of Reading in an Age of Distraction* (New York: Oxford, 2011), 105.

14 Stacy Conradt, "The Quick 10: The 10 Longest Novels Ever", Mental Floss, May 16, 2008, http://mentalfloss.com/article/18661/quick-10-10-longest-novels-ever.

15 James Wood, "Movable Types: How 'War and Peace' Works", *The New Yorker*, November 19, 2007, https://www.newyorker.com/magazine/2007/11/26/movable-types.

16 Philip Hensher, "War and Peace: The 10 Things You Need to Know (If You Haven't Actually Read It)", *The Guardian*, January 22, 2016, https://www.theguardian.com/books/2016/jan/22/war-and-peace-guide-philip-hensher.

17 Michael Harris, *The End of Absence: Reclaiming What We've Lost in a World of Constant Connection* (New York: Penguin, 2014).

18 Clive Thompson, "Reading War and Peace on my iPhone", 2019년 2월 16일 검색, https://br5.bookriot.com/quarterly/bkr07/amp. 이 기사는 더 이상 온라인에서 이용할 수 없다.

19 Jacobs, *The Pleasures of Reading in an Age of Distraction*, 81.

20 Nicholas Carr, *The Shallows: What the Internet Is Doing to Our Brains* (New York: Norton, 2010), 115-16, (《생각하지 않는 사람들》, 최지향 옮김, 청림출판). 흥미롭게도 Carr는 자신이 쓴 기사(2008년)의 부제를 자신이 집필한 저서(2010년)의 부제로 다시 사용하였다.

21 Richard Freed, "The Tech Industry's War on Kids", Medium, https://medium.com/@richardnfreed/the-tech-industrys-psychological-war-on-kids-c452870464ce.

22 Maryanne Wolf, *Proust and the Squid: The Story and Science of the Reading Brain* (New York: HarperCollins, 2007), 221, 225. (《책 읽는 뇌》, 이희수 옮김, 살림)

23 Sven Birkerts, *Changing the Subject: Art and Attention in the Internet Age* (Minneapolis: Graywolf, 2015), 146-47.

24 Annie Murphy Paul, "Reading Literature Makes Us Smarter and Nicer", *Time*, June 3, 2013, https://ideas.time.com/2013/06/03/why-we-should-read-literature.

25 Carr, "Is Google Making Us Stupid?"

26 Michael Harris, "I Have Forgotten How to Read", The Globe and Mail, February 9, 2018, https://www.theglobeandmail.com/opinion/i-have-forgotten-how-toread/article37921379.

27 Sven Birkerts, *The Gutenberg Elegies* (New York: Farrar, Straus & Giroux, 2006), 74.

28 Philip Yancey, "The Death of Reading Is Threatening the Soul", *The Washington Post*, July 21, 2017, https://washingtonpost.com/news/acts-of-faith/wp/2017/07/21/the-death-of-reading-is-threatening-the-soul/?utm_

term=.922e7e252282.

02 우리는 무엇을 잃어버렸는가?

01 C. S. Lewis, *An Experiment in Criticism* (Cambridge: Cambridge University Press, 1962), 140. (《오독: 문학 비평의 실험》, 홍종락 옮김, 홍성사)

02 Francis Bacon, "Of Studies", from Essays of Francis Bacon, Authorama, 2020년 3월 5일 검색, http://www.authorama.com/essays-of-francis-bacon-50.html.

03 T. S. Eliot, preface to *The Sacred Wood* (London: Methuen, 1920, 1960), viii.

04 Robert Lee, *Religion and Leisure in American Life* (Nashville: Abingdon, 1964), 35.

05 Richard Winter, *Still Bored in a Culture of Entertainment* (Downers Grove, IL: InterVarsity Press, 2002).

06 Helen Gardner, *In Defence of the Imagination* (Oxford: Oxford University Press 1982), 29.

07 Abraham Kuyper, *Calvinism* (Grand Rapids, MI: Eerdmans, 1943), 142.

08 Matthew Arnold, "The Function of Criticism at the Present Time", in *Criticism: The Major Texts*, ed. Walter Jackson Bate (New York: Harcourt, Brace & World, 1952), 458.

09 C. S. Lewis, "Learning in War-Time", in *The Weight of Glory and Other Essays* (New York: Macmillan, 1949), 50-51.

10 Northrop Frye, *Spiritus Mundi: Essays on Literature, Myth, and Society* (Bloomington, IN: Indiana University Press, 1976), 43.

11 Wendell Berry, *Living by Words* (San Francisco: North Point Press, 1983), 14.

12 Felix Timmermans. Bob Claessens, *Brueghel* (New York: Alpine, n.d)의 서문에서 인용.

13 Ralph Waldo Emerson, "The Poet", in *Major Writers of America,* ed. Perry Miller (New York: Harcourt, Brace & World, 1962), 1:530-31.

14 William Faulkner, 노벨상 수락 연설 (speech, Nobel Banquet, City Hall, Stockholm, December 10, 1950), 2019년 3월 5일 검색, https://www.nobelprize.org/prizes/literature/1949/faulkner/speech/.

15 Carl Jung, *Psychological Reflections*, ed. Jolande Jacobi (Princeton, NJ: Princeton University Press, 1953), 47.

16 Malcolm Muggeridge, *Jesus Rediscovered* (Garden City, NY: Doubleday, 1969), 79.

17 Lewis, *An Experiment in Criticism*, 140; Bacon, "Of Studies".

18 Lewis, *An Experiment in Criticism*, 137.

01 Maryanne Wolf, *Proust and the Squid: The Story and Science of the Reading Brain* (New York: HarperCollins, 2007), 216.

02 Timothy Spurgin, *The Art of Reading*, Course No. 2198, The Great Courses audio CD. The Teaching Company, 2009.

03 Peter J. Leithart, "Author, Authority, and the Humble Reader", in *The Christian Imagination: The Practice of Faith in Literature and Writing,* ed. Leland Ryken (Colorado Springs, CO: Shaw, 2002), 209-10.

04 Damon Young, *The Art of Reading* (London: Scribe, 2018), 3, 6.

05 C. S. Lewis, *An Experiment in Criticism* (Cambridge: Cambridge University Press, 2013), 19.

06 Hans R. Rookmaaker, *Art Needs No Justification* (1978), 2019년 3월 5일 검색, http://dickstaub.com/staublog/art-needs-no-justification-complete-hans-rookmaaker.

07 Young, *The Art of Reading,* 8, 14.

08 C. S. Lewis, "The Christian Reader", *The Christian Imagination: The Practice of Faith in Literature and Writing*, ed. Leland Ryken (Colorado Springs: Shaw, 2002), 226-27에 전재된 글.

09 James Sire, *How to Read Slowly: Reading for Comprehension* (Wheaton, IL: Shaw, 2000), 15. (《어떻게 천천히 읽을 것인가》, 이나경 옮김, 이레서원)

10 Lewis, *An Experiment in Criticism*, 137-38.

11 Dorothy Sayers, *The Mind of the Maker* (San Francisco: Harper, 1987), 113-15. (《창조자의 정신》, 강주헌 옮김, IVP)

12 Sayers, *The Mind of the Maker,* 111.

13 *Merriam-Webster Dictionary*, s.v. "aesthetic", 2020년 3월 5일 검색, https://www.merriam-webster.com/dictionary/aesthetic.

14 Clyde S. Kilby, *The Arts and the Christian Imagination* (Brewster, MA: Pararclete, 2016), 121.

15 Kilby, *The Arts and the Christian Imagination*, 42.

16 1561년 귀도 드 브레(Guido de Brés)가 주로 집필한 《벨직 신앙 고백*The Belgic Confession*》, (종종 그냥 《신앙 고백》 이라고도 불린다) 제2조.

17 John Calvin, *Institutes of the Christian Religion*, I. 1. i, iii (Grand Rapids, MI: Eerdmans, 1983). (《기독교 강요》, 원광연 옮김, CH북스)

18 Kilby, *The Arts and the Christian Imagination*, 107-8.

19 Kilby, *The Arts and the Christian Imagination*, 132.

04 문학이란 무엇인가?

01 R. F. Daubemire, *Plants and Environment* (New York: Wiley, 1973), 434-35.

02 Mark Twain, *Life on the Mississippi* (New York: Penguin Books, 228-29). 이 책은 여러 판본이 있는데, 이 인용문은 어떤 판본이든 30장에서 찾을 수 있다.

03 Louise M. Rosenblatt, *Literature as Exploration*, 3rd edition (New York: Noble and Noble, 1976), 38. (《탐구로서의 문학》, 김혜리 옮김, 한국문화사)

04 C. S. Lewis, "The Language of Religion", in *Christian Reflections*, ed. Walter Hooper (Grand Rapids, MI: Eerdmans, 1967), 133. (《기독교적 숙고》, 양혜원 옮김, 홍성사)

05 Dorothy Sayers, "Toward a Christian Esthetic", in *Letters to a Diminished Church* (Nashville: W Publishing Group, Thomas Nelson, 2004), 160. (《도그마는 드라마다》, 홍병룡 옮김, IVP)

06 C. S. Lewis, *Reflections on the Psalms* (New York: Harcourt, Brace & World, 1958), 5. (《시편 사색》, 이종태 옮김, 홍성사)

07 C. S. Lewis, "On Stories", in *Essays Presented to Charles Williams*, ed. Lewis (Grand Rapids, MI: Eerdmans, 1966), 103. (《이야기에 관하여》, 홍종락 옮김, 홍성사)

08 Northrop Frye, *The Educated Imagination* (Bloomington, IN: Indiana University Press, 1964), 63.

09 Joyce Cary, *Art and Reality: Ways of the Creative Process* (Garden City, NY: Doubleday, 1961), 105, 174.

10 Gerard Manley Hopkins, "Poetry and Verse", in *Gerard Manley Hopkins: The Major Poems, ed.* Walford Davies (London: J. M. Dent and Sons, 1979), 38.

11 Dylan Thomas, "Poetic Manifesto", in *The Poet's Work,* ed. Reginald Gibbons (Boston: Houghton Mifflin, 1979), 185-86.

12 "New Edition Includes 39 Different Farewells to 'Arms'", NPR, July 22, 2012, https://www.npr.org/2012/07/22/156991302/new-edition-includes-39-different-farewells-to arms.

13 C. S. Lewis, *An Experiment in Criticism* (Cambridge: Cambridge University Press, 2013), 82-83.

14 C. S. Lewis, *A Preface to Paradise Lost* (1942: repr. New York: Oxford University Press, 1970), 1. (《실낙원 서문》, 홍종락 옮김, 홍성사)

05 문학은 왜 중요한가?

01 J. B. Broadbent, *Paradise Lost: Introduction* (Cambridge: Cambridge University Press, 1972), 101.

02 Stephen Mallarmé. 다음 책에 기록된 프랑스 화가 Degas와 나눈 대화에서 인용. *The Collected Works of Paul Valéry* (New York: Pantheon Books, 1960), 12:62.

03 Joseph Conrad, preface to *The Nigger of the Narcissus* (New York: Collier Books, 1962), 19.

04 Flannery O'Connor, *Mystery and Manners,* ed. Sally and Robert Fitzgerald (New York: Farrar, Straus & Giroux, 1957, 1962), 96, 84.

05 Nathan A. Scott Jr., *Modern Literature and the Religious Frontier* (New York: Harper and Brothers, 1958), 52.

06 Robert Frost, "The Figure a Poem Makes", in *Writers on Writing*, ed. Walter Allen (Boston: The Writer, Inc., 1948), 22.

07 Matthew Arnold, "To a Friend", line 12, and "Maurice de Guérin", in *The Norton Anthology of English Literature*, ed. M. H. Abrams (New York: W. W. Norton, 1962), 2:879, 927.

08 Denise Levertov, *The Poet in the World* (New York: New Directions, 1973), 116.

09 Ralph Waldo Emerson, "The Poet", in *Major Writers of America*, ed. Perry Miller (New York: Harcourt, Brace & World, 1962), 1:534.

10 R. A. Scott-James, *The Making of Literature* (London: Martin Secker, 1928), 343.

11 Matthew Arnold, "Wordsworth", in *The Norton Anthology of English Literature,* ed. M. H. Abrams (New York: W. W. Norton, 1962), 2:939.

12 Robert Frost. Elizabeth Drew, '*Poetry: A Modern Guide to Its Understanding and Enjoyment* (New York: Dell, 1959), 84에서 인용.

13 C. S. Lewis, *A Preface to Paradise Lost* (1942, repr., New York: Oxford University Press, 1970), 3.

14 Auriel Kolna, "Contrasting the Ethical with the Aesthetical", *British Journal of Aesthetics* 12 (1972): 340.

15 Thomas Aquinas의 라틴어 진술 "*id quod visum placet*"은 다양하게 번역되었다. 여기에 쓰인 번역은 다음 책에서 가져왔다. Jacques Maritain, *Creative Intuition in Art and Poetry* (Cleveland, OH: World Publishing Company, 1953), 122.

16 Samuel Taylor Coleridge, *Biographia Literaria*, ed. John Shawcross (Oxford: Oxford University Press, 1907), 2:221.

17 Matthew Arnold, "Literature and Science", in *Prose of the Victorian Period*, ed. William C. Buckley (Boston: Houghton Mifflin, 1958), 493-94.

18 Annie Dillard, *The Writing Life* (New York: Harper and Row, 1989), 72-73. (《작가살이》, 이미선 옮김, 공존)

06 문학은 무엇을 주는가?

01 J. R. R. Tolkien, *The Hobbit* (New York: Random House, 1978), 15. (《호빗》, 이미애 옮김, 아르테)

02 Joseph Epstein, "The Bookish Life: How to Read and Why", First Things, November 2018, https://www.firstthings.com/article/2018/11/the-bookish-life.

03 Emily Dickinson, "There is No Frigate Like a Book", Poetry Foundation, 2020

년 10월 8일 검색, https://www.poetryfoundation.org/poems/52199/there-is-no-frigate-like-a-book-1286.

04 Elizabeth Goudge, *A Book of Comfort* (Glasgow: William Collins Sons, 1964), 5.

05 C. S. Lewis, *An Experiment in Criticism* (Cambridge: Cambridge University Press, 2013), 138.

06 Sven Birkerts, "Reading as a State of Being", in *The Christian Imagination*, ed. Leland Ryken (Colorado Springs, CO: Shaw Books, 2002), 229-30.

07 Lewis, *An Experiment in Criticism,* 19, 21-22.

08 Lewis, *An Experiment in Criticism,* 138.

09 John Keats, "On First Looking into Chapman's Homer", in *The Complete Poems and Selected Letters of John Keats* (New York: Random House Modern Library, 2001), 43.

10 T. S. Eliot, *On Poetry and Poets* (London: Faber and Faber, 1957), 68.

11 Kenneth Burke, "Literature as Equipment for Living", in *The Philosophy of Literary Form* (Baton Rouge, LA: Louisiana State University Press, 1941), 293-304.

12 Dorothy Sayers, "Toward a Christian Aesthetic", in *Unpopular Opinions* (London: Victor Gollanz, 1946), 39-40.

13 Joseph Addison, "The Spectator, Nos. 411-421", Minnesota State (website), 2020년 3월 14일 검색, http://web.mnstate.edu/gracyk/courses/web%20publishing/addisoncontents.htm

07   이야기 읽기_이야기를 들려주세요

01 Isak Dineson. Dan B. Allender and Lisa K. Fann, *To Be Told Workbook* (Colorado Springs, CO: WaterBrook, 2005), 30에서 인용.

02 John Shea, *Stories of God* (Chicago: Thomas More Press, 1978), 7-8.

03 Elizabeth Bowen, *Pictures and Conversations* (New York: Knopf, 1975), 34.

04 Kenneth Burke, *A Grammar of Motives and a Rhetoric of Motives* (Cleveland, OH: Meridian, 1962), 3, 6-9, 15.

05 Flannery O'Connor, *Mystery and Manners*, ed. Sally and Robert Fitzgerald (New York: Farrar, Straus & Giroux, 1957), 75.

06 Shea, *Stories of God*, 8.

07 Simon O. Lesser, *Fiction and the Unconscious* (Chicago: University of Chicago Press, 1957). 책의 제목이 이 책의 폭넓은 본질을 가리고 있다. 이 책은 내러티브 전반에 대한 탁월한 개요서다.

08 Daniel Taylor. Dan B. Allender, *Tell Me Story* and Lisa K. Fann, *To Be Told Workbook* (Colorado Springs, CO: WaterBrook, 2005), 34에서 인용.

09 Homer, *The Odyssey*, W. H. D. Rouse 옮김 (New York: Signet Classics, 2007), 105. 《오뒷세이아》, 천병희 옮김, 숲)

10 Sir Philip Sidney, *Apology for Poesy*, in *Criticism: The Major Statements*, ed.

Charles Kaplan (New York: St. Martin's Press, 1964), 124.

11   O'Connor, *Mystery and Manners,* 107.

12   Thomas Hardy. Frank B. Pinion, *Thomas Hardy: Art and Thought* (London: Palgrave Macmillan, 1977), 8에서 인용.

13   Shea, *Stories of God*, 9.

01   John Calvin, *Calvin's Commentaries,* Vol. IV (Grand Rapids, MI: Baker, 2003) Psalms, xxxvi-xxxvii.

02   Edward Hirsch, *A Poet's Glossary* (Boston: Houghton Mifflin, 2014), 473.

03   Northrop Frye, *The Well-Tempered Critic* (Bloomington, IN: Indiana University Press, 1963), 18.

04   Owen Barfield , *Poetic Diction: A Study in Meaning* (New York: McGrawHill, 1964), 63-64.

05   M. L. Rosenthal, *Poetry and the Common Life* (New York: Oxford University Press, 1974), 10.

06   Winifred Nowottny, *The Language Poets Use* (New York: Oxford University Press, 1962).

07   C. S. Lewis, *Christian Reflections* (Grand Rapids, MI: Eerdmans, 1967), 131.

08   Emily Dickinson, "After Great Pain, a Formal Feeling Comes", Poetry Foundation, 2020년 10월 8일 검색, https://www.poetryfoundation.org/poems/47651/after-great-pain-a-formal-feeling-comes-372.

09   Robert Frost, 1931년 Amherst College에서 처음 발표된 에세이 "Education by Poetry", 2019년 3월 5일 검색, http://www.en.utexas.edu/amlit/amlitprivate/scans/edbypo.html.

10   John Keats, "On First Looking into Chapman's Homer", in *The Complete Poems and Selected Letters of John Keats* (New York: Random House, 2001), 43.

11   William Shakespeare, Sonnet 73 ("That Time of Year Thou Mayest in Me Behold"), Poetry Foundation, 2020년 10월 8일 검색, https://www.poetryfoundation.org/poems/45099/sonnet-73-that-time-of-year-thou-mayst-in-me-behold.

12   Edgar Allan Poe, "The Poetic Principle", in *Major Writers of America*, ed. Perry Miller (New York: Harcourt, Brace and World, 1962), 1:471.

13   Ben Jonson, *The Works of Ben Jonson* (London: Bickers and Son, 1875), 9:213.

14   George Herbert의 시 "Easter Wings"는 다음 사이트를 참조하라. https://www.poetryfoundation.org/poems/44361/easter-wings.

15   예를 들어, Elizabeth Bishop의 "Sestina"는 http://staff.washington.edu/rmcnamar/383/bishop.html를 그리고 Dylan Thomas의 "Do Not Go Gentle into That Good Night"는 https://poets.org/poem/do-not-go-gentle-good-night를 참조하라.

16   C. S. Lewis, "Edmund Spenser", in *Major British Writers*, ed. G. B. Harrison

(New York: Harcourt, Brace & World, 1959), 1:102. 다른 지면에서 Lewis는 위대한 문학 작품에서 "우리는 내가 '맛남'이라 부르는 것을 요구한다"라고 썼다. 옛 비평가들은 종종 그것을 '아름다움'이라고 불렀다. [Lewis, *Williams and the Arthuriad* (Grand Rapids, MI: Eerdmans, 1974), 374].

17 Samuel Taylor Coleridge, *Table Talk* in Hirsch, *A Poet's Glossary*, 474.

18 Flannery O'Connor, *Mystery and Manners*, ed. Sally and Robert Fitzgerald (New York: Farrar, Straus & Giroux, 1957, 1962), 84.

09 소설 읽기_나와 함께 떠나요

01 C. S. Lewis, *Christian Reflections* (Grand Rapids, MI: Eerdmans, 1995), 10. 그에 따르면 이 인용문의 뒷부분은 Thomas Aquinas가 한 말을 직접 번역한 것이다.

02 Os Guinness, *Invitation to the Classics* (Grand Rapids, MI: Baker, 1998), 16. (《고전》, 홍종락 옮김, 홍성사)

03 Bret Lott, *Letters and Life: On Being a Writer, on Being a Christian* (Wheaton, IL: Crossway, 2013), 14.

04 Bret Lott, *The Best Christian Short Stories* (Nashville, TN: Westbow, 2006), VIII.

05 Gene Edward Veith Jr., *Reading between the Lines: A Christian Guide to Literature* (Wheaton, IL: Crossway, 1990), 64.

06 Jane Austen, *Pride and Prejudice* (New York: Penguin, 1996), 7. (《오만과 편견》, 윤지관·전승희 옮김, 민음사)

07 Thomas Brooks, *The Mute Christian under the Smarting Rod* (London: Nicholson, 1806), x. (《고난 가운데 잠잠한 영혼》, 김현준 옮김, 그책의사람들)

08 Marilynne Robinson, *Gilead* (New York: Farrar, Straus & Giroux, 2004), 3. (《길리아드》, 공경희 옮김, 마로니에북스)

09 Justin Taylor, "R. C. Sproul: A Novel Every Christian Should Consider Reading", TGC(blog), Septermber 12, 2014, https://thegospelcoalition.org/blogs/Justin-taylor/r-c-sproul-a-novel-every-christian-should-consider-reading.

10 R. C. Sproul, "The Unholy Pursuit of God in Moby Dick", *Tabletalk*, August 1, 2011, ligonier.org/learn/articles/unholy-pursuit-god-moby-dick.

11 Marilynne Robinson, *Gilead* (New York: Farrar, Straus & Giroux, 2004), 9.

12 Michael D. O'Brien, *Island of the World* (San Francisco: Ignatius Press, 2007), 11.

13 Brian Clark, "Ernest Hemingway's Top 5 Tips for Writing Well", Copyblogger (blog), https://www.copyblogger.com/ernest-hemingway-top-5-tips-for-writing-well(2019년 11월 11일 검색).

01 C. S. Lewis, *English Literature in the Sixteenth Century Excluding Drama* (Oxford: Oxford University Press, 1954), 170.

02 J. R. R. Tolkien, "On Fairy-Stories", in *Essays Presented to Charles Williams*, ed. C. S. Lewis (Grand Rapids, MI: Eerdmans, 1966), 67.

03 Tolkien, "On Fairy-Stories", 63.

04 Tolkien, "On Fairy-Stories", 74.

05 J. R. R. Tolkien, *The Two Towers* (Boston: Houghton Mifflin, 1982), 41. (《반지의 제왕2-두 개의 탑》, 김보원·김번·이미애 옮김, 아르테)

06 G. K. Chesterton, "The Ethics of Elfland", in *Orthodoxy*, in *The Collected Works of G. K. Chesterton*, ed. David Dooley (San Francisco: Ignatius Press, 1986), 1:252.

07 Tolkien, "On Fairy-Stories", 74.

08 Franz Kafka, *Metamorphosis* (New York: W. W. Norton, 1996), 21. 이번에도 이 첫 문장을 어떤 판본에서도 찾을 수 있다는 것만 알면 된다.

09 Tolkien, "On Fairy-Stories", 74.

10 Samuel Hynes, "Guardian of the Old Ways", *The New York Times Book Review* (July 8, 1979), 3, 26.

11 Madeleine L'Engle, *Walking on Water* (Wheaton, IL: Harold Shaw, 1998), 154.

12 L'Engle, *Walking on Water,* 65, 68.

13 C. S. Lewis, *An Experiment in Criticism* (Cambridge: Cambridge University Press, 1961), 68-69.

14 Lewis, "On Stories", in *Essays Presented to Charles Williams*, ed. C. S. Lewis (Grand Rapids, MI: Eerdmans, 1966), 100.

15 Ursula LeGuin, *The Language of the Night* (New York: Putnam, 1979), 57-58.

16 Tolkien, "On Fairy-Stories", 75.

17 Pablo Picasso, *The Arts*, May 1923, 315, 2020년 7월 27일 검색, https://babel.hathitrust.org/cgi/imgsrv/download/pdf?id=mdp.39015020076041; orient=0;size=100;seq=339;attachment=0.

18 C. S. Lewis, "On Three Ways of Writing for Children", in *Of Other Worlds* (New York: Harcourt Brace Jovanovich, 1966), 29-30.

11 어린이책 읽기_옛날 옛적에

01 "Newbery Terms, Criteria, Submission, and Committee Information" ALSC (website), 2020년 7월 27일 검색, http://www.ala.org/alsc/awardsgrants/bookmedia/newberymedal/newberymedal/criteria-submissions-com-info#Terms%20and%20Criteria.

02 Daniel A Gross, "The Mystery of the Hardy Boys and the Invisible Authors", *The Atlantic,* May 27, 2015, https://www.theatlantic.com/entertainment/

archive/2015/05/hardy-boys-nancy-drew-ghostwriters/394022.

03 Geoffrey Trease, *Tales Out of School* (London: Heinemann, 1964), 26.

04 Jill Carlson, *What Are Your Kids Reading?* (Brentwood, TN: Wolgemuth & Hyatt, 1991), 5-6.

05 David Mills, "Bad Books for Kids", *Touchstone,* July/August 2009, https://touchstonemag.com/archives/article.php?id=22-06-022-f.

06 뻔뻔하게 자기 홍보를 하자면, 우리는 Glenda Faye Mathes가 쓴 Middle 시리즈에 나오는 Matthew를 언급할 수 있다.

07 Gladys Hunt, *Honey for a Child's Heart: The Imaginative Use of Books in Family Life,* 4th edition (Grand Rapids, MI: Zondervan, 2002); and Gladys Hunt and Barbara Hampton, *Honey for a Teen's Heart: Using Books to Communicate with Teens* (Grand Rapids, MI: Zondervan, 2002).

08 Elizabeth Laraway Wilson, *Books Children Love: A Guide to the Best Children's Literature* (Wheaton, IL: Crossway, 2002).

09 Michael O'Brien, *A Landscape with Dragons: The Battle for Your Child's Mind* (San Francisco: Ignatius, 1998).

10 Kathryn Lindskoog and Ranelda Mack Hunsicker, *How to Grow a Young Reader* (Colorado Springs, CO: Shaw, 2002).

11 Sarah Clarkson, *Read for the Heart: Whole Books for WholeHearted Families* (Anderson, IN: ApologiaPress, 2009), 16.

12 The Read-Aloud Revival 웹 사이트는 https://www.readaloudrevival.com이다. 또한 Sarah Mackenzie의 다음 책도 참조하라. *The Read-Aloud Family* (Grand Rapids, MI: Zondervan, 2018).

13 Janie B. Cheaney의 웹 사이트는 https://www.janiebcheaney.com이다. The Redeemed Reader 웹 사이트(https://redeemedreader.com)는 그리스도인 부모와 교사들을 위한 최고의 아동 도서 리뷰 웹 사이트이다.

14 Madeleine L'Engle, "Is It Good Enough for Children?" *The Christian Imagination: The Practice of Faith in Literature and Writings,* ed. Leland Ryken (Colorado Springs, CO: Shaw, 2002), 431.

15 J. R. R. Tolkien, "On Fairy Stories", in *The Christian Imagination: The Practice of Faith in Literature and Writing,* ed. Leland Ryken (Colorado Springs, CO: Shaw, 2002), 461.

16 *The Christian Imagination: The Practice of Faith in Literature and Writings,* ed. Leland Ryken (Colorado Springs, CO: Shaw, 2002), 461에 인용된 C. S. Lewis 의 글 "Three Ways of Writing for Children".

17 오늘 내가 네게 명하는 이 말씀을 너는 마음에 새기고 네 자녀에게 부지런히 가르치며 집에 앉았을 때에든지 길을 갈 때에든지 누워 있을 때에든지 일어날 때에든지 이 말씀을 강론할 것이며 너는 또 그것을 네 손목에 매어 기호를 삼으며 네 미간에 붙여 표로 삼고 또 네 집 문설주와 바깥 문에 기록할지니라 (신 6:6-9).

18 Tom Jacobs, "Home Libraries Confer Long-Term Benefits", Pacific Standard (website), October 8, 2018, https://psmag.com/education/home-libraries-confer-long-term-benefits.

19 Harper Lee, *To Kill a Mockingbird* (Philadelphia: Lippincott, 1960), 22. (《앵무새

죽이기》, 김욱동 옮김, 열린책들)

20 Jim Trelease, *The Read-Aloud Handbook: Seventh Edition* (New York: Penguin, 2013), 24. (《하루 15분 책 읽어 주기의 힘》, 이문영 옮김, 북라인)

21 Richard C. Anderson, et al., *Becoming a Nation of Readers: The Report of the Commission on Reading* (Urbana, IL: University of Illinois, 1985). 이 문서는 다음 사이트에서 온라인으로 이용할 수 있다. https://files.eric.ed.gov/fulltext/ED253865.pdf.

22 Perri Klass, "Reading Aloud to Young Children Has Benefits for Behavior and Attention", *The New York Times*, April 16, 2018, https://www.nytimes.com/2018/04/16/well/family/reading-aloud-to-young-children-has-benefits-for-behavior-and-attention.html.

23 Trelease, *The Read-Aloud Handbook: Seventh Edition*, 6.

24 Sigmund Brouwer, foreword to *How to Grow a Young Reader* by Kathryn Lindskoog and Ranelda Mack Hunsicker (Colorado Springs, CO: Shaw, 2002), xi. 브라우어는 아이들, 특히 소년들이 책을 읽도록 격려하고 있다. 다음 웹 사이트를 참조하라: sigmundbrouwer.com.

25 Glenda의 아이들은 Anne Devries('애나'로 발음되는 Anne은 놀랍게도 남자다)가 쓴 *Story Bible for Older Children in Old Testament and New Testament* 시리즈를 읽어 줄 때마다 늘 더 읽어 달라고 졸랐다. 그가 쓴 책 *The Children's Bible*은 더 큰 활자에 이야기도 짧고 컬러 삽화가 들어 있어서 연령대가 더 낮은 어린이들에게 적합하다. 잘 읽히는 다음의 추천 도서들에는 현대적 삽화가 실려 있다. Sally Lloyd-Jones, *The Jesus Storybook Bible: Every Story Whispers His Name* (예수의 그림이 포함되어 있다) and Kevin DeYoung, *The Biggest Story: How the Snake Crusher Brings Us Back to the Garden* (예수의 얼굴은 나오지 않는다).

26 Sarah Mackenzie, "RAR #24: From Picture Books to Chapter Books & Novels", Read-Aloud Revival (podcast), https://readaloudrevival.com/24.

27 발행일에 따른 권장 독서 순서는 다음과 같다: 《사자와 마녀와 옷장*The Lion, the Witch, and the Wardrobe*》(1950), 《캐스피안 왕자*Prince Caspian*》(1951), 《새벽 출정호의 항해*The Voyage of the Dawn Treader*》(1952), 《은의자*The Silver Chair*》(1953), 《말과 소년*The Horse and His Boy*》(1954), 《마법사의 조카*The Magician's Nephew*》(1955), 《마지막 전투*The Last Battle*》(1956).

28 해리 포터 시리즈 속 기독교적 주제들을 탐구한 책으로는 다음을 보라. John Granger, *How Harry Cast His Spell: The Meaning behind the Mania for J. K. Rowling's Bestselling Books* (Carol Stream, IL: Tyndale, 2008). 신중한 경고를 찾는다면, 다음을 보라. Michael O'Brien, *Harry Porter and the Paganization of Culture* (Czech Republic: Fides et Traditio Press Vero, 2010).

29 Richard Freed, "The Tech Industry's War on Kids: How Psychology Is Being Used as a Weapon against Children", Medium (website), March 12, 2018, https://medium.com/@richardnfreed/the-tech-industrys-psychological-war-on-kids-c452870464ce.

30 Freed의 관점과 조언을 더 알고 싶다면, 다음을 참조하라. *Wired Child: Reclaiming Childhood in a Digital Age* (North Charleston, SC: Create Space, 2015).

31 일부 사람들은 자녀가 중학교 2학년이 될 때까지 스마트폰을 사 주지 않는 것을 옹호한다: www.waituntil8th.org. Wilder Good young adult시리즈의 작가 S. J. Dahlstrom

은 자신이 자녀들에게 스마트폰을 사 주지 않을 10가지 이유를 제시한다. "Dare to Be Different", *World,* December 8, 2018, https://world.wng.org/content/dare_to_be_different.

32 Andy Crouch, *The Tech-Wise Family* (Grand Rapids, MI: Baker, 2017), 40.

12 창조적 논픽션 읽기_진실을 말하기

01 Oprah Winfrey가 James Frey를 인터뷰한 "Oprah's Questions for James"에서 인용. Oprah Winfrey, *The Oprah Winfrey Show*, January 26, 2006, https://www.oprah.com/oprahshow/oprahs-questions-for-james.

02 Laura Barton, "The Man Who Rewrote His Life", *The Guardian*, September 15, 2006, https://www.theguardian.com/books/2006/sep/15/usa.world.

03 Larry King 인터뷰 속 James Frey와 Oprah Winfrey의 말을 인용. *Larry King Live,* CNN, January 11, 2006. http://www.transcripts.cnn.com/TRANSCRIPTS/0601/11/lkl.01.html.

04 Edward Wyatt, "Author Is Kicked Out of Oprah Winfrey's Book Club", *The New York Times*, January 27, 2006, https://www.nytimes.com/2006/01/27/books/27oprah.html.

05 Gutkind는 연설과 글에서 이 정의를 반복하여 사용하고 있으며, 이 정의를 웹 사이트 속 슬로건으로 채택했다. https://www.creativenonfiction.org를 참조하라.

06 Philip Lopate, "Curiouser and Curiouser: The Practice of Nonfiction Today", *The Iowa Review* 36.1 (2006): 3-15. 다음 사이트 역시 이용할 수 있다. https://doi.org/10.17077/0021-065X.6151.

07 하퍼콜린스 출판사 웹 사이트 내의 James Frey 작가 페이지 자료 참고. https://www.harpercollins.com/author/cr-103938/james-frey.

08 Sylvester Clark Long은 힘든 어린 시절을 보냈고, 1928년 *Long Lance*로 성공을 거두었지만, 인디언 행세가 사기였음이 폭로되었다. 다음을 참조하라. Jamie Frater, "Top 10 Infamous Fake Memoris", Listverse (website), updated June 16, 2014, http://listverse.com/2010/03/06/top-10-infamous-fake-memoirs. 다음은 Clark를 우호적으로 그린 전기다. *Dictionary of Canadian Biography*, s. v. "Long, Sylvester Clark", https://www.biographi.ca/en/bio/long_sylvester_clark_16E.html.

09 Clifford Irving은 완전히 제멋대로 써낸 《Howard Hughes의 자서전》 때문에 교도소에서 17개월을 보냈다(이후, 그는 이 경험을 다룬 *The Hoax*를 집필했고, 이 책은 2007년에 Richard Gere 주연의 영화로 나왔다.). 한 잡지 편집자와 위조범은 잡지사를 설득하여 위조된 《히틀러의 일기》를 구입하게 한 혐의로 각각 4년 반을 교도소에서 보냈다. 이 둘을 포함한 기타 사례가 궁금하다면, 다음을 참조하라. Lyn Garrity, "Five Fake Memoirs That Fooled the Literary World", *Smithsonian*, December 20, 2010, https://www.smithsonianmag.com/arts-culture/five-fake-memoirs-that-fooled-the-literary-word-77092955.

10 거짓된 회고록을 쓴 저자들의 사례는 Frater, "Top 10 Infamous Fake Memoirs"에서 *Misha: A Mémoire of the Holocaust Years*(1997)와 *Love and Consequences*(2008)

를 다룬 대목을 보라. http://listverse.com/2010/03/06/top-10-infamous-fake-memoirs.

11 Frater, "Top 10 Infamous Fake Memoirs"에서 *Forbidden Love*(2003) 또는 *The Education of Little Tree: A True Story*(1976)를 참조하라. http://listverse.com/2010/03/06/top-10-infamous-fake-memoirs. Oprah Winfrey는 1994년에 후자를 "대단히 영적인" 책이라고 홍보했지만, 저자가 KKK(큐 클럭스 클랜) 단원이었던 사실이 드러난 후, 2007년에 자신의 추천을 철회했다. [이 책은 《내 영혼이 따뜻했던 날》(아름드리미디어)로 국내에서 지금도 판매되고 있다.—옮긴이]

12 John D'Agata and Jim Fingal, "Doubling Down: An Interview with John D'Agata and Jim Fingal", interview by Weston Cutter, *Kenyon Review*, February 23, 2012, https://www.kenyonreview.org/2012/02/doubling-down-an-interview-with-john-dagata-and-jim-fingal.

13 Dinty W. Moore, "In Fairness to John D'Agata", Brevity (blog), February 12, 2012, https://brevity.wordpress.com/2012/02/12/in-fairness-to-john-dagata.

14 Gideon Lewis-Kraus, "The Fact Checker Versus the Fabulist", *The New York Times,* February 26, 2012, https://www.nytimes.com/2012/02/26/magazine/the-fact-checker-versus-the -fabluist.html?ref=books.

15 Hannah Goldfield, "The Art of Fact-Checking", *The New Yorker*, February 9, 2012, https://www.newyorker.com/books/page-turner/the-art-of-fact-checking.

16 William Giraldi, "The Unforgivable Half Truths of Memoir", *The New Republic*, January 15, 2016, https://newrepublic.com/article/127747/unforgivable-half-truths-memoir.

17 Lopate, "Curiouser and Curiouser", https://doi.org/10.17077/0021-065X.6151.

18 Lee Gutkind, *You Can't Make This Stuff Up* (Boston: De Capo, 2012), 22.

19 Uriah Courtney with Glenda Faye Mathes, *Exoneree* (Eugene, OR: Wipf and Stock, 2017).

20 Robert Root, *The Nonfictionist's Guide: On Reading and Writing Creative Nonfiction* (Lanham, MD: Rowman & Littlefied, 2008), 6-9.

21 Lopate, "Curiouser and Curiouser".

22 Lopate, "Curiouser and Curiouser".

23 Giraldi, "The Unforgivable HalfTruths of Memoir", https://newrepublic.com/article/127747/unforgivable-half-truths-memoir.

13 성경을 문학으로 읽기_기쁨을 주는 말들

1   C. S. Lewis, *Reflections on the Psalms* (New York: Harcourt, Brace & World, 1958), 3.

02 Samuel Taylor Coleridge, *Confessions of an Inquiring Spirit* (Stanford: Stanford University Press, 1967), 43.

03 성경에서 발견되는 문학 양식과 기법에 대한 포괄적 개론서로는 다음 책을 참조하라.

Leland Ryken, *A Complete Handbook of Literary Forms in the Bible* (Wheaton, IL: Crossway, 2014). 문학으로서의 성경에 관한 나(릴랜드)의 많은 책들 중에서 다음 두 권은 문학으로서의 성경을 다룬 이번 장의 내용을 가장 잘 확장해서 설명해 준다. Ryken, *How to Read the Bible as Literature* (Grand Rapids, MI: Zondervan, 1984) (《문학으로 성경을 어떻게 읽을 것인가》, 곽철호 옮김, 은성) and Ryken, *Words of Delights: A Literary Introduction to the Bible* (Grand Rapids, MI: Baker, 1992).

04 Flannery O'Connor, *Mystery and Manners* (New York: Farrar, Straus & Giroux, 1957), 73. 볼드체는 본 책의 저자가 강조한 내용이다.

05 모든 성경의 문학적 측면을 인식하는 데 유용한 안내서로는 *The Literary Study Bible, English Standard Version* edited by Leland Ryken and Philip Graham Ryken (Wheaton, IL: Crossway, 2020)이 있다.

06 Martin Luther, "Letter to Eoban Hess", in *Luther's Correspondence and Other Contemporary Letters*, Preserved Smith and Charles M. Jacobs 옮김, (Philadelphia, PA: Lutheran Publication Society, 1918), 2:177.

07 Ryken의 다음 책을 참조하라. *How to Read the Bible as Literature and Words of Delight: A Literary Introduction to the Bible.*

3부 독서라는 예술의 회복

14 발견을 통한 회복

01 Annie Murphy Paul, "Reading Literature Makes Us Smarter and Nicer", *Time*, June 3, 2013, http://ideas.time.com/2013/06/03/why-we-should-read-literature.

02 J. R. R. Tolkien, *The Two Towers* (Boston: Houghton Mifflin, 1993), 320-21.

03 Gene Edward Veith Jr., *Reading between the Lines: A Christian Guide to Literature* (Wheaton, IL: Crossway, 1990) 19.

04 이 인용문은 흔히 (Goodreads, Brainyquote 등 여러 온라인 사이트에서) 그 출처가 Harper Lee로 소개되지만, 적어도 이 인용문의 전반부는 스코틀랜드 철학자 James McCosh의 말에서 온 것으로 보인다. http://interestingliterature.com/2017/04/who-said-the-book-to-read-is-not-the-one-that-thinks-for-you-but-the-one-which-makes-you-think.

05 C. S. Lewis, *Of Other Worlds* (New York: HarperCollins, 1966, 1994) 25.

06 다니엘서 7장은 이 용어를 하나님을 가리켜 사용한다.

07 Clyde S. Kilby, *The Arts and the Christian Imagination* (Brewster, MA: Paraclete, 2016), 120.

08 John Calvin, *Cavin's Commentaries*, Vol. XXI (Grand Rapids, MI: Baker, 2003); Titus 1, 300.

09 Kilby, *The Arts and the Christian Imagination*, 117.

10 *The Belgic Confession,* Article II .

11 Vishal Mangalwadi, *The Book That Made Your World: How the Bible Created the Soul of Western Civilization* (Nashville: Thomas Nelson, 2011) 52-53.

01 Douglas Bush, "Tradition and Experience", in *Literature and Belief*, ed. M. H. Abrams (New York: Columbia University Press, 1958), 52.

02 William Wordsworth, preface to *Lyrical Ballads,* in *Criticism: The Major Statements*, ed. Charles Kaplan (New York: St. Martin's Press, 1964), 311.

03 Joyce Cary, *Art and Reality: Ways of the Creative Process* (New York: Harper and Brothers, 1958), 158.

04 Flannery O'Connor, *Mystery and Manners*, ed. Sally and Robert Fitzgerald (New York: Farrar, Straus & Giroux, 1957), 65.

05 Jonathan Culler, *Structuralist Poetics: Structuralism, Linguistics, and the Study of Literature* (Ithaca: Cornell University Press, 1975), 115.

06 Gerald Graff, "Literature as Assertions", in *American Criticism in the Poststructuralist Age*, ed. Ira Konigsberg (Ann Arbor, MI: University of Michigan Press, 1981), 161.

07 T. S. Elliot, "Religion and Literature", in *The Christian Imagination: The Practice of Faith in Literature and Writings,* ed. Leland Ryken (Colorado Springs, CO: WaterBrook Press, 2002), 207.

08 Francis A. Schaeffer, *Art and the Bible* (Downers Grove, IL: InterVarsity Press, 1973), 41.

09 Sir Philip Sidney, *Apology for Poetry,* in *Criticism: The Major Statements*, ed. Charles Kaplan (New York: St. Martin's Press, 1964), 120.

10 Walker Percy, "Walker Percy, the Man and the Novelist: An Interview", *The Southern Review*, n.s., 4 (1968): 279.

01 Oscar Wilde, preface to *The Picture of Dorian Gray* (1891), in *The Norton Anthology of English Literature*, ed. M. H. Abrams, 4th ed. (New York: W. W. Norton, 1979), 2:1682. 아이러니하게도, 《도리안 그레이의 초상》은 도덕적인 이야기이다.

02 C. S. Lewis, *English Literature in the Sixteenth Century, Excluding Drama* (Oxford: Oxford University Press, 1954), 346.

03 Plato, *The Republic*, Book 10, in *Criticism: The Major Statements*, ed. Charles Kaplan (New York: St. Martin's Press, 1975), 14.

04 Sir Philip Sidney, "Apology for Poetry", in *Criticism: The Major Statements*, ed. Kaplan, 123.

05 Sidney, "Apology for Poetry", 134.

06 T. S. Eliot, "Religion and Literature", *The Christian Imagination: The Practice of Faith in Literature and Writings*, ed. Leland Ryken (Colorado Springs, CO: WaterBrook Press, 2002), 201에 전재된 글.

07 Sheldon Sacks, *Fiction and the Shape of Belief* (Berkeley: University of California Press, 1964), 250.

08 Harry Blamires, *The Christian Mind* (London: S.P.C.K., 1966), 98.

09 Samuel Taylor Coleridge, *Shakespearean Criticism*, ed. Thomas Middleton Raysor (London: J. M. Dent and Sons, 1960), 2:30.

10 Boccaccio, *Boccaccio on Poetry*, trans. and ed. Charles G. Osgood (New York: Liberal Arts Press, 1956), 74.

11 Keith F. McKean, *The Moral Measure of Literature* (Westport, CT: Greenwood Press, 1961), 11.

12 Frank Chapman Sharp, *Shakespear's Portrayal of the Moral Life* (New York: Haskell House, 1971), ix.

13 Plato, *The Republic,* 16.

14 Karen Swallow Prior, *On Reading Well: Finding the Good Life through Great Books* (Grand Rapids, MI: Brazos Press, 2018), 15. (《소설 읽는 신자에게 생기는 일》, 홍종락 옮김, 무근검)

17 문학 속 아름다움

01 Clyde S. Kilby, *The Arts and the Christian Imagination: Essays on Art, Literature, and Aesthetics* (Brewster, MA: Paraclete, 2016), 14.

02 Kilby, *The Arts and the Christian Imagination*, 13-14.

03 *Merriam-Webster Dictionary*, s.v. "concinnity", 2020년 4월 1일 검색, https://www.merriam-webster.com/dicitonary/concinnity.

04 Kilby, *The Arts and the Christian Imagination*, 14.

05 John Keats, *Endymion*, Book 1, Poetry Foundation, 2020년 3월 6일 검색, https://www.poetryfoundation.org/poems/44469/endymion-56d2239287ca5.

06 Kilby, *The Arts and the Christian Imagination*, 131.

07 William Wordsworth, preface to *Lyrical Ballads,* in *Criticism: The Major Statements*, ed. Charles Kaplan (New York: St. Martin's Press, 1964), 311.

08 Brother Azarias, "The Beautiful in Literature", in *Philosophy of Literature* (1890), Jacques Maritain Center, University of Notre Dame, 2020년 3월 6일 검색, https://maritain.nd.edu/jmc/etext/p128.htm.

09 Kilby, *The Arts and the Christian Imagination*, 121.

10 Roger Scruton, *Beauty* (New York: Oxford, 2009), 16. (《아름다움》, 이진영 옮김, 민음사)

11 Leo Tolstoy, *What Is Art*? trans. Aylmer Maude (Indianapolis; Hackett, 1996), 131.

12 Azarias, "The Beautiful in Literature".

13 Scruton, *Beauty*, 72, 196.

14 Makoto Fujimura. Glenda Mathes, "Makoto Fujimura: Refracting Light and Reflecting Grace", *Christian Renewal*, July 12, 2006에서 인용.

15 Makoto Fujimura. Mathes, "Makoto Fujimura"에서 인용. 마코토 후지무라의 관점을 좀 더 알고 싶다면 https://www.makotofujimura.com이나 다음 책들을 보라. *Refractions: A Journey of Faith, Art, and Culture* (Carol Stream, IL: NavPress, 2009); *Silence and Beauty: Hidden Faith Born of Suffering* (Downers Grove, IL: IVP Books, 2016); and *Culture Care: Reconnection with Beauty for Our Common Life* (Downers Grove, IL: InterVarsity Press, 2017). 《컬처 케어》, 백지윤 옮김, IVP)

18 문학적 탁월성 발견하기

01 Jane Austen, *Pride and Prejudice* (New York: Oxford University Press, 1988), 3. (《오만과 편견》, 윤지관·전승희 옮김, 민음사)

02 Jack London, *White Fang* (New York: Puffin Books, 1994), 3. (《화이트 팽》, 이원주 옮김, 파랑새)

03 "Examples of Assonance Poems", YourDicitonary, 2020년 3월 6일 검색, https://examples.yourdictionary.com/examples-of-assonance-poems.html.

04 Natalia Sanmartin Fenollera, *The Awakening of Miss Prim* (New York: Simon & Schuster, 2013), 4.

05 Alan Bradley, *The Sweetness at the Bottom of the Pie* (New York: Bantam, 2010), 1. (《파이 바닥의 달콤함》, 성문영 옮김, 문학동네)

06 Bradley, *The Sweetness at the Bottom of the Pie,* 3.

07 Alan Bradley, *The Golden Tresses of the Dead* (New York: Delacorte, 2019), 16.

08 Leo Tolstoy, *Anna Karenina* (New York: Signet, 2002), 176. (《안나 카레니나》, 연진희 옮김, 민음사)

09 이 기법은 자유 간접 발화, 자유 간접 문체, 자유 간접 화법 등 다양한 명칭으로 불린다.

10 Jane Austen, *Emma* (Peterborough, ON: Broadview, 2004), 69. (《에마》, 윤지관·김영희 옮김, 민음사)

11 Charlotte Brontë, *Jane Eyre* (Ware, UK: Cumberland House, 1992), 3, 401, 397. (《제인 에어》, 유종호 옮김, 민음사)

12 Brontë, *Jane Eyre,* 153.

13 Brontë, *Jane Eyre,* 166.

14 Brontë, *Jane Eyre,* 166.

15 Brontë, *Jane Eyre,* 443.

16 Brontë, *Jane Eyre,* 500-1.

17 Tolstoy, *Anna Karenina,* 37.

18 Roger Scruton, *Beauty* (New York: Oxford, 2009), 123-24.

19 Anthony Trollope, *Barchester Towers* (New York: Penguin, 1994), 242.

20 T. S. Eliot, *Selected Poems* (New York: Harcourt Brace, 1958), 14.

21 Charles Dickens, *Great Expectations* (New York: Penguin, 1996), 354. (《위대한 유산》, 이인규 옮김, 민음사)

22 Katherine Mansfield, "Bliss" (1918), Katherine Mansfield Society, 2020년 3

월 6일 검색, http://www.katherinemansfieldsociety.org/assets/KM-Stories/ BLISS1918.pdf.

23 뉴멕시코주 Sante Fe에서 *Image Journal*이 주최한 Glen West Workshop(2013년 7월 28일-8월 4일)이 열렸다(Glenda Faye Mathes 참석). 여기서 Woiwood는 자신의 소설 수업 중에 이런 진술을 하였다.

24 Charles Johnson, *Middle Passage* (New York: Scribner, 1990), 1.

19 책 읽을 자유

01 Kevin DeYoung, *Crazy Busy: A (Mercifully) Short Book about a (Really) Big Problem* (Wheaton, IL: Crossway, 2013), 11. (《미친 듯이 바쁜》, 김수미 옮김, 부흥과 개혁사)

02 Augustine, *Confessions: Modern English Translation* (Grand Rapids, MI: Spire, 2008), Book 1, chapter 1. (《고백록》, 박문재 옮김, CH북스)

03 Mark Buchanan, *The Rest of God: Restoring Your Soul by Restoring Sabbath* (Nashville: Thomas Nelson, 2006), 4. (《하나님의 휴식》, 마영례 옮김, 가치창조). Buchanan의 글은 서정적이고 사려 깊다. 이 인용문의 뒷부분은 시편 46편을 가리킨다.

04 *Trinity Psalter Hymnal* (Willow Grove, PA: Trinity Psalter Hymnal Joint Venture, 2018), 891.

05 다음 책들을 참조하라. Leland Ryken, *Redeeming the Time: A Christian Approach to Work and Leisure* (Grand Rapids, MI: Baker, 1995) or Glenda Mathes, *A Month of Sundays: 31 Meditations on Resting in God* (Grand Rapids, MI: Reformation Heritage, 2012).

06 Mary Oliver, "The Summer Day", *New and Selected Poems* (Boston: Beacon Press, 1992), 94. 우리는 이 시를 그녀의 가장 훌륭한 시 중 하나로 여긴다.

07 Twyla Tharp, *The Creative Habit: Learn It and Use It for Life* (New York: Simon & Schuster, 2003), 6. (《천재들의 창조적 습관》, 노진선 옮김, 문예출판사)

08 다음 웹 사이트에서 현재 이들의 독서 챌린지를 검색해 보라. challies.com 또는 redeemed-reader.com

09 굿리즈(www.goodreads.com)나 핀터레스트(www.pinterest.com)를 검색해 보라.

10 Tim Challies, *Do More Better: A Practical Guide to Productivity* (Minneapolis: Cruciform Press, 2015).

11 DeYoung, *Crazy Busy*, 118.

20 좋은 책 읽기

01 The Great American Read home page, *PBS,* 2018년 8월 6일 검색, https://www.pbs.org/the-great-american-read/home/.

02 Adam Kirsch, "The Way We Read Now", *The Wall Street Journal*, August 3,

2018, https://www.wsj.com/articles/the-way-we-read-now-1533307226.

03 Clive Thompson, "Reading War and Peace on my iPhone", by Clive Thmopson, 2019년 2월 16일 검색, https://br5.bookriot.com/quarterly/bkr07/amp. 이 기사는 더 이상 온라인에서 이용할 수 없다. 비록 Thompson이 톨스토이의 걸작을 아이폰의 작은 화면으로 읽었지만, 그는 여전히 종이책 읽기를 좋아한다.

04 C. S. Lewis, *An Experiment in Criticism* (Cambridge: Cambridge University Press, 2013), 85, 11, 18.

05 Lewis, *An Experiment in Criticism,* 132.

06 Quote Investigator(인용구 전문 팩트 체크 사이트—옮긴이)는 이 농담의 출처를 다음 글에서 추적하고 있다: https://quoteinvestigator.com/2015/12/08/speed-reading (December 8, 2015).

07 Charlotte Mason, *Parents and Children* (Radford, VA: Wilder, 2008), 178. (《부모와 자녀》, 정선희 옮김, 꿈을 이루는 사람들)

08 Susan Hill, *Howard's End Is on the Landing: A Year of Reading from Home* (London: Profile, 2010), 171-72.

09 Annie Murphy Paul, "Reading Literature Makes Us Smarter and Nicer", *Time,* June 3, 2013, https://ideas. time. com/2013/06/03/why-we-should-read-literature.

10 Lewis, *An Experiment in Criticism,* 93.

11 Lewis, *An Experiment in Criticism,* 113-14.

12 Walker Percy, "Another Message in the Bottle", *Signposts in a Strange Land* (New York: Picador, 1991), 364.

13 Percy, "Another Message in the Bottle", 363.

14 Clyde S. Kilby, *The Arts and the Christian Imagination: Essays on Art, Literature, and Aesthetics* (Brewster, MA: Paraclete, 2016), 14.

15 Lewis, *An Experiment in Criticism,* 94.

16 Lewis, *An Experiment in Criticism,* 114.

17 Lewis, *An Experiment in Criticism,* 84.

18 Percy, "Another Message in the Bottle", 364.

19 Lewis, *An Experiment in Criticism,* 2.

20 Roger Scruton, *Beauty* (New York: Oxford, 2009), 24-25.

21 Lewis, *An Experiment in Criticism,* 32.

22 Scruton, *Beauty,* 25.

23 Percy, "Another Message in the Bottle", 364.

24 Lewis, *An Experiment in Criticism,* 141.

21 소명과 창조성

01 예를 들어 예레미야 1장 5절에 나온 예레미야의 소명, 이사야 49장 5절에 나온 이사야의 소명, 누가복음 1장 15절에 나온 세례 요한의 소명, 갈라디아서 1장 15절에 나온 바울의 소명을 읽으라.

02   Dorothy Sayers, *The Mind of the Maker* (San Francisco: Harper, 1987), 22.

03   Larry Woiwode, *Words for Readers and Writers: Spirit-Pooled Dialogues* (Wheaton, IL: Crossway, 2013), 67.

04   Madeleine L'Engle, *Walking on Water: Reflections on Faith & Art* (New York: Crosswicks, 2001), 66.

05   Bret Lott, *Before We Get Started: A Practical Memoir of the Writer's Life* (New York: Ballantine, 2005), 13.

06   Nicholas Carr, *The Shallows: What the Internet Is Doing to Our Brains* (New York: Norton, 2010), 74.

01   T. S. Eliot, "Religion and Literature", in *The Christian Imagination: The Practice of Faith in Literature and Writings,* ed. Leland Ryken (Colorado Springs, CO: WaterBrook Press, 2002), 207.

02   이번 장에서 출처를 밝히지 않은 간증은 모두 Leland Ryken이 교수로 일하면서 수업 시간에 만난 학생, 전에 가르쳤던 학생, 동료 교수들로부터 받은 이메일, 쪽지, 수업 과제에 적힌 단락들, 대화 등을 통해 접한 내용으로 이해하면 된다.

03   이 간증의 내용을 우리에게 전해 준 이는 이 간증자의 담임 목사였던 Philip Ryken 박사였다.

04   Simone Weil, *Waiting for God* (London: Routledge and Kegan Paul, 1952), 27. (《신을 기다리며》, 이세진 옮김, 이제이북스) 언급한 시는 George Herbert의 <사랑(Ⅲ)>이다.

05   "The Real Cry of China", *Trinity Magazine*, Summer 2001, 15.

06   John Milton의 "소네트 19"는 여기에서 참고할 수 있다. https://www.poetryfoundation.org/poems/44750/sonnet-19-when-i-consider-how-my-light-is-spent.

07   Matthew Arnold, "Wordsworth", in *Criticism: The Major Texts,* ed. Walter Jackson Bate (New York: Harcourt, Brace & World, 1952), 478.

08   이 요약의 근거가 되는 성경 자료는 다음 기고문에서 볼 수 있다. Lelan Ryken, "Man's Search for Truth", *Christianity Today* 22, November 1968: 8-9 .

09   William Shakespeare, *Hamlet*, ed. A. R. Braunmuller (New York: Penguin, 1970), 70 (3.2.22). (《햄릿》, 최종철 옮김, 민음사)

10   John Milton, "Of Education", in *John Milton: Complete Poems and Major Prose*, ed. Merritt Y. Hughes (New York: Odyssey Press, 1957), 635.

11   Jonathan Edwards, *The Nature of True Virtue, in The Works of Jonathan Edwards* (New Haven, CT: Yale University Press, 1989), 8:550-51. (《참된 미덕의 본질》, 노병기 옮김, 부흥과 개혁사)